디즈니 리더십 수업

***HOW'S THE CULTURE IN YOUR KINGDOM:***
*Lessons from a Disney Leadership Journey*

Original English language edition published by Morgan James Publishing.
Copyright © 2021 by Dan Cockerell.
Korean-language edition copyright © 2023 by Hyundae Jisung, Inc. All rights reserved.
Copyright licenced by Waterside Productions, Inc., arranged with Danny Hong Agency.

이 책의 한국어판 저작권은 대니홍 에이전시를 통한 저작권사와의 독점 계약으로 ㈜현대지성에 있습니다. 저작권법에 의해 한국 내에서 보호를 받는 저작물이므로 무단 전재와 무단 복제를 금합니다.

테마파크 주차 요원을 **글로벌기업 경영자로 만든 21가지 성장 원칙**

현대지성 리더십 클래스 1

# 디즈니 리더십 수업

댄 코커렐 지음 ★ 박여진 옮김

*Leading Self, Teams, Organization, Change*

현대지성

| 이 책에 쏟아진 찬사 |

주차 요원으로 입사해 글로벌기업을 총괄하는 자리까지 오른 디즈니의 전설이 현장에서 얻은 통찰과 지혜를 이 책에 고스란히 담았다. '나'에서 시작해 '팀'과 '조직' 그리고 '변화'를 이끌어내며 성공적인 조직문화를 구축해나가는 길을 명확하게 제시했다. 무엇보다 '셀프 리더십'을 갖추는 것이 탁월한 리더로 성장하는 지름길이라는 저자의 메시지는 오늘 우리 현실에 딱 들어맞는 탁견이다. 이 책을 통해 세계 최고 기업인 디즈니의 경영과 기업문화를 배울 수 있을 뿐 아니라, 그 안에서 리더들이 어떻게 리더십을 기르고 발휘하는지 생생하게 체험할 수 있다.

_신수정(KT Enterprise 부사장, 『일의 격』, 『통찰의 시간』 저자)

리더십을 다룬 책 중에서 이토록 다정하고, 성실하며, 구체적인 내용은 오랜만이라 무척 반갑다. 저자는 26년간 19개 직책을 거치며, 조직 안에서 사람들과 어떤 방식으로 관계의 다리를 놓았는지 들려준다. 새로운 아이디어를 실현하고 더 큰 도전을 할 수 있었던 비결이 '사람'이라고 말하는 그의 메시지에는 따뜻함이 배어 있다. 운동으로 강인한 체력을 유지하고, 끊임없이 내면을 살피며, 말과 행동을 일치시키고자 노력한 덕분에 그는 디즈니라는 글로벌기업에서 리더 역할을 성공적으로 수행할 수 있었다. 독자들은 이 책에서 차근차근 단계를 밟아 올라간 리더의 충실한 시간을 엿볼 수 있을 것이다. 저자의 리더십은 현장 지향적이다. 두루뭉술한 이론서들과는 달리 저자는 각 상황에서 마주할 수 있는 문제를 꼭 집어 보여주고 실제 경험을 토대로 명쾌한 해결책을 제시한다. 특히 리더라면 누구나 골머리를 앓는 '피드백'에 관해 무릎을 탁 칠 만한 혜안이 담겨 있다. 많은 리더가 지쳐가고 있다. 갈수록 버거운 목표가 주어지고, 세대 간의 갈등이 심해지는 데다 체력도 점점 떨어진다. 이 책을 통해 자신의 리더십 지도를 다시 그려보면서, "충만하고 행복한 삶인가?"라는 저자의 질문에 답을 찾을 수 있었으면 좋겠다.

_김윤나(말마음 연구소 소장, 『말 그릇』, 『리더의 말 그릇』 저자)

책장을 열자마자 나도 모르게 빠져들었다. 최근에 가장 몰입해서 읽은 책이다. 우리 모두는 조직에 속해 있거나 기업에서 일하며 크고 작은 문제를 수없이 마주한다. 임원이나 CEO는 물론이고 신입 사원이라고 해서 예외는 아니다. 이 책은 당신이 어느 직위에 있든, 어떤 문제를 마주했든 즉시 활용할 수 있는 디즈니식 솔루션을 제시한다. 주차 요원으로 시작해서 19개 직책을 거쳐 1만 2,000명을 통솔하는 경영자가 된 저자는 26년간 디즈니와 함께 성장하며 쌓아온 리더십의 지혜와 비밀을 아낌없이 나눈다. 중간관리자인 내가 골머리를 앓는 문제의 해결책부터 당장이라도 CEO에게 소개하고 싶은 전략까지, 말 그대로 리더십의 '올인원 가이드' 역할을 한다. 이 책이 독자에게 디즈니의 비전인 '마법 같은 경험'을 안겨주리라 확신한다.

_이소영(마이크로소프트 글로벌 인플루언서팀 아시아리전 매니저, 『당신은 다른 사람의 성공에 기여한 적 있는가?』 저자)

이 책에 쏟아진 찬사

최고의 리더십 원리는 '수신제가 치국평천하'라고 생각한다. 먼저 자신의 몸과 마음을 닦고, 가정을 잘 보살핀 뒤 세상을 평안하게 만들라는 이 가르침은 별것 아닌 듯 보이지만 리더십의 진수를 담은 명문이다. 자기 몸조차 돌보지 못하면서 어찌 남을 이끌겠는가? 저자는 이 원리를 실천해서 한 분야의 정점에 이른 사람이다. 운동을 자기 몸과 만나는 약속으로 삼았고, 가족과 식사할 때는 전자기기를 모두 꺼둔 채 대화에 집중한다. 직원들의 이야기에 늘 귀를 기울였고, 인생에서 가장 큰 행복과 성취감을 주는 것은 무엇인지를 끊임없이 되물으며 현재에 안주하지 않는다. 이렇듯 안정된 기반을 토대로 작은 변화가 어떻게 혁신으로 이어졌는지 직접 보여준다. 탄탄한 이론과 현장에서 실제 적용할 수 있는 도구가 가득 담긴 이 책을 인생의 변화를 갈망하는 이들에게 적극 추천한다.

_한근태(한스컨설팅 대표, 『일생에 한번은 고수를 만나라』 저자)


디즈니 리더십의 정점에 올랐던 저자가 자기의 생생한 경험을 토대로 글로벌기업을 이끄는 리더십 원리와 지속적인 성장 비결을 전한다. 리더십에 대한 책을 읽거나 교육을 받아도 실제로 적용하기는 무척 어렵다. 이 책은 이론만 늘어놓거나 따라 하기 힘든 사례로 가득한 여느 번역서와 달리 현장에서 곧바로 적용할 수 있는 정보가 가득하다. 저자는 리더십이 조직뿐 아니라 개인에게도 영향을 미쳐야 하며, '나'에게서 출발해 '조직'에서 꽃피운다는 것을 정확히 꿰뚫고 있다. 몹시 궁금했지만 쉽게 알 수 없었던 디즈니만의 노하우를 고스란히 전해준 저자에게 감사한다. 지금도 건전한 리더십과 조직문화를 세워나가고자 애쓰는 대한민국의 리더들에게 가뭄의 단비 같은 책이 될 것으로 확신한다.

_김정현(엑스퍼트컨설팅 평생교육연구소 소장, 『팀장 리더십 수업』 저자)

지혜와 영감이 가득한 책이다! 리더십과 기업 경영만을 다루는 여느 책들과 달리 날카롭게 사고하고 신선한 관점을 갖도록 이끌며 현장에서 터득한 교훈과 모든 형태의 조직에서 활용할 수 있는 기술을 아낌없이 소개한다. 비즈니스의 핵심은 조직문화다. 조직문화는 단순한 경영 목표가 아니라 살아 숨 쉬는 유기체에 가깝다. 따라서 우리는 조직문화가 시들지 않도록 늘 관심과 정성을 쏟아야 한다. 댄 코커렐의 조언은 기업이 살아 움직이고 성장하게 해줄 리더십의 정수(精髓)다! 디즈니에서 얻은 교훈을 고스란히 전해준 그에게 감사를 전하고 싶다. 이 책은 모든 리더가 곁에 두어야 할 필독서다.

_**칼 홀츠**(전 디즈니 크루즈라인 대표)

월트 디즈니와 해군사관학교에서 댄 코커렐의 리더십 수업을 들었다. 그는 무릎을 탁 치게 만드는 통찰과 탁월한 스토리텔링 기법으로 고정관념을 송두리째 무너뜨리며 본질을 깊이 깨우치도록 이끌었다! 실무에 즉시 적용할 수 있는 무기를 가득 얻은, 내 인생 최고의 수업이었다.

_**브라이언 브리튼**(내셔널 헤리티지 아카데미스 CEO)

이 책에 쏟아진 찬사

월트 디즈니의 모든 직원에게
이 책을 바칩니다.

### 차례

서문 14
들어가며 16

## 제1부 | '나'를 리드하다

1장　건강한 몸　31
2장　행복한 마음　52
3장　건전한 가치관　75
4장　우선순위에 따른 시간 관리　86

## 제2부 | '팀'을 리드하다

5장　팀원의 재능 파악하기　105
6장　팀원과 관계 맺기　125
7장　명확하고 합리적인 목표 설정　139
8장　적절한 보상과 인정　153
9장　효과적인 피드백　165

## 제3부 | '조직'을 리드하다

- 10장  조직의 비전                    186
- 11장  전략 세우기                    198
- 12장  품질기준 만들기                207
- 13장  목표가 뚜렷한 훈련             216
- 14장  인재 개발                      226
- 15장  성장에 초점을 맞춘 평가        232
- 16장  벽을 허물고 소통하기           244
- 17장  파트너십과 협업                254

## 제4부 | '변화'를 리드하다

- 18장  지속적인 발전                  269
- 19장  흔들림 없는 변화               278
- 20장  새 조직의 잠재력 깨우기        287
- 21장  창조와 혁신                    298

나가며                                 308
감사의 글                              311

| 서문 |

나는 해군에서 41년간 복무하며 그야말로 산전수전을 다 겪었다. 평시든 전시든 군을 통솔해보면 누가 좋은 리더인지 한눈에 보인다. 이런 기준에서 댄 코커렐을 평가하자면, 그는 단지 '좋은 리더'가 아니라 '탁월한 리더'다!

오랜 세월 댄과 알고 지낸 나는 그가 얼마나 놀라운 속도로 성장했는지 곁에서 죽 지켜보았다. 단지 매력 있는 사람이라서 오늘의 자리에 선 것은 아니다. 어느 조직에 있든 유용한 리더십 원칙을 적용하고 생산성 높은 문화를 구축해내는 능력이 있기 때문에 탁월한 리더로 인정받은 것이다.

댄은 뛰어난 조직문화의 기초를 닦고 찬란하게 꽃피워나갈 수 있는 핵심 원리를 말한다. 이 책은 나, 팀, 조직, 변화의 네 가지 영역을 다룬다. 뛰어난 스토리텔러인 그는 26년 동안 디즈니에서 일한 경험을 토대로 리더십의 핵심이 무엇인지 누구나 이해하기 쉽게 명쾌한 언어로 전달한다. 독자들은 분야를 넘나드는 그의 통찰력에 혀를 내두를 것이다. 이 책 한 장 한 장에는 그의 진심과 정성과 열정이 가득 담겨 있다.

댄은 단지 리더십 이론만 설명하는 데 그치지 않고 리더가 현장에서 실제로 적용할 수 있는 구체적인 프로세스와 검증된 기법을 제시한다. 리더라면 누구나 갖추고 싶어 하는 역량이다. 나는 이 책을 읽는 내내 둘도 없는 친구와 대화하는 듯한 기분이 들었다. 26년 동안 배운 지혜를 아낌없이 겸손하게 나눠 주는 이타적인 친구 말이다.

댄의 남다른 통찰력은 좋은 리더로 성장하고자 하는 모든 이가 이제부터 해나가야 할 일을 차근차근 알려준다. 장담컨대 이 책은 군 지도자, 기업 경영자, 비영리단체 경영자 등 모든 분야의 리더가 꼭 읽어야 할 필독서다.

로이드 오스틴(미국 국방부 장관)

서문

| 들어가며 |

2018년, 나는 26년간 몸담았던 월트 디즈니를 떠났다. 디즈니 월드 테마파크 중 하나인 엡콧의 주차 요원으로 입사해 세계에서 가장 큰 테마파크인 매직 킹덤의 부사장 자리에 이르기까지 총 19개의 직책을 맡았다. 매직 킹덤에서는 약 1만 2,000명의 캐스트 멤버(cast member)를 통솔했다. 디즈니 월드에서는 직원을 '캐스트 멤버'*라고 부른다. 이 호칭에는 모든 직원이 방문객에게 독창적이고 몰입도 높은 쇼를 선보이기 위해 끊임없이 노력한다는 의미가 담겨 있다.

 이런 정신이 뼛속까지 스며들어 있는 디즈니에서 오래 근무하다 보니 나도 자연스레 이 책의 제목**에 '왕국'(Kingdom)이라는 비유적 표현을 사용하게 되었다. 모든 사람은 사생활뿐 아니라 팀이나 조직에서 자기만의 작은 왕국을 세운다. 1991년 디즈니에 처음 입사했을 때만 해도 나는 리더십을 일상생활과 업무 현장에서 어떻게 적용해야 할지 전혀 몰랐다. 회사가 마련한 최고의 리더십 교육을 받았지만, 좋은 리더가 되고 올바른 조직문화를 세워나가는 법을 터득하기까지는 수

---

\*    '배우'로 번역할 수 있지만 이 책에서는 본래 명칭을 썼다.
\*\*   원서명은 *How's the Culture in Your Kingdom*이다.

많은 시행착오를 거쳐야 했다. 처음에는 조직의 관행을 따르는 것이 리더십의 전부라고 막연하게 생각했다. 하지만 점점 권한과 책임이 커지면서, 조직에 긍정적인 영향력을 미치려면 팀원들이 목표를 향해 나아가도록 올바른 방향으로 이끌어주는 것이 중요하다는 사실을 깨달았다. 그리고 이러한 역할을 제대로 수행하기 위해서는 나부터 리더에 적합한 사람이 되어야 했다. 그렇지 않고서는 팀을 이끌 수 있는 역량과 능력도, 조직 전체에 미칠 수 있는 영향력도 얻을 수 없기 때문이다.

'셀프 리더십이 곧 팀 리더십과 조직 리더십으로 나아가는 최고의 지름길'이라는 이 교훈이 바로 내가 30년 가까이 디즈니에서 지내며 얻은 가장 값진 가르침이었다. 이를 토대로 나는 디즈니 리더십 훈련 과정을 설계했으며, 사내에서 리더를 준비하는 모든 캐스트 멤버에게 먼저 셀프 리더십을 갖추도록 독려하고 훈련시켰다.

디즈니를 떠난 뒤에도 여러 단체와 조직에서 셀프 리더십을 비롯해 팀 리더십과 조직 리더십 교육을 진행했다. 자기를 먼저 리드할 수 있어야 작은 팀은 물론 큰 조직까지 리드할 수 있다. 점점 빠르게 변해가는 이 시대를 살아가려면 혁신적으로 사고하고 유연하게 대처해야 한다. 하루가 다르게 변화하는 조직을 운영하는 일도 마찬가지다. 각자가 처한 새로운 현실에 경제적으로, 환경적으로, 기술적으로 어떻게 적응할지 끊임없이 점검하고 개선점을 찾아가야 한다.

고객이 가장 만족스러운 경험을 하도록 리조트 객실을 늘

 들어가며

청결하고 단정하게 정리하는 디즈니 월드의 캐스트 멤버처럼, 영향력 있는 리더가 되고 싶다면 끊임없이 자신의 내면을 관리하고 다져야 한다. 어떤 왕국에서도 예외는 없다.

## 시야를 넓혀서 조직문화에 주목하라

전통적인 경영 훈련에서는 생산성과 이익, 비용, 성장률, KPI(핵심성과지표) 등을 중요하게 다룬다. 그런데 이런 성과지표들은 기업의 성공 여부를 보여주는 결과이거나 지행지표*일 뿐이다. 탁월한 성과를 거두고 모든 구성원이 최선을 다하는 분위기를 형성하려면 직원들을 든든히 뒷받침하고 격려해야 한다. 이런 환경이 조성될 때 비로소 조직문화가 싹튼다.

문화는 우리가 생활하고 일하고 노는 것을 두루 포괄한다. 또한 우리의 감정, 태도, 동기에 가장 큰 영향을 미친다. 이는 핵심성과지표의 변화로 이어진다. 동기부여가 강하게 될수록, 핵심성과지표는 가파르게 상승한다. 화창한 날에는 활기가 돋고 궂은 날에는 기분도 축 처지는 이치와 비슷하다. 순조롭게 나아가는 조직에서는 의욕이 솟아나고 활력이 넘쳐서 업무 효율이 높아지며 성취감도 커진다. 그런 식으로 팀 전체에 좋은 기운이 퍼진다. 리더도 행복하고 팀도 행복하다. 역동적이

---

* 경기 변동보다 늦게 변화하는 경제지표로 '후행지표'라고도 한다.

고 효율적이며 성과 높은 조직을 만드는 결정적인 요소는 바로 행복한 팀이다.

매직 킹덤에서 부사장으로 일할 때 우리 팀은 온갖 날씨에 대비해야 했다. 비, 무더위, 높은 습도, 맹렬한 폭우, 심지어 허리케인이 몰려올 때도 있었다. 매직 킹덤에서는 날씨에 따라 캐스트 멤버가 할 일부터 고객의 경험까지 모든 게 바뀌었다. 대자연을 거스를 마법 같은 건 없었다. 하지만 개인의 사생활이나 직업 활동에서의 '날씨' 즉, 문화는 통제할 수 있다. 자신과 가족, 또 조직에서 얼마든지 이상적이고 알맞은 환경을 만들 수 있다. 바로 이것이 내가 이 책에서 전하려는 핵심 메시지다. 내가 디즈니라는 왕국의 문화에 어떻게 영향력을 미쳤는지 당신과 나누고자 한다.

## 이 책에서 얻을 수 있는 것

나는 더 나은 리더가 되고자 20년 넘게 노력해왔다. 그러면서 다른 사람들을 훌륭한 리더로 길러내고자 최선을 다했다. 리더가 직원들을 잘 섬기고, 그가 이끄는 팀이 높은 성과를 내도록 도왔으며, 성공적인 조직을 만들 수 있도록 지원했다. 이는 디즈니를 떠난 뒤에도 내게 보람으로 남아 있다.

이 책을 통해 리더들이 탁월한 조직문화를 가꾸도록 도와주고 싶다. 알렉산더 해밀턴은 이렇게 말했다. "진정한 유

들어가며

산은 정원에 보이지 않는 씨앗을 심는 것이다." 그러니 만약 이 책이 누군가의 문화를 바꾸어줄 씨앗으로 심긴다면, 나는 1991년 디즈니에 입사하면서 가졌던 꿈보다 더 큰 유산을 후대에 남기는 것이라고 확신한다.

언젠가 이런 글을 읽었다. "인생의 첫 25년은 배워야 하고, 그다음 25년은 실천해야 하며, 나머지 25년은 가르쳐야 한다." 50대에 접어든 나도 이 말대로 실천하고 있다. 경험과 지혜를 나눌 수 있어서 매우 기쁘고 보람차다.

더 나은 리더가 되려면 가정과 직장에서 무엇을, 어떻게 해야 할까? 나는 이 책에서 바로 그 점을 이야기하고자 한다. 더 나아가, 다음 세대에게 위대한 유산을 남길 수 있는 방법에 대해 설명할 것이다. 마법의 주문이나 요정의 마법 가루같이 비현실적인 이야기가 아니다. 현장에서 크고 작은 팀을 이끌며 직접 검증한 원리와 실천법이다.

내가 사용한 방법은 효과가 아주 컸다. 나 역시 그 덕분에 성장했고 목표에 집중할 수 있었다. 리더는 모든 장소에 동시에 존재할 수 없다. 그러니 시간과 집중력, 업무, 전략, 목표, 관계 등에서 우선순위를 정해야 한다.

이 책은 날마다 현실의 문제를 마주하며 오늘을 살아가는 이들에게 꼭 필요한 내용을 담았다. 지금도 직장과 가정에서 고군분투하는 리더들을 위한 이야기라고 할 수 있다. 나를 리드하기, 팀을 리드하기, 조직을 리드하기, 변화를 리드하기 등 크게 네 영역을 다룬다. 각 영역마다 평가 도구와 가장 효율적이라고 검증된 실행 방법을 제시한다. 각 장의 말미에는 '핵심 정리'를 수록했다. 전체적으로 당신이 긍정적인 결과를 얻고 성공으로 가는 결정적인 기회를 찾는 데 초점을 맞췄다.

이 책은 당신이 나, 팀, 조직, 변화를 리드하는 데 필요한 방법을 제시하고, 인생에서 가장 중요한 것에 우선순위를 두어 질서 있게 살아갈 수 있도록 도울 것이다. 당신은 시간을 효율적으로 활용하고, 더 나은 결정을 내리게 될 것이다. 무엇보다 더 중요한 일을 위해 덜 중요한 요소를 희생해야 할 때가 언제인지 명확히 알게 될 것이다.

> 탁월한 조직문화는 리더의 역량과 책임감에 달렸다.
> 이는 리더와 상호작용 하는 모든 이의 성공에
> 가장 중요한 영향을 미친다.

## 이 책을 100퍼센트 활용하는 법

삶은 분주하다. 나도 알고 있다. 시간은 정해져 있는데 할 일은 끝도 없다. 비즈니스와 일상에 관해 참견하는 말들이 오늘도 수천 개씩 쏟아진다. 무언가 새로운 일을 시작할 의욕은 쉽게 생기지 않는다. 그 일의 미래가 불확실하다면 더더욱 그렇다. 역경이 오면 상황은 더 힘들어진다. 냉정한 말이지만, 역경은 반드시 닥친다. 우리는 불확실한 상황, 부족한 시간, 의욕

들어가며

상실, 훈련 부재 등으로 골머리를 앓는다. 다행히 나는 그 상황들을 극복했고, 수천 명의 리더가 고난 속에서도 올바른 방향을 잡도록 도와주었다.

책을 읽을 시간조차 없다고 말하는 사람도 있을 것이다. 그래도 괜찮다. 이 책은 빠르게 필요한 교훈을 찾고 곧바로 현장에 적용할 수 있도록 구성했다. 지속적으로 발전하기 위해서 필요한 방법들을 단박에 파악하고 곧장 실행에 옮길 수 있다. 각 장의 내용이 밀접하게 연관되어 있긴 하지만, 교훈을 얻는 주제는 각자 다르리라 생각한다. 물론 대부분의 독자는 '역량'과 '기회'라는 주제에서 도움을 많이 받을 것이다. 본인이 관심 있는 주제를 선택해서 먼저 읽어도 된다. 각 장 말미에 배치한 '핵심 정리'를 먼저 읽는 것도 좋은 방법이다.

## '어떤 성공'을 하고 싶은가

제1부에 들어가기 앞서, 우리 사회가 무엇을 성공이라고 부르는지 잠시 생각해보자. 나이를 점점 먹어가면서 아내와 나는 '인생'이라는 주제로 대화를 많이 나누고 있다. 그러던 중 많은 사람이 자기의 목표와 성공을 타인의 틀에 맞춘다는 생각이 들었다. 오늘날에는 특히 소셜미디어가 지대한 영향을 끼친 듯하다. 나도 타인을 기준으로 삼아 자신의 성공 여부를 평가하며 힘든 시기를 보낸 적이 있었다. 누군가가 만들어낸

잣대를 내 인생에 들이댄 것이다. 소셜미디어에서 완벽한 모습을 담은 사진들을 볼 때, 우리는 너무 쉽게 그것을 자기 인생의 목표로 삼아야 한다고 판단해버린다.

곰곰이 생각해보면 정말 터무니없는 노릇이다. 인스타그램을 장식한 행복해 보이는 사진 바깥에는 우는 아기와 스트레스에 찌든 아내, 크고 작은 골칫거리가 있기 마련이다. 당신이 선망하는 성공한 기업가의 삶이 실은 무척 끔찍할 수도 있다. 당신의 롤 모델은 어쩌면 여러 문제로 악전고투 중일 수도 있다. 혹은 당신보다 훨씬 오랜 시간 단련했기 때문에 지금 그 자리에 있는 것일지도 모른다.

타인의 인생을 기준으로 나의 성공 여부를 판가름하는 행위만큼 부질없는 일은 없다. 사실 누군가의 인생을 속속들이 알 수 없으므로 나를 남과 정확히 비교하는 것 자체가 불가능하다. 공부하고 성찰하고 실천하는 과정은 홀로 펼치는 경주일 뿐 타인과 경쟁할 문제는 아니다. 이 책에서 알려주는 원리와 방법을 잘 활용해 타인의 왕국이 아닌, 바로 '당신' 왕국의 주인이 되길 바란다. 나는 당신이 당신의 왕국에서 리더가 되어 변화를 주도하고, 올바른 조직문화의 초석을 다졌으면 좋겠다. 다시 말하지만, 인생의 성공이 어떤 모습일지는 각자에게 달렸다. 오직 자신만이 어떤 목표를 정하고 언제 그 목표에 도달할지를 정할 수 있다.

셀프 리더십이 선행되어야 한다는 말을 듣고 고개를 갸웃하는 사람도 있을 것이다. 충분히 그럴 수 있다. 수년 혹은 수

 들어가며

십 년 동안 몸에 익은 방식을 바꾸기란 쉽지 않은 법이다. 변화는 어렵다. 새로운 습관을 들이려면 무진 애를 써야 한다. 나 역시 여러 가지 좋은 습관을 갖기 위해 노력해왔다. 성공한 적도 많았지만 그만큼 실패도 많았다. 그럼에도 더 나아지겠다는 생각을 멈추거나 발전하기 위한 노력을 그만둔 적은 없었다. 세월이 흐르자 실패의 경험들은 더 나은 미래를 위한 밑거름이 되어주었다.

조부인 찰스 노빌 페인 해군 제독은 오래전 내게 말씀하셨다. "최선을 다해라. 그런 다음 자신을 놓아줘라." 여기에 우리가 할 수 있는 모든 게 담겨 있다. 자, 그럼 시작해보자!

| 제1부 |

## '나'를 리드하다

self

"전쟁에는 늘 변수가 있다."

군 지휘관들의 말이다. 아무리 작전을 잘 짜도 실행 과정에서 변경하거나 실패하는 경우는 부지기수다. 전쟁의 규모가 크든 작든 사전에 알 수 있는 정보는 한계가 있다. 따라서 예기치 않은 변수에 대처할 수 있는 최선의 전략은 평소에 전투 준비를 철저히 하는 것이다. 내 조부는 제2차 세계대전 당시 미 해군 함선인 USS 컬럼비아에서 겪었던 일을 자주 이야기했다. 군대를 통솔하는 규정과 함선에서 실시하는 모든 훈련은 무척 중요하다. 실제 작전에서 생사를 가르기 때문이다.

마찬가지로 팀과 조직을 리드하려면 여러 가지 능력과 강한 지구력을 갖추고 온갖 예측 불가능한 상황에 대처할 준비를 해나가야 한다. 그런데 실제로 준비가 잘 되어 있는 리더는 드물다. '리더의 자질'을 갖춰야 성공한다는 사실을 인지하고 있는 사람도 찾아보기 힘들다. 좋은 리더가 되기 위해서는 자기 성찰과 훈련을 꾸준히 해나가야 한다. 예를 들어 아침에 일어나 스스로에게 이런 질문들을 던져보는 것만으로도 부쩍 성장할 수 있다.

- 나는 잘 준비되어 있는가?
- 성공할 수 있는 절호의 기회를 스스로에게 주고 있는가?
- 내가 그리는 성공의 모습은 어떠한가?
- 목표에 도달하려면 어떤 길을 가야 하는가?

하지만 무엇이 자신을 유능하고 성공한 사람으로 만드는지 진지하게 고민하는 사람은 별로 없다. 대부분은 지금 자기를 옥죄는 압박감에서 벗어나려 하거나 급한 일을 해결하는 데 급급하다. 그러다 보니 정작 중요한 일에는 집중하지 못한다. 어찌 된 일인지 우리는 일상에서 마주한 문제의 근본적인 원인조차 파악하지 못한다. 인생을 체계적으로 개선하고, 스스로를 유능한 리더이자 행복한 사람으로 만들 방법을 몰라 헤매는 것이다.

인생의 가장 중요한 영역에서 주도권을 확보해야 한다. 그러기 위해 갖춰야 할 필수 요소는 건강이다. 여기에는 신체적 건강뿐만 아니라 정신적 건강과 조직의 건강도 포함된다. 하지만 사람들은 업무에 바쁘다는 핑계를 대면서 이 문제를 소홀히 여긴다. 그 결과 스트레스는 늘고 상황은 더 악화된다. 왜 성공으로 가는 지름길을 택하지 않을까? 어려움을 해결하는 가장 좋은 방법을 외면하는 모습이 안타까울 뿐이다.

---

젊은 시절, 나는 세상을 바꾸고 싶었다.
하지만 세상을 바꾸기에는 내 힘이 미약하다는 것을
깨닫고 조국을 바꾸기로 했다.
내 능력으로 조국을 변화시키는 것은 역부족이었기에
내가 사는 도시를 바꾸려고 노력했다.
그러나 나는 도시조차 변화시킬 수 없는 사람이었다.
그렇게 나이를 먹으며 나는
가족의 변화에만 집중하게 됐다.
그리고 노인이 된 지금, 바꿀 수 있는 것은
오직 나 자신뿐이라는 것을 이제야 깨달았다.
수십 년 전에 나 자신부터 달라졌더라면,
가족에게 의미 있는 영향을 미칠 수도 있었으리라.
나와 가족은 도시에 좋은 영향력을 미칠 수도 있었다.
그 영향력이 조국을 바꾸고 나아가
세상을 변화시켰을지도 모른다.

— 익명의 수도승(1100년)

---

가정에서든 직장에서든 준비를 철저히 갖추고 있으면 인생을 훨씬 수월하게 살 수 있다. 그리고 우리에게는 준비할 능력이 있다. 준비를 갖췄다는 말은 기본에 충실하고 스스로를 리드한다는 뜻이다. 단순한 말 같지만 쉽지 않다. 그렇게 하려면 훈련과 의지와 성찰이 필요하다. 이 글을 읽고 이렇게 생각

하는 사람도 있을 것이다. '그런 건 우리도 다 안다고! 고작 그런 말이나 하려고 책을 쓴 거야?' 하지만 우리는 이 중요한 말을 한 귀로 듣고 한 귀로 흘린다. 내 말이 틀렸다고 생각한다면 주위를 둘러보자. 세상에는 과로와 스트레스에 짓눌리고 건강 문제에 시달리는 무능한 리더가 많다. 그들의 삶은 도살장처럼 처참하고 그들이 가는 길은 재앙처럼 암울하다. 이 책을 쓰기 시작할 때만 해도 나는 이 내용을 맨 뒤에 배치할 생각이었다. 개인의 건강과 행복은 잠시 미루고 좀 더 실용적인 내용부터 언급하고 싶었다. 하지만 생각을 바꾸었다. 독자들이 조금 지루하게 느낄지도 모르지만 '셀프 리더십'을 과감히 맨 앞에 배치했다. 먼저 자기 자신이 건강하지 않으면 리더, 동료, 배우자, 부모 그 어떤 역할도 제대로 해낼 수 없기 때문이다. 그동안 이 단순한 진리를 얼마나 많이 들었는가? 지금은 실천해야 할 때다. 더 나은 리더로 가는 여정의 첫걸음을 뗄 수 있도록 돕고 싶다.

    나는 자기 자신을 정성껏 돌보지 않다가 큰 대가를 치렀다. 온종일 불이 꺼지지 않고 수천 명의 캐스트 멤버가 수백만 명의 고객을 돌보는 매직 킹덤 같은 기업에서는 종종 발생하는 사례다. 하지만 나는 이 교훈을 얻고 나서 다시금 기본에 충실할 수 있었다.

1장

# 건강한 몸

어느 황량한 12월 아침, 나는 결국 오랫동안 내 몸을 외면하며 살아온 죗값과 마주했다.

"말도 안 돼! 102.5킬로그램이라니!"

샤워를 마치고 옷 방으로 가다가 복도에 놓여 있던 체중계에 발부리가 걸렸다. 아내가 일부러 거기에 둔 것일까, 아니면 그저 우연이었을까? 그것도 아니면 무의식이 태만한 내게 경고의 뜻으로 남겨준 '힌트'였을까? 알 수 없는 일이다. 하지만 눈앞에 깜빡이는 숫자를 보면서 나는 망연자실했다. 몸무게가 위험 수위를 넘어간 것은 처음이었다. 닥치는 대로 먹고, 운동은 거르고, 건강에 관심을 기울이지 않았던 지난날이 만들어낸 결과였다. 그동안 음흉하게 숨어 있던 몸무게가 그날 아침 본색을 불쑥 드러내고야 말았다.

내가 몸에 얼마나 무관심했는지 알려주는 증거는 널려 있었다. 몸무게, 체력, 지구력, 불면, 식습관, 피붓결 등 모든 게 늘 꿈꿔왔던 이상적인 상태와 거리가 멀었다. 곧바로 죄책감이 들었다. 체중계에서 깜빡이는 숫자 때문만은 아니었다. 내가 그동안 이 모든 것을 무시하며 살아왔다는 걸 누구보다 잘 알고 있었다. 체력이 약하고 운동하려는 의지조차 없는 나를 만든 주범은 과거의 나였다.

트라우마로 남을 만한 사건을 겪거나 병치레를 크게 한 뒤 건강의 소중함을 깨닫기도 한다. 하지만 대다수는 그런 일이 자기에게 닥치지 않는 이상 건강관리를 등한시하기 일쑤다. 무탈하게 지내다 보면 건강 문제가 와닿지 않기 때문이다. 그런 상태로 시간을 흘려보내다가 '노화'라는 자연의 섭리를 정통으로 얻어맞고 나서야 부랴부랴 대책을 세운다. 거스를 수 없는 세월의 희생자인 척하지만, 사실 우리는 별로 싸워보지도 않고 굴복한 방관자나 마찬가지다. 몸무게가 1년에 평균 1킬로그램씩 늘어나도 미미한 변화라고 자위하면서 대수롭지 않게 여긴다. 그렇게 15년, 20년, 30년이 지나고 어느 날 아침 우연히 체중계에 올라갔다가 화들짝 놀란다. '도대체 나한테 무슨 일이 일어난 거야?' 나도 같은 일을 겪고 나서야 깨달음을 얻었다.

이제는 문제를 직시할 시간이다. 인생의 어떤 사건을 통해 얻은 깨달음은 시간이 지날수록 조금씩 잊히게 마련이다. 따라서 다시는 똑같은 잘못을 저지르지 않도록 정신을 똑바로 차리고 경계해야 한다.

사실 몸무게가 130킬로그램이냐 70킬로그램이냐가 중요한 게 아니다. 정말 중요한 것은 이런 질문들이다.

- 나는 편안한가?
- 내가 건강하다고 느끼는가?
- 나는 자신감을 가지고 효율적으로 일할 수 있는가?
- 자신에게 성공할 기회를 주려고 최선을 다하는가?

편안하다는 것에는 객관적인 기준도 없고, 완벽하거나 이상적인 정답도 없다. 하지만 "최선을 다할 수 있는 신체적 능력을 갖추었는가?"라는 질문에 "아니요"라고 답하는 상황이라면 즉시 해결책을 찾아야 한다.

깊은 산골짜기에 사는 은둔자가 아니라면, 운동이 몸에 활력을 준다거나, 건강한 식습관이 내장의 여러 기관에 에너지를 충분히 공급한다거나, 질 높은 수면이 몸과 마음을 회복시켜준다는 이야기를 들어봤을 것이다. 그러므로 여기서는 왜 적절한 운동과 영양 섭취와 수면이 필요한지 과학적인 근거를 들면서 설명하진 않겠다. 다만 이런 요소들이 내게 어떤 영향을 미쳤는지, 내가 멘토나 코치 역할을 했던 사람들에게는 어떤 도움을 주었는지 이야기해보려고 한다.

건강을 돌보는 목적은 단 하나, 자신을 리드하기 위해서다. 건강을 유지하는 방식은 저마다 다를 것이다. 자기 몸을 최고의 상태로 벼리고 싶다면, 가족 혹은 직장의 팀과 조직을 이끌 만한 힘과 회복력과 자신감을 기르고 싶다면, 반드시 건강 관리 계획을 세워야 한다.

## 동기를 부여하라

인류는 아주 오래전, 체격이 곧 생존으로 이어지던 시대부터 운동을 해왔다. 그때는 건강하지 않으면 굶어 죽었고 빨리 달리지 못하면 포식자에게 잡아먹혔다. 살아남으려면 건강할 수밖에 없었다. 다행히 지금은 건강하지 않다고 해서 굶어 죽거나 포식자에게 잡아먹힐 일은 거의 없다. 그럼에도 건강해야 기운이 넘치고, 정신이 맑아지며, 하고 싶은 일을 거뜬히 해낼 자신감을 얻을 수 있다는 건 변함없다.

내가 맡은 일을 제대로 해내기 위해서는 체력이 강해야 했다. 매직 킹덤에서 수많은 고객뿐 아니라 수백 대에 이르는 유모차와 오토바이가 원활히 지나다닐 수 있도록 관리하는 일은 여간한 중노동이 아니었기 때문이다. 캐스트 멤버들과 업무를 조율하고, 뜻밖의 상황을 맞닥뜨릴 때마다 신속하게 판단하며, 고객을 능숙하게 응대하려면 두뇌 회전도 빨라야 했다. 물론 대다수의 사무직 업무가 1년 365일 쉬지 않고 돌아가는 테마파크를 운영하는 일만큼 강한 체력이 있어야 수행할 수 있는 것은 아니다. 하지만 책상물림이나 하는 사람은 좋은 리더가 될 수 없다. 리더라면 현장을 자주 찾아가 살피고, 끊임없이 직원과 소통하며, 고객과 자주 만나야 한다. 질문을 던지고, 조사하고, 탐구하고, 전략을 짜는 과정을 통해서 가장 좋은 결정을 내릴 수 있다. 당연한 이야기지만 몸이 건강하면 행복한 인생을 살 확률도 높아진다. 그러니 건전한 취미를 가져보는 게 어떨까? 아이들과 밖에서 뛰놀거나 평소 마음은 있지만 미뤄왔던 봉사활동을 시작하는 것도 좋다.

나는 생활 방식을 바꾸고 건강관리에 힘쓰기 시작했다. 그러자 다시금 활력을 얻었고, 전보다 많은 것을 성취할 수 있었다. 일단, 카이트서핑*을 했다(여전히 걸음마 단계다). 또한 집 구석구석을 정리 정돈하고 정기적으로 잡다한 집안일을 처리했다. 평소 무엇을 부탁했을 때 미적거리기만 하던 남편이 달라진 모습을 보이자 아내도 흐뭇해했다. 가끔 아이들과 원반 던지기를 하고, 청소년 육성회 자원봉사도 시작했다. 이후로 10년 넘게 활동하면서 오랜 세월 잊고 있었던 성취감을 느낄 수 있었다. 게다가 스트레스와 죄책감도 줄었다. 건강을 챙기기 시작하니 일의 우선순위가 명료하고 체계적으로 정리되었다. 당면한 문제를 효율적으로 해결하게 되었으며, 어떤 상황이 닥치더라도 상투적으로 대응하지 않고 적극적으로 해결 방안을 모색하게 되었다.

건강이 가져다주는 변화는 사람마다 다를 것이다. 만약

---

* 수상 스포츠의 일종으로, 보드에 대형 연을 달아 수면 위를 달리는 스포츠다.

당신에게 동기부여가 필요하다면 다음과 같이 해보라. 힘들고 피곤하다는 이유로 '하려고 했지만' 늘 '하지 못했던' 모든 일을 생각해보자. 깜짝 초대에 응하고 싶었지만 번번이 거절해야 했던 순간들, 일 때문에 기진맥진한 채로 잠들거나 텔레비전 앞에 널브러져 있으면서 날려버린 소중한 기회들을 떠올려보라. 이런 모습이 아니라 더 나은 내가 될 수 있다면, 그래서 더 많은 일을 해낼 수 있다면 어떻겠는가?

## 시작점을 만들라

운동을 시작하기 전에 자기의 현재 건강 상태를 객관적인 지표로 평가해보라. 매년 건강검진을 받는 것도 좋은 방법이다. "측정할 수 있는 것은 개선할 수 있다"라는 말도 있지 않은가. 간혹 정기검진을 꺼리는 사람들이 있다(주로 남자들이 그렇다). 인간이 불멸의 존재가 아니라는 사실을 받아들이지 못하는 내면의 '상남자' 기질 때문인지, 강하고 자립적이어야 한다는 강박관념 때문인지, 50세 전에는 의학적인 도움을 청할 필요가 없다고 생각하는 남자들을 허다하게 볼 수 있다. 하지만 성별이나 나이와 상관없이 정기검진은 필수다. 병의 증상이 뚜렷하게 나타났다면, 때는 이미 늦었다.

전체적인 건강 상태를 수치로 기록해두어야 한다. 그래야 어딘가 잘못되었을 때, 평소의 지표와 비교해 어디가 아픈지를 파악할 수 있기 때문이다. 의사와 관계를 잘 유지하는 것도 중요하다. 의사에게 가족력이나 개인 습관(가령 하루에 정말로 맥주를 딱 한 잔만 마시는지와 같은), 고민을 편안한 마음으로 솔직하게 털어놓아야 더 정확하게 검진을 받을 수 있다. 실시간 정보 업데이트도 적극 활용하자. 요즘은 거의 모든 병원에서 환자의 검진 결과를 온라인으로 확인할 수 있고, 필요에 따라 진료 소견서나 중요한 의료 정보도 얻을 수 있다. 자신의 건강 정보는 아무리 많이 알아도 지나치지 않다. 귀중한 정보를 얻을 기회를 부디 놓치지 말라.

## 운동은 내 몸에 대한 업무다

자기에게 맞는 운동을 찾으라는 말이 운동의 종류를 구체적으로 정하라는 뜻은 아니다. 우선 시간과 편의성을 고려해야 한다. 그래야 운동을 포기하지 않고 계속할 수 있다. 내가 맡고 있는 업무와 일정을 지극히 현실적으로 따져보고 그것을 고려해 운동 계획을 세우라. 운동과 담을 쌓고 있었다면 지금 이야말로 시작할 최적의 타이밍이다. 평소보다 한 시간 일찍 일어나 러닝을 하거나, 점심시간에 회사 동료와 탁구를 치거나, 퇴근길에 잠시 들러 실내 사이클링을 하는 것도 좋은 방법이다. 나 홀로 운동하는 것을 좋아하는가? 음악을 틀어놓고 운동하는 것을 즐기는가? 단체 레슨을 선호하는가? 어떤 운동을 어떻게 할 때 엔도르핀이 마구 솟구치는가? 자전거 타기나 걷기 같은 운동부터 요가나 복싱에 이르기까지 다양한 선택지가 펼쳐져 있다. 그러므로 시간이 없다거나 마음에 드는 운동이 없다는 변명은 더 이상 통하지 않는다.

마음에 드는 운동이나 지금 하기 쉬운 운동을 찾았다면 이제 일정표에 운동 시간을 적어두고 그 시간을 꼭 사수하자. 운동 시간을 중요한 약속이나 회의 시간처럼 철두철미하게 지켜야 한다. 나는 운동 시간을 미팅 시간처럼 중요하게 여긴다. 운동은 나 자신이 내 몸과 만나기로 한 약속이다. 헬스클럽에 가겠다는 다짐만 하고 실천하지 않으면 끊임없이 운동하는 것보다 중요하거나 긴급한 일이 생겨날 것이다. 그렇게 되면 건강한 몸은 그림의 떡일 뿐이다.

다음 상황을 가정해보자. 우리는 집에 곰팡이가 생기거나 창문이 깨지거나 빗물이 새거나 벌레가 생겼을 때 그대로 내버려두지 않는다. 왜 그럴까? 집의 가치가 떨어지기 때문이다. 우리 몸도 마찬가지다. 내 몸의 가치가 서서히 떨어지는 걸 바라는 사람은 없다. 20대나 30대라면 아직 공감하기 어려울 수도 있겠지만, 세월이 흐르면 누구나 몸이 약해지고, 질병에 걸리며 노화가 찾아온다. 갈수록 몸으로 부딪혀 하는 일은 점점 적어지고, 노화의 속도는 점점 빨라진다. 그렇게 삶의 질과 활력은 급속도로 떨어진다.

몸은 곧 나다. 몸이 있어야 삶을 살아갈 수 있다. 운동을 꾸준히 하고 건강한 식습관과 충분한 휴식을 유지하면 즉시 활기와 체력이라는 보상을 받는다. 수명이 길어진다는 장기적인 보상도 있다. 운동을 적절하게 할수록 인생과 커리어에서 성공할 가능성도 커진다. 그러니 지금 당장 일정표를 살펴보고 건강에 투자할 시간을 배치하자. 그 시간을 꾸준히 지켜야 한다는 건 두말할 필요도 없다.

## 내게 꼭 맞는 운동법을 찾으라

2019년에 나는 쉰 살이 되었다. 반백 살을 기념해서 고등학교 동창들과 함께 코스타리카의 리조트로 떠났다. 친구들과 함께한 여행이니만큼 밤늦도록 즐거운 시간을 보냈다. 색다른 맛의 칵테일을 마시며 아무리 곱씹어도 질리지 않는 학창 시절의 추억을 떠올리며 밤을 불태웠다.

다음 날 아침, 몸이 살짝 무거웠다. 그런데 일찍 일어난 미시가 매일 하고 있는 단어 과제를 완수해야 한다고 말했다. 어리둥절한 우리에게 미시는 '알파벳 워크아웃'을 알려줬다. 26개의 알파벳마다 각각 팔벌려뛰기, 크런치, 스쿼트, 팔굽혀펴기 등을 정하고 실행하는, 일종의 운동 게임이다.

미시는 매일 아침 단어 하나를 정하고 그 단어에 해당하는 운동을 그날 해내기로 마음먹었다. 오늘의 단어가 '파파야(Papaya)'라면, P는 아령 들기 15회, A는 팔벌려뛰기 50회, Y는 크런치 10회이므로 중복되는 알파벳의 횟수를 곱해 아령 들기

30회, 팔벌려뛰기 150회, 크런치 10회를 수행하는 것이다. 우리는 미시가 보여준 의지에 감탄했다. 놀랍게도 미시는 이 운동을 올해 스무 살인 딸 카일리와 함께하고 있었다. 두 사람은 애플 워치를 통해 서로의 운동 여부를 확인했다. 해야 할 운동은 서로 달랐지만, 둘은 게으름뱅이라고 놀림받지 않기 위해 요령 피우지 않고 열심히 운동했다. 미시는 자신과 딸이 재미있으면서도 동기부여가 되는 새로운 습관을 만들었고, 이 습관을 삶의 '뉴노멀*'로 삼았다.

---

> 지금 있는 자리에서 시작하라. 지금 가진 것을 활용하라.
> 지금 할 수 있는 것을 하라.
> — 아서 애시(흑인 최초 US오픈 우승자)

---

## 재미가 없으면 효과도 없다

알파벳 워크아웃이 모든 사람에게 잘 맞는 운동 방식은 아닐 것이다. 하지만 적어도 미시에게는 적합한 운동이었다. 언제 어디서나 할 수 있고, 다른 사람이 잠든 뒤에 혼자서도 할 수 있다. 별것 아닌 말처럼 들릴지 몰라도, 바쁜 일상 속에서 운동을 습관처럼 하려면 무엇보다도 재미가 있어야 한다.

---

\* 시대나 상황의 변화에 따라 새롭게 떠오르는 기준

그래야 더 열심히, 빼먹지 않고 하게 된다. 의지가 약해지거나 몸이 피곤하거나 온갖 창의적인 변명거리가 생기더라도 일단 재미있으면 하게 된다.

자신을 가장 잘 아는 사람은 자기 자신이다. 그러니 타인이 재미있다고 규정한 걸 억지로 따르지 않아도 된다. 타인이 나의 성공을 규정할 수 없는 것과 마찬가지다. 나는 여러 가지 운동을 다양하게 즐긴다. 평소에는 달리기, 수영, 자전거, 헬스, 스키, 카이트서핑, 등산을 하고 가끔은 럭비도 한다. 직접 했을 때 가장 재미있는 운동을 찾아서 시작해보라. 지금까지 해온 그 어느 것보다 규칙적으로 즐겁게 할 수 있는 운동이라면, 당신은 딱 맞는 운동을 찾은 것이다.

## 나는 나와 경쟁한다

운동할 때 나의 경쟁 상대는 오직 나 자신이다. 그러니 다른 사람들이 어떻게 운동하는지 보면서 열등감을 느끼거나 흔들릴 필요가 전혀 없다. 우리는 소셜미디어나 유튜브에서 나보다 더 건강하거나 더 격렬한 운동을 즐기는 사람들을 볼 때마다 적잖이 위축된다. 그리고 그 사람들이 해주는 온갖 조언, 구체적인 운동 프로그램, 운동 수업, 헬스클럽 소개를 들을 때마다 귀가 솔깃해지며 따라 해보고 싶은 마음이 든다. 그러나 그들은 나보다 훨씬 전에 그 운동을 시작했을지도 모른다. 신체 조건이나 회복 능력도 나와는 다를 것이다. 어쩌면 그 운동 말고도 다른 여러 가지 운동을 즐기고 있을지도 모른다. 따라서 다른 사람에게서 무언가를 배울 수도 있지만, 나만의 계획과 즐거움, 성취감을 찾는 것이 중요하다. 그렇지 않으면 쉽게 포기하게 되고, 심지어 무리하다가 다칠 수도 있다. 나만의 속도로 나만의 경주를 즐겨야 한다.

나처럼 경쟁심이 강한 사람들은 남들의 운동 습관을 보면서 부정적인 영향을 받기 쉽다. 꽤 많은 시간이 흐르고 나서야 나는 운동이 '이기는' 것이 아니라 '개선시키는' 것임을 깨달았다. 누군가의 운동 성공담을 들으면 축하와 응원은 해주되 나의 성과와 비교해서는 안 된다. 나는 마음속으로 '이 운동을 꾸준히 하면 발전할 것이다'라고 끊임없이 되뇌며 스스로를 다독였다. 그렇게 차근차근 나만의 운동을 했고 매일매일 조금씩 강도를 높였다.

나는 신체 능력에 관한 네이비 씰(미 해군 특수부대)의 격언을 자주 되새긴다. "그만두고 싶다는 생각이 들 때, 사실은 자기 능력의 40퍼센트밖에 사용하지 않은 것이다." 이 말을 곱씹어보면 다른 사람과 경쟁할 필요가 전혀 없음을 깨달을 것이다. 겨뤄야 할 대상은 오직 포기를 갈망하는 나 자신뿐이다. 그만두고 싶다는 생각이 들어도 멈추지 말고 한계선까지 자신을 밀어붙여야 한다.

그렇게 해서 운동 능력이 좋아져도, 다시 신체 능력의 40퍼센트 정도를 활용하고 나면 그만두고 싶다는 유혹이 또 생긴다. 하지만 괜찮다. 체력이 강해지면서 유혹이 찾아오는 시점도 점점 더 늦어질 것이기 때문이다.

누구나 자신과 싸우며 살아간다. 뉴질랜드의 탐험가 에드먼드 힐러리 경은 이렇게 말했다. "우리가 정복하는 것은 산이 아니라 우리 자신이다." 자신의 능력이 어디까지인지를 알 수 있는 유일한 방법은 자신을 정복하는 것이다. 당신은 자신의 능력이 어디까지인지 궁금하지 않은가?

## 운동은 쉬운 것부터

처음에는 몸에 무리가 가지 않도록 가볍게 시작하라. 강도를 조금씩 높이면서 시간이나 횟수를 늘려가야 한다. 건강해지겠다고 결심하자마자 철인 3종 경기에 출전하는 사람은 없다. 5킬로미터 마라톤 코스를 완주하지 못해도 충분히 건강을 유지할 수 있다. 그러니 마라톤 선수들을 보면서 나는 저렇게 하지 못한다고 자책할 필요 없다.

오랫동안 운동을 하지 않았다면 가벼운 산책이나 자전거로 시작하라. 하루에 20분씩 계단을 오르내리는 것도 좋다. 어떤 운동이든 가볍게 시작해서 점진적으로 강도를 올려야 한다. 6개월 후에는 지금보다 훨씬 좋아질 것이다. 처음부터 무리하면 빨리 지치거나 다치기 쉽다.

## 얼마나 성장했는지를 기록하라

체력이 느는 건 눈에 잘 보이지 않는다. 특히 40퍼센트의 한계를 넘기며 훈련했다면 더더욱 그렇다. 꾸준히 강도를 높여가면서 운동하면 운동이 항상 힘들게 느껴진다. 이전보다 더 빠르게 달리고 더 무거운 무게를 드니 매번 힘들고 지친다. 마치 발전하지 못한 채 제자리를 맴도는 기분이다.

그 기분에서 벗어나고자 나는 운동의 진척 상황을 기록한다. 운동 일지를 만들어 수영장에서 레인을 왕복한 횟수, 달리기를 완주한 거리나 시간 등을 기록한다. 시간이 흐르면서 조금씩 나아지는 모습을 직접 눈으로 확인하는 것이다.

나처럼 종이에 기록하는 구식 방법이 싫다면 스마트폰의 앱을 활용해도 좋다. 이렇게 하면 몇 달, 몇 년에 걸쳐 차곡차곡 좋아지는 건강 지표를 한눈에 확인할 수 있다. 발전하는 모습을 보면 동기부여가 된다. 하루나 이틀 정도 운동을 못 하더라도 괜한 죄책감에 시달리지 않는다.

## 꾸준히 하려면 함께 하라

아무리 온갖 운동 도구와 굳은 마음가짐으로 무장한다 해도 꾸준히 운동하는 데는 꽤 큰 의지가 필요하다. 의지가 부족해 애를 먹고 있다면 운동을 지원해줄 체계를 만드는 것도 방법이다. 내 친구 미시의 경우처럼 젊은 자녀는 든든한 지원군이 될 수 있다. 코치를 구하거나 혹은 함께 운동할 친구와 동료를 찾아보는 것도 좋은 방법이다. YMCA 같은 지역 기관에서 운영하는 운동 모임에서 함께할 동호인을 찾아도 좋다. 헬스클럽에 다니거나 달리기 모임 등에 참여한다면 출석 여부를 확인하는 누군가가 있다는 사실만으로도 더욱 열심히 하게 된다. 마찬가지로 다른 누군가도 당신을 의지하고 있다는 사실을 명심하라!

## 식사는 프랑스인처럼 우아하게

어니스트 헤밍웨이는 이렇게 말했다. "당신이 운 좋게 젊은 시절 한때를 파리에서 보낼 수 있다면, 남은 일생 동안 파리는 마치 움직이는 축제처럼 당신 곁에 머물 것이다." 대가답게 프랑스 문화의 정수를 정확히 간파한 문장이다.

헤밍웨이의 말처럼 나도 운이 좋았다. 유럽 최초의 디즈니 테마파크인 파리 디즈니랜드를 개장하는 일 때문에 나는 젊은 시절을 대부분 파리에서 보냈다. 그곳에서 만난 매력적인 프랑스인과 결혼도 했다. 그러면서 나는 프랑스 문화, 특히 음식 문화를 원 없이 누릴 수 있었다.

그때 프랑스 문화에서 배운 점을 기반으로 우리 집은 몇 가지 규칙을 정했다.

첫째, 가족과 함께하는 식사 시간은 하루 중 가장 중요하다. 점심이든 저녁이든(주말 아침 식사도 포함된다) 집에서 갖는 식사 시간을 무척 특별히 여기기 때문이다. 이는 프랑스에서 생긴 문화다. 우리 가족은 식탁에 둘러앉아 이런저런 사소한 대화를 주고받으며 함께 식사를 즐기는 이 시간을 무척 소중히 여긴다. 가끔 토론이 언쟁으로 이어지기도 하지만, 식사를 마치고 일어설 때 기분 나빴던 말들과 부정적인 감정들은 식탁에 그대로 남겨둔다. 말하자면 식탁은 우리 가족의 안전지대다. 덕분에 우리의 식사 자리에는 맛있는 음식과 활기찬 대화가 가득하다.

둘째, 식사 시간에는 어떤 전자 제품도 사용하지 않는다. 운 나쁘게 전화벨이 울리면 온 가족의 따가운 눈총을 받으며 재빨리 휴대폰을 치워야 한다. 텔레비전과 휴대폰은 물론이고, 모니터가 달린 모든 기계는 사용할 수 없다. 양질의 식사 시간을 보장하기 위한 조치다.

셋째, 진심으로 음식을 즐긴다. 프랑스 요리의 미덕은 재료의 다양성이다. 심지어 개구리 다리 요리가 식탁에 올라올 때도 있다! 그래서 우리도 다양한 음식을 해 먹는다. 대체로 신선한 재료를 사용해 어렵지 않은 요리를 집에서 직접 한다. 그리고 아이들에게는 새로운 음식을 맛보도록 격려를 아끼지 않는다. 음식은 천천히 시간을 들여 맛을 음미하고 다른 사람과 교감하면서 먹는다. 그렇게 하면 포만감을 훨씬 잘 느낄 수 있다. 천천히 오래 먹으니 소화도 더 잘 된다. 덕분에 돼지고기 한 덩어리를 더 먹거나 음식을 두세 그릇 비우기 전에 식사를 멈추게 된다.

넷째, 절제하며 먹는다. 몸매를 유지하는 데 샌드위치 한 개보다 더 좋은 것은 무엇일까? 바로 샌드위치 반 개다! 파리 디즈니랜드에 근무하면서 나는 프랑스인 대다수가 미국인보다 적게, 자주, 즐겁게 음식을 먹는다는 사실을 알게 되었다. 반대로 미국인의 식사량은 갈수록 늘어나고 있는데, 이를 증명하듯 배도 점점 불룩해지고 있다.

사실 다이어트는 별것 아니다. 다이어트를 한답시고 좋아하는 음식을 앞에 놓고서 끼적거릴 필요는 없다. 중요한 건 양 조절이다. 효과 만점인 방법을 소개한다. 모든 음식을 작은 디저트 접시에 담아서 먹어보라. 내가 아는 선배는 식당에서 점심을 주문할 때 절반만 내오고 나머지 절반은 아예 포장해달라고 부탁한다.

조금씩 즐겁게 먹는 프랑스 식사법이 다이어트의 성공 비결이다. 세상을 깜짝 놀라게 할 비법은 아니지만, 적어도 프랑스인들과 우리 가족에게는 효과가 있었다. 우리는 이 방법으로 세 아이 모두 건강하게 키웠다. 성인이 된 아이들은 지금도 식사를 천천히 즐기고 있으며, 푸아그라, 굴 요리, 개구리 다리 요리까지 가리지 않고 맛있게 먹는다. 물론 절제하며 적당한 양을 먹고 있다.

## 내면의 '잠자는 숲속의 공주'를 발견하라

건강한 삶을 완성하기까지 퍼즐 한 조각만 남았다. 얼핏 보면 쉽게 느껴지지만 맞춰 넣기가 가장 어렵다. 바로 수면이다. 나는 2014년에 '삶의 질을 위한 소넥소 콘퍼런스'의 특별 패널로 초대받은 적이 있다. 콘퍼런스 사회자는 당시 '수면 혁명'을 시작한 아리아나 허핑턴이었다. 훗날 허핑턴은 수면의 중요성과 수면이 업무 능력에 미치는 영향에 관한 책 『수면 혁명』(민음사, 2016)을 펴냈다.

수면 시간을 아까워하는 사람들이 있다. 심지어 하루에 네댓 시간만 자도 너끈히 일할 수 있다고 허풍 떠는 사람들도 가끔 보인다. 하지만 나는 이런 이야기를 들을 때마다 안타깝다. 그들은 자신의 역량을 온전히 발휘하지 못하고 있기 때문이다. 신뢰할 만한 연구 자료들도 수면의 역할을 강조한다. 장기적으로 보면 잠을 자지 않고 하루에 20시간씩 일하는 것보다 16시간 동안 충분히 쉬면서 일할 때가 능률이 훨씬 높다.

허핑턴의 강연과 연구 자료를 통해 수면의 힘을 알게 된 나는 그 원리를 곧장 실천했다. 덕분에 잠을 줄여가며 일할 때보다 업무 성과뿐 아니라 감정 상태까지 훨씬 좋아졌다. 수년 동안 나는 "잠을 자지 않아도 괜찮다"라는 거짓말을 믿고 스스로를 혹사해왔다. 그러면서 내가 직장에서나 가정에서 그럭저럭 제 몫을 해내고 있다며 스스로를 위로했다.

수면 습관을 바꾼 뒤 비로소 내가 그동안 얼마나 무겁고 찌뿌둥한 몸 상태로 아침을 맞이했는지 알게 되었다. 늘 무기력했고 기력이 부쳐서 허덕였다. 억지로 카페인을 몸속에 집어넣으며 하루를 시작하고, 오후가 얼마 지나지 않아 에너지가 고갈되는 패턴을 반복했다. 유일한 해결책은 에스프레소 한 잔이었다. 그렇게 커피로 그럭저럭 오후를 버텼지만 카페인을 과도하게 섭취한 탓인지 밤에는 자야 할 시간을 훌쩍 넘겨 눈을 감았다. 다음 날이면 똑같은 하루가 반복되었다. 수면을 충분히 취하지 못하고 카페인을 몸속에 들이부었다.

무언가 변화가 필요했다. 거듭 말하지만 모두에게 맞는 마법 같은 숫자는 없다. 많은 연구자가 하루 7~9시간 잠을 푹 자는 것이 우리 몸에 가장 좋다고 말한다. 그래서 나는 리더십 교육생들에게 매일의 수면 시간과 다음 날의 감정 상태 및 업무 성과를 기록하게 했다. 7시간만 자면 다음 날 카페인에 의존하지 않고도 일할 수 있다는 사람이 있는가 하면, 9시간은 자야 상쾌하다고 말하는 사람도 있었다. 분명한 것은, 7시간 이상은 자야 한다는 점이다. 이보다 적게 자고 있다면 반드시 수면 습관을 바꿔야 한다.

아침에 일어날 때 자신의 컨디션을 점검해보라. 개운하게 일어나 기운차게 하루를 시작하는가? 아니면 낮잠을 자지 못해 칭얼거리는 아기처럼 몸이 찌뿌둥한가? 푹 자고 일어나 이성적 사고를 하는 어른이 아니라, 잠이 부족해서 짜증 난 어린아이 같은 기분이라면 수면 시간을 조정해야 한다. 올바른 수

1장
건강한 몸

면 습관은 아이뿐 아니라 어른에게도 중요하다. 몸과 마음을 쾌적하게 하는 자신만의 수면 습관을 찾아야 한다. 나와 아내는 아이들이 어렸을 때 잠자리에서 책을 읽게 했다. 이 습관은 지금까지도 잘 유지되고 있다. 잠자리 독서 덕분에 우리는 몸과 마음을 편안하게 이완시키고 우리 안에 숨어 있던 '잠자는 숲속의 공주'도 찾게 되었다.

## 핵심 정리

컨디션을 최상으로 끌어 올리는 방법

1 최근의 몸 상태를 분석하고 기록해서 시작점을 만들라. 매년 건강검진을 받으라.

2 '알파벳 워크아웃'을 참고해서 내가 재미있게 할 수 있고 만족도가 높은 운동, 일정에 무리를 주지 않는 운동을 찾으라. 특정 프로그램에 참여하거나 친구의 도움을 받는 것도 좋다.

3 운동 내용을 기록하고 진척 상황을 점검하라. 운동의 결과는 단기간에 드러나지 않는다. 1년 이상 장기적인 계획을 세우고 꾸준히 실천해야 한다.

4 식단을 엄격하게 제한할 필요 없다. 식사량만 적절하게 조절하라.

5 수면의 힘을 과소평가하지 말라. 아침에 일어났을 때 피곤하거나 몸이 무겁다면 수면 시간을 늘리라.

## 2장

# 행복한 마음

보스턴 대학교를 다니는 동안 올랜도의 디즈니 월드에서 인턴 사원으로 일한 적이 있었다. 당시 나는 석 달 동안 디즈니 컨템퍼러리 호텔의 프런트에서 근무했다. 학교를 졸업한 후에도 나는 디즈니라는 회사에서 내 운을 시험해보고 싶었다. 다행히도 디즈니 엡콧 테마파크의 주차 관리 직원으로 일할 기회를 얻을 수 있었다.

　엡콧에서는 6개월 동안 주차 관리 업무와 트램 운행 업무를 맡았다. 플로리다주의 디즈니랜드는 여름에 무척 더운 데다가 매일 수많은 사람들이 방문했다. 일이 고되기는 했지만 나는 눈과 귀를 활짝 열고 세세한 것 하나까지 모든 것을 배우고자 노력했다. 디즈니 경영 훈련 프로그램에도 참여할 수 있었다. 그러던 어느 날, 파리 디즈니랜드의 개장 팀으로 일할 기회가 찾아왔다. 일찍이 받았던 교육 덕분에 나는 그 기회를 붙잡을 수 있었다.

1992년 1월 파리행 비행기에 몸을 실었다. 간절히 바라던 일이고 자진해서 나서기는 했지만, 한편으로는 험난한 여정이 두려웠다. 낯선 나라에서 막중한 책임을 안고 새로운 업무를, 심지어 말도 잘 통하지 않는 사람들과 함께 해내야 한다는 사실이 마음을 무겁게 짓눌렀다.

게다가 프랑스 운전자들의 차량을 통제하는 일은 미국에서 하던 것과 전혀 달랐다. 대체로 협조적이었던 미국 운전자들에 비해 프랑스 운전자들은 에둘러 말하자면 자유분방했고 솔직히 말하면 제멋대로였다. 게다가 문화적 차이도 커서 적응하는 데 애를 먹었다. 하지만 회사는 내게 주차장 관리를 맡겼다. 정신이 아득했다. '내가 미쳤지! 도대체 내가 무슨 생각으로 이 일을 하겠다고 한 걸까? 앞으로 또 뭐가 남았지? 좌절? 참담함? 비웃음?'

시간이 지나 두려움이 어느 정도 가라앉자 다른 방향으로 생각해볼 여유가 생겼다. 위기의 순간은 언제나 귀한 교훈을 준다. 프랑스에서 어려움을 극복해나가는 동안 나는 흥미진진한 이야깃거리와 값진 지혜를 얻을 것이라고 확신했다. 그래서 이 시기를 크나큰 배움의 기회로 여기겠노라 마음먹었다. 피할 수 없다면 내 앞의 모든 오르막과 내리막을 즐기기로 한 것이다.

파리 디즈니랜드에서 근무하는 동안 힘든 일도 많이 겪었

2장
행복한 마음

지만 새로운 것들을 알아가는 재미에 푹 빠지기도 했다. 대다수 프랑스 사람들이 영어를 꽤 잘한다는 점도 이때 알게 되었다. 초반에는 프랑스인들의 인생관을 제대로 이해하고 그들의 기대에 부응할 수 있을지 걱정했지만 얼마 지나지 않아 '미국인이 일하기 위해 산다면 프랑스인은 살기 위해 일한다'라는 사실을 알게 되었다. 미국인과 프랑스인은 삶의 우선순위를 바라보는 기준이 전혀 달랐다. 나는 두 나라 사람의 기대를 어떻게든 조화롭게 충족시켜야 했다.

무기력감과 실망감에 짓눌려 괴로워한 날들도 많았다. 일이고 뭐고 때려치우고 짐을 싸서 돌아가고 싶을 때도 있었다. 맡은 일은 그런대로 해나가고 있었지만 언제 또 다른 어려움이 들이닥칠지 몰라 늘 조마조마했다. 프랑스 특유의 관료주의, 툭하면 파업하겠다고 협박하며 불만을 토로하는 노동자들, 위협을 일삼는 협회, 공격적인 운전자들, 비윤리적인 지도자들…. 말 그대로 산 넘어 산이었다.

그렇게 파리 디즈니랜드에서 5년간 일하며 도저히 넘을 수 없을 것 같은 산들을 만났고, 그때마다 인생이 나락으로 떨어지는 듯한 절망을 경험했다. 하지만 이 과정을 거치면서 나의 역량과 한계를 알게 되었다. 감정을 더 명료하게 인식하고 적절히 대처하게 되었으며, 이를 통해 타인의 감정을 깊이 이해하고 사람들에게 좋은 영향력을 미칠 수 있었다. 자기 인식 수준이 깊어지고 감성지능이 풍부해진 셈이다. 이후 나는 예전보다 견고해진 가치관을 토대로 회의감이 들 때에도 올바른 결정을 내릴 수 있게 되었다.

파리 디즈니랜드에서 나는 새로운 직업과 새로운 문화가 주는 경험의 소중함을 되새기며 늘 긍정적인 마음가짐을 유지하려 애썼다. 그러다 보니 어느새 낯선 업무와 타지 생활을 즐기고 있었다. 좋든 싫든 나는 헤아릴 수 없이 값진 경험을 했다. 그리고 그 경험은 나에게 평생의 무기가 될 지혜를 안겨주었다. 나는 이곳에서 직업, 삶의 태도, 깊은 통찰력 그리고 무엇보다 소중한 아내 발레리를 얻었다.

## 모든 것은 마음가짐에 달렸다

사람은 누구나 마음가짐이라는 필터를 가지고 있다. 마음가짐이 어떠하냐에 따라 삶을 바라보는 관점과 스스로를 통제하는 힘이 달라진다. 찰스 스윈돌 목사는 이렇게 말했다. "인생의 10퍼센트는 우리에게 일어난 일이고, 90퍼센트는 그 일에 대한 우리의 대응이다."

아침 출근 시간에 차를 타고 꽉 막힌 도로 위에 멈춰 서 있다고 생각해보자. 교통정체가 싫은 이유는 그 상황에서 아무것도 할 수 없기 때문이다. 하지만 어떤 마음으로 상황에 대응할 것인가는 내가 정할 수 있다. 화를 낼 수도 있고, 투덜거릴 수도 있고, 귀중한 시간을 낭비했다며 불만을 토로할 수도 있다. 반면에, 언어 공부를 하거나 뉴스를 듣거나 느긋하게 쉬

거나, 그것도 아니면 깊은 사색에 빠지는 등 그 시간을 생산적으로 활용할 수도 있다.

마지막으로 오롯이 침묵의 시간을 누린 때는 언제인가? 아마도 그런 시간을 자주 갖지는 않았을 것이다. 정신없이 바쁜 시대에 깊은 사색은 사치가 되고 말았다. 정보가 넘쳐나지만 정작 그중 하나라도 제대로 소화하지 못한다. 그렇다면 좀처럼 누리기 힘든 이 고독의 순간을 뇌에 유익한 시간으로 바꾸는 건 어떨까? 교통정체를 피할 방법은 없지만, 그 시간을 약으로 쓸지 독으로 쓸지 결정할 수는 있다. 전적으로 자기에게 달린 문제다.

디즈니에서 우수 캐스트 멤버를 시상하는 자리에 아내와 함께 참석한 적이 있다. 우리 부부는 명예로운 상을 받은 수상자 몇 명과 함께 앉았다. 우리 테이블에 있던 세 명은 각자의 배우자와 자리를 함께했다. 끔찍한 허리케인이 지나간 탓에 예정보다 4주나 미뤄진 행사였다. 아내는 같은 테이블에 앉은 사람들에게 다들 무탈했는지 안부를 물었다. 그러자 한 부부가 대답했다. "우리는 정말 운이 좋았답니다!" 아내와 나는 그 부부가 피해를 입지 않았다고 생각했다. 그런데 이야기를 나누다 보니 실제로는 그렇지 않았다. 허리케인의 직격탄을 맞아 살던 집의 지붕이 날아갔고, 벽이 완전히 무너지기 직전에 간신히 이웃집으로 피신해 목숨을 구한 것이다. 집을 비롯해 소중한 것들을 거의 다 잃은 상태였다. 하지만 그 부부는 아무도 다치거나 죽지 않고 가족 모두 무사히 탈출한 것이 다행이라고 생각했다. 흔히 말하는 "컵에 물이 절반이나 남았네!"라고 말할 수 있는 사람들이었다. 참으로 대단한 회복력과 강인함, 낙천주의가 아닐 수 없다!

> 인생의 10퍼센트는 우리에게 일어난 일이고,
> 90퍼센트는 그 일에 대한 우리의 대응이다.
> — 찰스 스윈돌(전 댈러스 신학교 총장)

## 나 자신이 되라

바야흐로 소셜미디어의 시대다. 온라인에서 화려한 삶을 과시하는 것이 미덕으로 여겨진다. 우리는 페이스북에 접속한 지 몇 분도 채 되지 않아 타인의 멋진 생활과 여행 사진을 보며 질투한다. 질투심은 이내 자신도 '완벽하게' 보이는 삶을 전시해야 한다는 압박감으로 이어진다.

인생은 완벽하지 않다. 완벽은커녕 별 볼 일 없고 시시한 순간이 훨씬 많다. 하지만 우리는 타인의 비현실적 행복과 성취를 기를 쓰고 따라잡으려 한다. 온 세계 구석구석까지 연결된 온라인으로 이웃을 호시탐탐 엿본다. 그러고는 결론을 내린다. '다들 완벽하게 살아가니까 나도 그래야 해. 나만 소외될 이유는 없잖아?' 이로써 악순환이 시작된다. 타인의 삶을 따라 하다 실패하면서 자신의 결점, 불안, 고통, 근심, 절망과 맞닥뜨린다. 2017년 『하버드 비즈니스 리뷰』에 실린 연구에 따르면 페이스북을 많이 사용하는 사람일수록 부정적인 감정을 많이 느낀다고 한다.

    자신에게 비현실적인 기준을 들이댔다는 것을 인정하자. 인생은 원래 고달프고 불공평하다. 이를 부인해봤자 무수히 찾아오는 고난을 극복하기가 더 힘들어질 뿐이다. 아무리 불만족스럽더라도 진실을 있는 그대로 받아들이자. 인생은 완벽한 사진이 아니다. 사람은 부족한 점도 많고 잘못된 결정을 내릴 때도 많다. 살다 보면 궂은 날도 있고 모진 날씨에 홀로 내팽개쳐질 때도 있다. 이 사실을 인정해야 한다. 여기까지만 와도 전투의 절반은 마쳤다. 자기의 나약함을 인정하고 긍정적인 마음가짐을 가지면 비로소 해결책이 보이기 시작한다. 이제부터 배우고 성장할 수 있다. 전보다 훨씬 자유로워질 수 있다. 겉치레나 허세는 필요 없다. 그저 지금보다 나아질 여지가 있다는 사실을 인정하고, 하고 있던 일에 전념하자. 그러면 자연스럽게 빛나고 유쾌한 삶을 살게 될 것이다.

    캐럴 드웩 박사는 저서 『마인드셋』(스몰빅라이프, 2017)에서 '성장 마인드셋'과 '고정 마인드셋'이라는 개념을 제시한다. 성장 마인드셋은 어떠한 고난과 실패를 겪더라도 희망과 교훈을 얻게 해주고, 모든 시험을 새로운 기회로 바꾸어준다. 반면 고정 마인드셋은 실패가 두려워 도전하지 못하게 한다. 고정 마인드셋을 가진 리더는 위험을 감수하려 하지 않고 오로지 타고난 재능에만 의존한다.

고정 마인드셋을 지닌 리더가 이끄는 조직은 어떻게 될까? 결점이나 잘못을 인정하고 고치려는 노력은 사라진다. 자신의 재능을 계속해서 과대평가한 탓에 자의식만 비대해진다. 경직된 서열 구조와 실패에 대한 두려움은 어떠한 위험도 감수하지 않게 만든다. 그렇게 몰락하는 조직의 모든 조건이 갖추어진다. 하지만 성장 마인드셋을 지닌 리더가 이끄는 조직은 다르다. 리더부터 더 나은 사람이 되고자 노력하고, 구성원의 성장을 돕는다. 덕분에 조직은 더욱 발전한다. 성장 마인드셋을 갖춘 리더는 새로운 아이디어와 혁신에 투자하며 교육을 등한시하지 않는다. 이처럼 미래지향적인 리더는 현재의 상태에 끊임없이 도전하고 질문을 던지며, 건설적인 비판과 제안에 귀를 활짝 열고 있다. 이런 분위기는 조직 구석구석까지 퍼지고, 그 결과 지속적인 발전을 추구하는 리더 덕분에 팀과 조직 모두 발전하게 된다.

성장 마인드셋을 지닌 사람은 끊임없이 새로운 것을 배워나간다. 대학교에서 배운 지식이나 직장에서 얻은 경험에만 의존하면 성공하기 어렵다. 기술이 숨 가쁘게 발전하고 트렌드가 급속도로 변하는 이 시대를 살아가려면 계속해서 배우고 익혀야 한다. 리더는 새로운 기술을 지속적으로 습득하며 아이디어와 사고방식도 신선하게 유지하고자 노력해야 한다. 학구열 넘치는 학생의 자세로 매사에 호기심을 가져야 한다. 낯선 기술 앞에서 머뭇거리지 말고, 새로운 도전에 마음의 문을 활짝 열어야 한다. 읽고 읽고 또 읽어야 한다.

2장
행복한 마음

내가 이 책을 쓰게 된 계기도 새로운 지식을 갈망했기 때문이다. 귀중한 통찰을 나누고 싶다는 열망도 있었지만, 접해 보지 못한 과제에 도전하면서 새로운 기술을 익히고 싶다는 욕구도 강했다. 사실 나는 책을 쓰는 방법조차 몰랐다. 대학에 다닐 때도 과제를 10쪽 이상 써본 적이 없었다. 그래서 글을 써 내려가는 일이 너무 버거웠다. 하지만 포기하지 않고 원고 집필에 온 힘을 다한 결과 6개월 후 책이 실물로 나오게 되었다. 그 과정에서 많은 걸 새롭게 배웠다.

누군가 이런 말을 했다. "늘 새로운 것을 배워라. 인생은 배운 대로 변화할 것이다." 나도 늘 호기심을 잃지 않고 배우면서 살아가려 한다. 변화하기에 너무 늦은 때는 없고, 배우기에 너무 늦은 나이도 없으며, 발전하기에 너무 늦은 시기도 없다고 나는 확신한다.

실패한다고 실패자가 되는 것은 아니다.

## 운은 내가 만든다

나는 마음가짐이 운을 만든다고 믿는다. 호기심이 많아서 그런지 나는 사람들과 만나거나 가볍게 대화 나누는 것을 좋아한다. 편한 것에 안주하지 않고 적극적으로 기회를 찾으면 좋은 일이 찾아온다고 믿는 낙관주의자이기도 하다. 호기심과 낙관주의는 새로운 가능성과 기회의 문을 열어준다. 위대한 일은 새로운 시도와 계획에서 탄생하는 경우가 많다. 그래서 나는 앞날이 암울한 상황에서도 희망의 끈을 붙잡고 상황을 끝까지 지켜보고자 노력한다. 긍정적으로 사고하고 기꺼이 위험을 감수할 때 행운은 반드시 찾아온다.

아폴로 13호의 멋진 귀환 장면은 마음가짐과 행운의 연관성을 잘 보여준다. 나사 엔지니어 팀은 아폴로 13호의 임무가 실패할 것이고 우주 비행사들이 지구로 안전하게 귀환하기 어렵다는 사실을 알고 있었다. 암울한 상황에서 한 팀원이 고통스럽게 말했다. "이 임무는 나사 역사상 최악의 재앙이 될 겁니다." 하지만 프로그램 책임자는 단호하게 대꾸했다. "저는 그렇게 생각하지 않아요. 지금이 우리에게 최고의 순간이 될 것이라 믿습니다." 그리고 정말 그의 믿음대로 되었다. 엔지니어 팀은 창의적인 사고의 힘을 발휘해 우주 비행사들을 무사히 지구로 귀환시켰다.

어려운 상황에서도 긍정적인 사고방식을 유지하면 전화위복하는 경우가 꽤 많다. 리더라면 열린 마음으로 모든 가능성을 고려해야 한다. 호기심을 갖고 사람들에게 질문하며 폭넓게 의견을 구하라. 다른 사람의 생각과 관점에 담긴 가치를 파악하고, 스스로 정한 사고의 틀에서 벗어나라. 위기 너머에 어떤 기회가 기다리고 있을지 누가 알겠는가?

2년 전에 아내의 사촌들이 어학연수를 하러 미국에 왔다. 우리 부부는 기꺼이 집을 숙소로 제공했고 1년 동안 사촌들과

2장
행복한 마음

유쾌한 시간을 보냈다. 사촌들은 영어를 공부하면서 친구를 많이 사귀었고, 덕분에 남미 친구들 십수 명을 초대해 저녁 파티도 열었다. 이들도 6개월 단기 어학연수를 하고 있었다. 타 문화권 사람들과 만나는 것을 무척 좋아했던 우리 부부도 즐거운 시간을 보냈다. 우리는 스페인어에 서툴고 그들은 영어를 잘 못했지만 그럭저럭 의사소통을 할 수 있었다. 그러다가 루이스라는 손님과 가까워졌다.

루이스는 브라질에서 온 사업가였다. 대화를 나누다 보니 그의 인생 이야기에 빠져들었고, 쾌활한 성격과 뜨거운 열정을 지닌 그에게 호기심이 생겼다. 이후로도 우리는 종종 만나 유쾌한 시간을 보냈다.

그로부터 2년이 지난 뒤, 나는 디즈니를 떠나 컨설팅 사업을 시작했다. 어느 날 루이스에게 연락이 왔다. 그는 자신의 기업가 친구인 펠레페와 구토를 소개해주었고, 덕분에 나는 첫 컨설팅 업무를 그들과 함께하게 되었다. 게다가 이때의 인연을 계기로 나는 남미에서 여러 차례 계약을 맺을 수 있었다.

우리 부부가 사촌 친구들의 파티를 열어주지 않았더라면, 내가 루이스의 사업 이야기에 호기심을 갖지 않았더라면, 루이스가 소개해준 펠리페와 구토를 만나지 않았더라면, 이런 좋은 기회는 다시 오지 않았을 것이다. 행운이 언제 어떤 문을 열고 들어올지, 누가 새로운 도약으로 이끌 문을 열지는 아무도 모른다. 평범해 보이는 일상의 기회나 사소한 만남이 어쩌면 당신 인생에 결정적인 불씨를 지펴줄 수 있다.

## 감성지능을 무시한 대가

감성지능(EQ)이라는 개념이 사내에서 점점 중요하게 부각될 무렵, 나는 막 개장한 파리 디즈니랜드를 관리하느라 정신없이 바빴다. 처리할 일이 산더미다 보니 감성지능 같은 것에 관심 가질 여유조차 없었다. 그러던 어느 겨울 아침에 벌어진 사건을 계기로 내가 얼마나 감성지능이 부족한 사람인지 알게 되었다. 추운 날씨에 요금소 문이 얼어붙은 것이다. 여러 사람이 애를 써봤지만 문은 꼼짝달싹도 하지 않았다. 곧 손님들이 몰려올 텐데, 이런 상황이면 영업을 시작할 수 없었다. 관리 팀에 전화해서 문제를 해결해달라고 요청했지만 조급한 우리와 달리 그들의 반응은 시큰둥했다.

이런 성의 없는 대응은 사실 처음이 아니었다. 전에도 아침에 시급한 사안이 생겨 전화를 건 적이 여러 번 있었다. 그때마다 지금 업무가 밀려 있으니 나중에 연락 주겠다는 불확실한 대답만 들었을 뿐이었다. 이번에도 관리 팀은 언제 문제를 해결할 수 있을지 확답을 주지 않았다. 지금 벌어지고 있는 상황이 얼마나 심각한지를 제대로 인식하지 않은 게 분명했다. '이 일로 우리 업무에 문제가 생기거나 말거나 상관없다는 거지?' 이런 생각을 하자 간신히 붙잡고 있던 이성의 끈이 툭 끊어졌다. 나는 관리 팀의 캐스트 멤버에게 상황이 매우 심각하다고 쏘아붙였다. "이해를 못 하시나 본데…." 그러자 상대

방이 내 말을 끊고 빈정댔다. "미국에서 온 전문가라더니, 이렇게 문이 얼어버린 상황은 겪어보지 못했나 보죠?" 그 말을 듣고 이렇게 소리치고 싶었다. "나는 따뜻한 플로리다의 디즈니랜드에 있다 왔다고, 이 잘난 양반아!" 하지만 그 말은 삼키는 게 나아 보였다. 그리고 그 순간 나는 내 잘못을 깨달았다.

파리에 온 후, 나는 '뼛속까지 미국인'인 채 숙련된 캐스트 멤버들 앞에서 상사로 군림했다. 회사에서 고작 6개월 일한 주제에 내가 파리 디즈니랜드에서 다양한 문화적 배경을 지닌 여러 직군의 사람들을 잘 이끌 수 있는 유능한 리더라고 생각했다. 하지만 프랑스인들이 철저히 미국적인 이 프로젝트를 문화적 재앙으로 본다는 것을 눈치채지 못했다. 프랑스인의 입장과 관점으로 이 프로젝트를 본 적이 없었기 때문이다. '큰 그림'은 전혀 보지 못한 셈이다. 나는 프랑스어라고는 다섯 마디도 못 하는 스물네 살짜리 미국인일 뿐이었다. 그런 애송이가 현장의 업무량과 고충은 무시한 채 일에 대해 지시하고, 요구하고, 관심을 가지라며 닦달했던 것이다. 하지만 그들 눈에는 나야말로 '의무를 다하지 않는' 사람이었다.

나는 고루하고 낡은 업무 방식을 고수했고, 직원들에게는 독재자나 다름없이 굴었다. 감정을 조절하지 못해서 툭하면 화를 냈고 내가 어떤 사람인지도 제대로 파악하지 못했다. 그러다 보니 함께 일하는 사람이 행복한지에 대해서는 조금도 관심이 없었다. 나는 동료들과 원만한 관계를 맺지 못했고, 대가를 톡톡히 치르고 나서야 이 교훈을 깨달을 수 있었다.

# 다르게 접근하라

### 자기의 역량을 정확히 파악하라

연령대가 높은 직장인은 오랜 경험 덕분에 감성지능이 높고, 자신의 강점과 약점을 잘 파악한다. 우리도 이들처럼 자신을 객관적으로 바라보는 능력을 키워야 한다. 평가 도구를 활용하면 자신을 정확하게 파악할 수 있는 것은 물론이고, 가진 재능을 십분 발휘할 수 있다. 나는 보통 스트렝스파인더와 MBTI 검사를 활용한다. 이 두 가지 도구는 각 사람의 역량과 열정을 정확하게 분석하고 이를 토대로 효과적인 활용 방안을 제시해준다.

스트렝스파인더는 34가지 영역을 분석해 개인의 역량과 활용 가능성을 평가한다. 34가지 영역은 크게 실행력 강점, 영향력 강점, 관계 구축 강점, 전략적 사고 강점이라는 네 분야로 나뉜다. 이 도구로 나를 분석했을 때 내가 지닌 가장 뛰어난 강점 다섯 가지는 정리, 책임감(실행력 강점), 개발, 포용, 책임감(관계 구축 강점)이다. MBTI 검사의 결괏값은 ENFP로, 인간관계를 중요하게 여기는 유형이다.

나는 두 가지 검사에서 높게 나온 특성들을 한 문장으로 요약했다. '나는 사람들과 더 많은 시간을 보낼수록 더 성공했다.' 이 정보를 토대로 이전과 다른 방식을 택해서 커리어를 쌓았다. 우선 매일 사람들을 만나 관계 맺는 것을 목표로 삼았

다. 목표를 향해 나아가는 동안 사람들과 함께 여러 매혹적인 일을 진행했다. 그 과정에서 영감과 활력을 얻고, 많은 것을 배우고, 창의력을 기르는 등 귀중한 자산을 얻었다.

당신의 강점은 무엇인가? 당신은 그 강점을 드러내며 생활하고 있는가? 오리는 헤엄치고 다람쥐는 나무를 탄다. 당신이 오리라면 연못에 있어야 한다. 다람쥐라면 나무를 옮겨 다녀야 한다. 성공하려면 자신이 최고가 될 수 있고 타고난 재능을 발휘할 수 있는 환경에 있어야 한다.

자신을 명확하게 파악하고 싶다면 신뢰할 만한 사람, 솔직하게 의견을 들려줄 사람을 만나 진솔한 대화를 나누는 것도 좋은 방법이다. 아마도 지금 당신의 머릿속에는 진심 어린 말을 들려줄 친구, 동료, 멘토, 지인, 배우자 등이 떠오를 것이다. 주기적으로 그들을 만나라. 가볍고 부담 없는 자리를 마련해서 마음을 열고 이야기하라. 아내는 매년 1월 1일에 새해 다짐을 이야기한 뒤 내게 몇 가지 유용한 '제안'을 한다. 가벼운 농담처럼 들리지만 그 속에는 뼈가 있다. 성급하게 결론을 내리고 실천 계획을 세우기보다는 조용히 성찰하여 자신을 살펴보라. 그리고 귀중한 조언을 들려준 이들에게 감사하라.

---

누군가에게 피드백을 요청할 때 우리는
자기 편을 찾으려는 실수를 자주 범한다.

글 쓰는 데 관심이 많다면 다이어리에 중요한 일을 기록하거나 일기를 쓰는 것도 좋다. 나는 불렛저널\*을 애용한다. 의사결정을 할 때는 각 선택지의 장단점을 모두 기록하고, 결론에 도달하기까지의 과정과 각각의 단계마다 느꼈던 감정을 기록한다. 그렇게 기록하면 감정의 흐름을 볼 수 있을 뿐 아니라 결정 과정에서 특정 패턴을 발견할 수 있다. 이를 통해 우리는 각각의 상황을 마주했을 때 자기가 어떤 방식으로 대응하는지 이해하고, 더 나은 의사결정을 하게 된다. 대다수의 자기계발 단체들은 이 훈련 과정을 절대 빠뜨리지 않는다. 워런 버핏도 주식을 매입하거나 기업에 투자할 때 여러 가지 가정을 세우고 결정 과정에서의 '솔직한 감정'을 기록하는 습관이 있다. 그는 자신의 평가와 본능이 옳았는지를 따져보고자 늘 기록을 검토한다. 과거에 있었던 일을 살펴보고, 흐름을 파악하며 자신의 행동을 분석하는 일은 매우 가치 있는 일이다. 오마하의 현자\*\*도 그렇게 하는데, 우리가 하지 않을 이유는 없지 않은가?

**감정 관리는 커리어 관리다**

자기 관리는 안정적인 상태에서 현실을 직시하게 해주는 힘의 원천이다. 조직의 성과를 높일 수 있는 업무 환경을 만드는 것이 목표라면, 변덕스럽고 예측할 수 없는 리더가 되어서

---

\* 일간 계획표나 월간 달력이 있는 보통의 다이어리와 달리 점만 찍혀 있는 형태로 각자가 자기 성향에 맞게 구성해서 사용하는 다이어리
\*\* 오마하에 거주하는 워런 버핏의 별명

2장
행복한 마음

는 안 된다. 대다수의 직장인들은 다혈질 리더에게 업무보고를 해본 경험이 있을 것이다. 그럴 때면 보고 내용보다는 상사의 기분이 어떤지부터 생각하게 된다. 그런 리더가 되기를 원하는 사람은 없다.

나도 애니메이션에 등장하는 '주먹왕 랄프'처럼 굴던 때가 있었다. 당시에는 종종 감정에 휩쓸려 이성적인 사고를 하지 못하고 충동적으로 결정을 내린 적이 많았다. 팀원 중에 걸핏하면 비꼬고 회의 시간에 빈정거리기 일쑤였던 캐스트 멤버가 있었는데(편의상 그를 제프라고 부르도록 하겠다), 나는 급하고 중요한 사안들을 처리할 때 그의 발언은 무시하곤 했다. 제프의 의견이 별로 중요하지 않다고 생각했으며 다른 사람들도 그의 말을 그저 우스갯소리로 여겼다. 그런데 몇 달 후, 다른 부서의 팀장이 내게 이렇게 물었다. "댄, 제프의 말투 때문에 사람들이 불편해한다는 걸 알고 있나요? 그런 태도가 정말 괜찮다고 생각합니까?" 그 순간 낭패감이 들었다. 내가 이 문제에 제때 대처하지 못했기 때문이다. 제프의 빈정거리는 태도가 용인되는 업무 환경을 만든 건 바로 나였던 셈이다. 나는 제프를 사무실로 불러 윽박지르듯 그의 문제점을 지적했다. 제프는 화들짝 놀라서 나를 보았다. 마치 정신 나간 사람을 보는 듯한 눈빛이었다. 제프 입장에서는 마른하늘에 날벼락을 맞은 기분이었을 것이다. 이 상황은 마치 푸른 잔디로 뒤덮인 화산을 기분 좋게 거닐면서 풍경을 감상하다가 갑자기 분화구에서 폭발이 일어난 것과 같았다. 조금이라도 화산의 불길한 기운을 감지했더라면 다른 길을 택했겠지만, 그동안 어떤 조짐도 없었기에 그는 굳이 경로를 바꿀 이유가 없었다.

이 일화를 조금 더 깊이 생각해보자. 자신을 화산이라고 가정했을 때, 화산 분출구 아래에는 감정이 흐르고 있다. 그 감정은 '침묵 모드'나 '분출 모드'로만 설정할 수 있는 것이 아니다. 터지기 전 감정을 적절하게 배출하는 '활화산 모드'는 어떨까? 이는 팀원에게 태도를 바꿀 기회를 주는 공정한 방식이다. 물론 말처럼 쉽지는 않다. 감정이 부글부글 끓어올라 터질 것 같다면 잠시 산책하며 숨을 고른 뒤 해결 방식을 전략적으로 구상해보자. 그렇게 하루 정도 기다리자. 탁월한 심리 상담가인 밤은 우리에게 충분한 시간을 들여서 이성적으로 생각할 수 있는 환경을 제공한다. 만약 자기도 모르게 분노를 터뜨렸다면 상처를 회복하고 피해를 줄일 방법을 찾아야 한다. 상대에게 사과하는 것도 좋은 방법이다.

절제하며 대응하는 것도 좋지만, 대응을 너무 늦추면 오해와 싸움이 생기기도 한다. 나는 적절한 대응 방식을 생각하기 위해 한발 물러서서 침묵하는 편이다. 하지만 상대방은 나의 침묵을 소극적이고 공격적인 대응으로 해석할 수 있다. 의도가 어떠하든 문제에 관한 대답이나 의견을 미루는 태도는 관심이 부족하다고 보이기 쉬우며 의사결정을 회피한다는 오해를 살 수도 있다(아내나 팀원들은 솔직한 피드백을 즉각 주곤 한다). 그러니 만약 대응이나 대답을 좀 미루고 싶다면 무작정 침묵하지 말고 자기 입장을 명확히 알리자. 그래야 이런저런 오

2장
행복한 마음

해에 휘말리지 않는다. "좀 더 생각해보겠습니다"라든지 "이 문제에 대해 다시 알려드리겠습니다" 정도면 충분하다.

통제력을 개선하려면 명상을 하는 것이 좋다. 명상은 현재에 집중해 감정과 감각, 생각을 알아차리는 훈련이다. 신체가 튼튼해지려면 운동을 해야 하듯 뇌에도 훈련이 필요하다. 규칙적으로 명상을 하다 보면 허황된 생각에 지배당하지 않고도 자기의 머릿속을 낱낱이 들여다볼 수 있다. 이는 구매자에게 보여주기 전 집을 말끔하게 정돈하는 것과 비슷하다. 감정에 대한 반응을 관찰하려면 잡념을 제거하고 순수한 감정에 집중해야 한다. 무척 까다로운 작업이라 당연히 연습이 필요하다. 나 역시 아직까지도 걸핏하면 딴생각하기 일쑤다. 명상을 더 쉽게 할 수 있도록 도와주는 스마트폰 앱들이 있으니 이를 활용하는 것도 좋은 방법이다.

### 공감할 때는 반드시 나를 드러내라

파리 디즈니랜드에서 팀원 관리에 실패한 후 나는 시간을 들여 그들을 더 깊이 이해하려고 노력했다. 먼저 업무 환경과 불만을 파악했다. 팀원들에게 여러 가지 질문을 하고 그들의 대답에 귀를 기울였다. 팀원들과 대화할 때는 휴대폰도 보지 않고 오롯이 상대방에게만 집중했다. 집중력이 흐트러지면 곧바로 마음을 다잡고 대화에 몰입했다. 문제를 직면했을 때는 모든 판단을 잠시 미루고, 내 의견을 밝히기 전에 사실과 여러 사람의 관점을 철저히 이해했는지 거듭 확인했다.

이런 자세로 임한 결과 서로의 노력을 이해하고 존중하며 원만한 관계를 맺을 수 있었다. 미국과 프랑스 간의 업무 문화 차이도 알게 되었다. 나는 프랑스인들처럼 무언가 요청할 일이 생기면 본론으로 들어가기 전에 캐스트 멤버들이나 그들의 가족, 취미에 관해 질문을 던지며 대화를 시작했다. 또한 캐스트 멤버들이 무엇을 좋아하고 관심이 있는지, 무엇을 싫어하는지, 어떤 분야에 열정이 있는지를 물었다. 그리고 나의 대답도 들려주었다. 평소 럭비를 즐겨 보던 나는 이를 적극 활용해서 같은 취미를 가진 프랑스인들의 환심을 사기도 했다. 나 자신을 더 드러내는 것, 내 두려움과 걱정을 드러낸다는 것은 나약함까지도 기꺼이 보여준다는 것을 의미했다. 그렇게 자신을 드러냈더니 나는 그들에게 전보다 다가가기 쉬운 사람이 되었다. 얼마 지나지 않아 내가 무엇을 요청하면 즉시 반영되었고 훨씬 안정적으로 업무를 처리할 수 있었다. 직장 생활이 한순간에 편해진 셈이다.

공감한다는 말은 항상 좋은 사람이 되라는 의미가 아니다. 누구에게든 어떤 사안에든 동의해야 하는 것도 아니다. 공감이란 타인의 관점에서 상황을 보는 능력이며, 타인의 감정과 입장을 헤아리는 능력이다. 상대에게 내가 당신의 말에 귀를 기울이고 있으며 당신 의견이 내게는 무척 중요하다는 사실을 알리자. 그렇지만 물론 최종 결정을 내릴 때 다른 의견을 선택할 수도 있다. 당연히 그렇게 해도 괜찮다.

2장
행복한 마음

> 감성지능은 가슴이 머리보다 우위라는 말이 아니다.
> 감성지능은 머리와 가슴의 교감을 의미한다.
> — 데이비드 카루소(배우, 골든글로브상 수상자)

### 후회 없는 말하기 방법

자신을 통제하지 못하면 나도 모르게 무뚝뚝한 어조로 대답하거나, 말투에 짜증이 묻어나거나, 한숨을 쉬거나, 흘겨보거나, 언성을 높일 수 있다. 그래서 늘 언어적 표현과 비언어적 표현을 모두 신경 써야 한다. 나는 확신이 서지 않을 때면 다음 내용을 곱씹으면서 대화를 시작한다.

- 지금이 이 발언을 할 적절한 때와 장소인지 자문해본다.
- 단어와 몸짓 언어 선택을 신중하게 고려한다.
- 상대의 말을 집중해서 듣는다.
- 소통의 단서들을 세심하게 살핀다. 특히 비언어적 단서들을 유심히 관찰한다.
- 성급하게 판단하거나 갑작스레 결론 내리는 일은 피한다.
- 상대의 말을 들을 때, 대답하려는 자세가 아니라 이해하려는 모습을 보인다.
- 나 자신에게 충분한 시간을 준 다음 감정적인 말에 대응한다.
- 감정에 휘둘려 상황을 왜곡하지 않도록 한다. 섣부른 가정은 대화에 방해가 되는 경우가 많다.
- 대화가 과열되면 말을 꺼내기 전에 자문한다. "이 말은 지금 이

순간에 꼭 필요한 것인가?"

이 질문들은 어려운 대화를 풀어나갈 때 큰 도움을 준다. 가벼운 대화부터 적용하면서 연습하다 보면 어떤 상황에서도 적절하게 응용할 수 있다.

명상과 감성지능을 통해 우리는 여러 상황에서 자기가 어떻게 대응했으며 무엇을 보지 못했는지를 파악할 수 있다. 이 질문들을 해보면 자신의 약점이 무엇이고 언제 드러나는지가 명료해진다. 이를 통해 우리는 어려운 상황, 갈등, 피드백, 비판 등에 감정적으로 대응하지 않을 수 있다.

이 단순한 행동 규칙과 자기 통제 능력이 쌓이면 사람들과 관계를 맺고 관계 속에서 이해와 신뢰를 구축하는 것도 쉬워진다. 티베트의 지도자 달라이라마는 이것을 '감정 청결도'를 보여주는 능력이라고 말한다.

감정의 힘을 활용하는 기술을 터득하면 직원들과 원활하게 소통하며 사기를 북돋우는 탁월한 리더가 될 수 있다. 이런 리더는 팀원들의 감정 상태를 세심히 살피고, 팀원들에게 지지를 얻으며, 구성원 모두가 더 큰 역량을 발휘할 수 있도록 돕는다. 그런 리더가 이끄는 팀은 효율적으로 변화를 추구한다. 자신과 타인을 깊이 이해하는 리더는 팀원들에게 필요한 지침, 인정, 피드백을 명확히 파악하고, 언제 경로를 수정해야 할지 정확하게 판단할 수 있다.

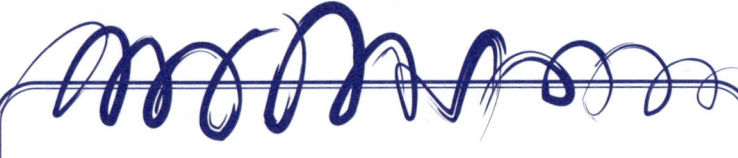

## 핵심 정리

강철 멘탈을 지닌 리더가 되는 법

1 성장 마인드셋을 가지라. 그러면 행운이 찾아온다.

2 비현실적인 기준을 버리고 자신에게 솔직하라. 그리고 솔직한 태도로 다른 사람을 대하라.

3 스트렝스파인더나 MBTI 등 자신의 강점을 파악할 수 있는 도구를 활용하라.

4 진심으로 솔직한 피드백을 줄 사람들 목록을 만들어보라.

5 분노가 치민다면 폭발하기 전에 화를 조금씩 배출하라.

6 나의 공격적인 태도를 다른 사람이 어떻게 받아들일지 신중히 생각하라. 생각할 시간이 필요할 때는 팀원이나 동료에게 미리 알리라.

7 공감하라. 다른 사람의 의견에 귀 기울이고, 그들의 감정과 관점을 숙고하라.

8 좋은 소통은 언어적 단서와 비언어적 단서를 세심히 파악할 때 이루어진다.

# 3장

# 건전한 가치관

내 인생에서 가장 많은 영향을 미친 사람을 꼽는다면 그건 바로 조부인 찰스 노빌 페인 해군 제독일 것이다. 할아버지는 내게 고결함과 노력, 겸손의 가치를 가르쳐주셨다. 할아버지가 주문처럼 되뇌던 문장이 있다.

"최선을 다하라. 그리고 자신을 놓아주라."

계획한 일을 할 때는 그 일에 몰두해 최선을 다하며, 늘 발전 가능성을 염두에 두고 내일 다시 시도할 준비를 하라는 의미다. 할아버지는 당신의 말을 그대로 실천하면서 훌륭한 삶을 사셨다.

젊은 시절 나는 늘 할아버지처럼 되고 싶었다. 하지만 그것이 그리 간단하지 않다는 것을 깨닫게 되었다.

## 당신의 도덕 나침반을 따르라

살다 보면 나만의 도덕적 기준과 가치관이 생긴다. 이런 것들은 무엇을 결정하거나, 선악을 분별하거나, 행동 방향을 정할 때 나침반 역할을 한다. 그러나 가치관이 저절로 생겨나는 것은 아니다. 부모나 친척, 친구, 스승 같은 주변 사람의 영향을 받으면서 형성된다. 우리는 롤 모델을 보면서 옳고 그름을 분별하는 방법을 배운다. 또한 어떤 사람이 되고 싶은지, 주어진 삶을 어떻게 살아갈지 고민한다. 그렇게 만들어진 도덕 나침반은 우리 마음속의 우선순위를 결정하고, 궁극적으로는 누구와 관계를 맺고 싶은지 정한다.

젊은 시절, 나는 조부모님과 부모님, 운동 코치 등 존경하는 사람들을 가슴속에 품고 살았다. 그들에게는 행복한 사람이 되기 위해 본받을 만한 모습이 있었다. 그들은 사람을 존중했고, 겸손했으며, 모든 일에 최선을 다했고, 도덕적으로 고결했다. 평생 배움을 게을리하지 않았고 다른 이들에게는 훌륭한 멘토가 되어 주었다. 그렇긴 해도 그들의 모습이 내 도덕적 나침반이 될 것이라고는 생각조차 못 했다. 하지만 내 생각이 틀렸다는 걸 알게 되기까진 얼마 걸리지 않았다. 그들에게서 이끌어낸 모습은 충만한 삶을 사는 데 꼭 필요한 요소였다. 깊이 성찰하고 나서야 나는 이 사실을 깨달을 수 있었다.

이렇게 해서 나는 도덕적인 삶을 향한 여정을 시작했고,

그 여정은 현재도 계속 진행 중이다. 도덕 나침반을 따라가는 여정은 건강과 체계적인 계획 그리고 신뢰에서 시작된다. 그 다음은 주위 사람들을 존중하고 겸손히 대하며 성실한 모습을 보여주는 것이다. 마지막으로 가장 중요한 것은 다른 사람이 잠재력을 발휘할 수 있도록 그들의 멘토 혹은 리더가 되는 것이다. 나는 운이 좋았다. 내 주위에는 삶을 올바른 방향으로 이끌어주는 훌륭한 롤 모델들이 있었다. 그래서 좋은 삶에 대한 깨달음이 우연하고 사소한 계기로 찾아왔고, 가치관을 깊이 고민할 필요를 느끼지 못했다.

자신의 가치관에 대해 고민하거나 궁금해하지 않는 사람도 있을 것이다. 그렇다면 당신이 아주 길고 지루한 가치관 목록을 읽고 있으며, '다음 중 어떤 것이 당신을 표현한다고 생각하십니까?' 같은 질문에 답해야 한다고 가정해보자. 어쩌면 당신은 그 긴 목록을 정독하고 대답을 마쳤을 수도 있다(대체로 우리는 자신을 과대평가하는 경향이 있다). 하지만 그 결과가 정확한지를 어떻게 장담하는가? 정확한 답을 알 수 있는 유일한 방법은 진정한 자신의 모습을 찾는 것뿐이다.

## 가장 기본적인 신뢰의 조건

가치관 목록을 만드는 건 그리 어렵지 않다. 중요한 것은 그 가치를 일상 속 행동에 반영하는 것이다. 계획을 세우고 바라는 가치관 목록을 작성하는 일은 우리에게 주어진 과제에서 가장 쉬운 부분이다.

올랜도 월트 디즈니 월드에서 일하는 7만 5,000명의 캐스트 멤버들 중 생각보다 많은 이들이 댄 코커렐이라는 사람을 안다는 사실을 깨달은 순간이 있었다. 하루는 동네 식당에서 음식을 포장해 왔는데, 열어 보니 주문한 음식이 몇 가지 빠져 있었다. 이런 일이 처음이 아니라는 게 문제였다. 나는 짜증을 내며 식당으로 달려갔다. 식당 종업원은 이런 상황에 대처하는 교육을 제대로 받지 않았는지 내내 당황해서 어쩔 줄 몰라 했다. 하지만 나 역시 서비스업에 몸담고 있는 터라 누구나 일하면서 실수를 저지른다는 걸 잘 알았다. 그런 실수는 대체로 자질이 부족한 리더나 형편없는 직원 교육에서 비롯되었다. 나는 정중하게 무엇이 문제인지 설명했다. 나이 지긋한 종업원은 음식을 다시 주며 거듭 사과했다. 그런데 그가 나를 알아보더니, '지구상에서 가장 행복한 곳'\* 바깥에서도 존중과 예의라는 디즈니의 가치를 실천하는 임원을 보게 되어 무척 기쁘다고 말하는 것이 아닌가.

알고 보니, 그 사람의 아들이 매직 킹덤에서 우리 팀의 막내급 캐스트 멤버로 일하고 있었다. 만약 내가 포장 실수를 꼬투리 삼아 난리를 피웠다면 어땠을지 상상해보라. 디즈니 임원은 팀원에게는 존중과 예의 운운하면서 정작 자신은 그렇지

---

\*   디즈니의 모토

않은 위선자라고 하지 않았을까? 그날 나는 언행일치를 실천했다. 상대가 어떤 위치에 있는 사람이든 그 사람과 내가 어떤 상황에서 만났든 상관없이 그 사람을 진심으로 존중했다.

> **가치관 목록은 단순히 한 가지 방법일 뿐이다.
> 진짜 어려운 일은 일상의 행동에
> 삶의 가치관을 투영하는 것이다.**

한 가지 예를 더 들어보겠다. 내가 엡콧에서 테스트 트랙* 리더로 있던 시절, 캐스트 멤버들은 이 놀이기구의 안전벨트 착용 문제 때문에 오랫동안 골머리를 앓았다. 고객들이 안전벨트를 스스로 착용하는 걸 어려워한 탓에 탑승 대기 시간이 지나치게 길어졌다. 문제를 해결하려고 한 시도들은 번번이 실패했고 사람들의 고충만 커졌다. 내가 그 상황에 어떻게 대처했는지 아는가? 캐스트 멤버들의 피드백과 제안에 귀를 기울였을까? 문제를 해결하려는 직원들을 격려했을까? 필요한 자원을 아낌없이 지원해주었을까? 고객의 불만을 적극적으로 해결하려는 직원들의 추진력에 감사했을까? 모두 아니다. 직원들의 말을 오랫동안 무시한 채 관리자의 권력으로 나 혼자 그 문제를 해결하려 했다. 마치 고독한 히어로라도 된 것처럼 말이다. 당시 나는 그런 방식이 편하고 만족스러웠다. 나만 영

---

\* 자동차 놀이 기구

3장
건전한 가치관

웅이 되려고 했다. 모름지기 리더라면 원래 이렇게 해야 하는 것 아닌가? 창의적인 제안에 권한을 주고 보답하겠다던 나의 약속은 온데간데없이 사라져버렸다. 결국 실망하고 낙담한 팀원들이 그 사실을 나에게 알렸다.

리더 혼자 모든 일을 하는 것은 팀을 이끄는 게 아니다. 운동 코치가 그러하듯 훌륭한 리더는 각각의 포지션에 맞게 인재를 선별하고, 팀원을 훈련시키고, 전략과 가능성과 목표를 세워야 한다. 그리고 난 후에는 한 걸음 물러서서 팀이 계획을 실행하도록 내버려두어야 한다. 하지만 내가 그러했듯이 많은 리더가 허영심에 사로잡혀 자기 능력을 과시한다. 그래야 자기가 그 자리에 있는 이유를 정당화할 수 있기 때문이다. 돌이켜 보건대, 엡콧 책임자로 일하던 시기는 팀원들에게 신뢰와 믿음을 보여줄 천재일우의 기회였다. 하지만 나는 겸손하지 못했고, 그 기회를 제 발로 차버렸다.

당신은 혹시 팀원들에게 말로만 균형을 이야기하는 리더가 아닌가? 휴가 요청을 무시하고 비현실적인 마감 기한을 설정해 직원들을 압박하는 리더는 아닌가? 자신은 생각이 열린 사람이라고 허풍을 떨어놓고선 정작 일할 때는 코빼기도 내밀지 않는 리더는 아닌가? 당신은 자신이 한 말을 잘 지키고 있는가? 가치관에 맞게 행동하는가? 리더가 해야 할 일은 단순하다. 말과 행동이 일치해야 한다. 그렇지 않다면 한순간에 신뢰를 잃고 만다. 멀리 갈 필요 없이, 욕먹는 정치인들만 봐도 그 점을 알 수 있다.

## 가치관에 따라 행동하라

사회적, 문화적 신호는 우리의 행동 방식에서 많은 부분을 형성한다. 오늘날 사람들은 대중매체가 홍보하는 권력과 부 같은 물질적인 가치에 영향을 받는다. 우리는 종종 매력적인 삶의 기준이 너무 높아서 딜레마에 빠져 혼란스러워하고, 이를 해소하고자 더 많은 부와 더 높은 사회적 지위를 갈망한다. 하지만 그렇게 하기에 앞서 자신에게 물어보라. "정말 이것이 충만하고 행복한 삶인가?"

만약 그렇다면 더욱 힘을 내야 한다. 하지만 지금 추구하는 목표가 원했던 성취감을 주지 못할 수도 있다. 어쩌면 사회가 왜곡시킨 목표와 가치를 좇고 있을지도 모른다. 이상향을 따라잡기 위해 자신의 가치관을 타협하거나 포기해야 하는가? 진심으로 원하는 것을 희생할 만한 가치가 있는가? 가치를 좇으며 사는 것과 남들 사는대로 사는 것 중에서 하나를 선택해야 하는가? 경제적인 성공과 청렴한 삶 사이의 갈등은 어떤가? 우리는 부와 사회적 지위를 위해 인간다움까지 내팽개친 성공담에 몰두할 필요가 없다.

타인의 목표와 자신의 목표가 불일치하는 것은 큰 문제가 아니다. 최고의 목표라고 믿었던 그 무언가가 자신이 진정으로 추구하던 것이 아닐 때는 그만두면 된다. 이런 불일치는 자기성찰과 훈련으로 쉽게 교정된다. 자신이 생각하는 본인의

3장
건전한 가치관

모습과 진정한 모습 사이에는 어느 정도 간극이 있다. 인간이 본래 그런 존재이기 때문이다. 보통 우리는 매 순간 자신의 가치관에 진심을 다하며 살지는 않는다. 진심을 다하려 노력할 때가 있는 반면 의도치는 않았지만 가치관에 맞게 행동할 때도 있다. 나는 내가 용기 있는 사람이라는 점에 자부심이 있지만, 나 또한 강연을 망친 적이 있다. 나는 성실한 사람이라고 생각하지만, 종종 게으름의 유혹에 넘어가 쉬운 지름길을 선택하기도 한다. 좋은 멘토가 되고 싶지만, 멘티 앞에서 인내심을 잃기도 한다. 그럴 때마다 나는 내 가치관과 실제 행동 사이의 불일치를 점검한다. 그렇게 이상과 현실 사이의 틈을 메우려는 노력이 평생 지속되는 것이다. 객관적인 관점으로 자신을 들여다보자. 내 모든 행동이 곧 나 자신이며, 그런 나를 누군가 늘 지켜본다는 사실을 잊지 말자. 말이 행동과 일치하지 않는다고 느껴질 때 이를 해결할 수 있는 방법은 하나뿐이다. 고치면 된다.

전혀 다른 여러 가치관을 품고 사는 사람도 있다. 가치 간의 불균형이 매우 심해서 그 틈이 돌이킬 수 없을 만큼 심하게 벌어지기도 하며, 자신에게 없는 가치관을 마치 가지고 있는 것처럼 내세운다. 하지만 진실은 결국 드러나게 되어 있다. 내가 엡콧 디즈니 월드의 책임자로 있을 때, 외부 업무를 담당할 팀장을 고용한 적이 있다. 문제의 그 사람, 데이비드는 면접 성적이 무척 좋았다. 데이비드는 이 직책에 필요한 역량을 충분히 갖추었을 뿐 아니라 우리 조직문화에도 잘 맞는 적임자처럼 보였다. 데이비드가 업무를 숙지하는 동안 나는 그의 업무를 살피고 도와주었다. 그런데 어느 날 데이비드의 부하 직원 한 명이 내게 와서 그와 관련된 이야기를 들려주었다. 데이비드는 훈련 기간 중 팀원들과 자기소개 시간을 가졌는데, 이때 《라이온 킹》 포스터를 가리키며 자신이 모든 규칙을 정하는 사람인 것처럼 행동했다. 팀원들에게 자신이 프라이드록에 우뚝 선 심바처럼* '먹이사슬의 꼭대기'에 있으며, 팀원들은 밑바닥에 있으니 자신에게 충성을 다하라고 말했다는 것이다. 뜻밖의 상황을 마주하고 팀원들은 어안이 벙벙했다. 디즈니에서 그런 권위적인 태도는 용납되지 않았기 때문이다.

데이비드는 《라이온 킹》을 관통하는 귀중한 리더십 교훈을 이해하지 못한 것이 분명하다. 말할 필요도 없이 그는 디즈니에서 오래 버티지 못하고 자신의 행복을 찾아 다른 곳으로 떠났다. 나는 어떻게 그가 아무런 의심도 받지 않고 여러 단계의 면접을 무사히 통과했는지 의문이 들었다. 디즈니에서는 입사 지원자들이 조직문화에 잘 맞는지 파악하기 위해 '가치 평가'를 하고 있다. 나는 그 점을 누구보다 잘 알고 있었다. 그러니 데이비드가 합격할 수 있었던 이유는 본인조차도 자신의 행동 방식과 그것이 미치는 영향을 모르고 말만 그럴듯하게 했기 때문 아니었을까? 어쩌면 그는 원래 항상 말과 행동이 다른 사람일지도 모른다.

---

★   주인공 심바가 프라이드록이라는 바위에 선 장면

3장
건전한 가치관

전문 분야에 종사할수록 가치관과 행동의 괴리는 치명적인 문제를 낳는다. 하지만 우리는 자신이 들어갈 조직의 가치관을 충분히 조사하지 않는다. 가치관이 성공의 가장 중요한 요소임에도 연봉과 기타 혜택에만 눈길을 주고 있다. 그 결과 입사하고 나서야 자신과 기업의 가치관에 거대한 괴리가 있다는 걸 깨닫는다. 그러고는 더 나은 조건을 찾아 떠나거나 데이비드처럼 황급히 떠밀려 나가게 된다.

조직이 추구하는 가치가 자신의 가치관과 일치하지 않는다고 해서 당신이 나쁜 사람이라는 의미는 아니다. 그저 운 나쁘게 가치관이 서로 다를 수도 있다. 자신의 가치관과 잘 맞는 환경에서 일할 때 비로소 성공이 성큼 가까워진다. 그래서 자신을 인식하는 훈련이 대단히 중요하다. 일단 가치관과 행동 사이의 틈을 좁히면 따라가야 할 길이 분명하게 보인다. 이 때문에 결정을 내리기가 훨씬 수월해지고 삶에 일관성이 생긴다. 그뿐만 아니라 진정성 있는 사람으로 인정받으면서 인간관계가 좋아지고 사람들과 신뢰를 쌓아갈 수 있다.

## 핵심 정리

가치관을 명확하게 규정해주는 4가지 질문

1 나는 어떤 사람으로 알려지고 싶은가?

2 사람들이 나를 어떻게 평가하길 원하는가?

3 내게 가장 큰 행복과 성취감을 주는 것은 무엇인가?

4 내가 본받고 싶은 대상은 누구인가?


기업에서 본격적으로 일하기에 앞서 다음 사항들을 자기에게 질문하고 솔직하게 답해보라.

1 나의 가치관은 기업이 목표를 달성하는 데 도움이 되는가?

2 기업이 추구하는 가치와 나의 가치관이 일치하는가?

3 기업의 이익을 위해 나의 가치관을 기꺼이 수정할 수 있는가?

4 만약 가치관을 수정한다면 나는 어떤 어려움을 겪게 되는가?

# 4장

# 우선순위에 따른 시간 관리

"원하는 삶을 계획하지 않으면 주어진 삶만 살게 된다."

아버지가 내게 자주 하셨던 말씀이다. 미래를 계획하고 준비할 때면 나는 항상 이 말이 가장 먼저 떠올랐다. 나는 디즈니에서 배운 리더십과 업무 수행 과정에서 얻은 통찰 및 지혜를 다른 사람들과 나누고 싶었다. 그래서 지난 19년 동안 디즈니 협회(Disney Institute)가 내게 강연을 요청하면 언제든 흔쾌히 응했다.

디즈니 협회는 외부에 디즈니의 서비스, 교육, 리더십 등 다양한 주제의 훈련 프로그램을 제공하는 곳이다. 프로그램 참가자들은 늘 디즈니의 임원들을 만나고 싶어 했으며, 디즈니의 임원이었던 나는 이 기회를 놓치지 않았다. 나는 디즈니 협회가 마련한 자리에 서는 동안 강연 기술을 다듬고 길렀다.

이런 경험 덕분에 훗날 디즈니에서 은퇴하고 컨설턴트와 기조연설자로 새로운 삶을 시작하게 되었을 때, 무리 없이 새 역할에 적응할 수 있었다.

무슨 일을 하기 전에는 반드시 계획을 세워야 한다. 특히 변화에 빠르게 적응해야 하는 현대사회에서는 계획 수립이 더욱 중요하다. 성공한 삶을 살려면 미래를 계획하고, 시간을 효율적으로 관리하며 적절히 분배해야 한다.

오늘날에는 개인적인 삶과 직업적인 삶이 구분되지 않는다. 우리는 자기에게 주어진 단 하나의 삶을 전체적인 맥락에서 보아야 한다. 만약 내 의견에 공감할 수 없다면 이 책 앞부분에 서술한 신체적 건강에 관한 내용을 다시 읽어보기 바란다. 운동 시간과 집안일, 건강검진과 같은 사소한 일을 간과하다 보면 나중에 분명 혹독한 대가를 치르게 된다. 그러므로 모든 일을 기록하고 정리하자. 정리 일지나 다이어리 한 권이면 충분하다. 나는 심지어 강아지에게 약을 먹이는 일정까지 다이어리에 빠짐없이 기록한다.

각종 평가 도구와 분석 도구를 활용해서 업무의 진행 상황을 주기적으로 철저하게 점검하는 리더들은 많다. 하지만 직장에서 지키는 원칙을 개인의 일상생활에까지 적용하는 리더는 드물다. 이는 삶이라는 전체적인 맥락에서는 한 걸음 퇴보한 것이나 마찬가지다. 조직을 관리하는 기술과 시간을 적절하게 운용하는 기술은 직장과 가정에서 받는 스트레스도 크게 줄여줄 수 있기 때문이다.

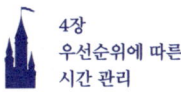

4장
우선순위에 따른
시간 관리

## 예측할 수 없다면 대비하라

리더라면 적어도 어느 정도는 체계를 갖추고 조직을 운영한다. 물론 그런 것 없이 운 좋게 유능한 직원을 만나서 조직을 무리 없이 이끌어나가는 경우도 있다. 하지만 해야 할 일들을 모두 성취한다고 해서 체계적인 조직이라 평가할 수는 없다. 체계적인 조직은 장기적으로 진행해야 할 일을 목록으로 만들어 관리하면서도 긴급한 일을 제때에 해결해내는 계획 능력을 지니고 있어야 한다.

디즈니는 이런 업무 계획 능력이 가장 중요한 기업이다. 디즈니에서 나는 단 하루도 어떤 일이 펼쳐질지 예측할 수 없었다. 나는 천 번의 기회를 줘도 내가 그날 무슨 일을 했는지 맞추지 못할 것이라고 가족에게 장담하곤 했다.

우리의 대화는 주로 이런 식이었다.

"여보, 오늘 하루는 어땠어요?"

"어디 볼까요…."

- "왜인지는 모르겠는데 어디선가 헬리콥터 한 대가 날아오더니 주차장에 착륙했어요."
- "어떤 사람이 광대 옷을 입힌 원숭이를 유모차에 태워 테마파크에 데리고 왔어요…."
- "해적선 놀이기구에서 권총이 발견되었어요."

- "커다란 불곰 한 마리가 야영지 샤워장에서 어슬렁거리고 있었어요. 그리고…."
- "백설 공주의 일곱 난쟁이 중 도피(Dopey)가 두 명이었어요. 다섯은 그대로인데, 독(Doc)은 아무리 찾아도 없었죠."

디즈니 왕국의 삶은 거의 이런 식이다. 아마 당신 왕국에서는 평생 한 번도 경험하지 못할 일일 것이다. 그렇다 해도 어느 조직에나 예기치 못한 일은 늘 벌어진다. 이런 변수에 어떤 방식으로 대응해야 할까?

예측할 수 없는 일은 피할 수 없다. 그래서 나는 다양한 상황에 대처할 수 있도록 유동적인 시간을 늘 확보했다. 그래야 주차장에 헬기가 착륙하거나 같은 난쟁이가 두 명 등장할 때 당황하지 않고 대처할 수 있기 때문이다.

훌륭한 리더는 어떤 상황에서도 문제에 즉시 대처할 수 있어야 한다. 그래서 계획을 짜고 이를 융통성 있게 실행하는 태도를 꼭 갖춰야 한다. 또한 뜻밖의 상황 때문에 업무가 정상궤도에서 벗어나더라도 금세 원위치로 돌아올 수 있도록 계획을 여유롭게 짜야 한다.

나는 돌발 상황에 속수무책으로 당하지 않고자 항상 일정을 여유롭게 계획했다. 회의 사이사이에는 쉬는 시간을 두어 회의가 비효율적으로 연달아 이어지지 않도록 했다. 점심시간도 꼭 확보했다. 이런 휴식 덕분에 나는 지치지 않고 수많은 업무를 적절히 처리할 수 있었다. 명심하자. 누구에게나 예기

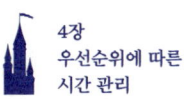

4장
우선순위에 따른
시간 관리

치 않은 상황은 생긴다. 하지만 그 상황에 대처하는 시간은 미리 계획해서 만들 수 있다.

## 아이젠하워의 시간 관리법

'아이젠하워 매트릭스'는 어떻게 하면 시간을 효율적으로 운용할 수 있는지 한눈에 보여준다. 제2차 세계대전 당시 연합군 최고사령관이자 미국 제34대 대통령이었던 아이젠하워는 날마다 중요하면서 복잡한 사안들을 처리해야 했다. 그런 그가 남긴 유명한 이 말이 있다. "중요한 일은 좀처럼 급하지 않고, 급한 일은 좀처럼 중요하지 않다." 아이젠하워는 이 생각에 기반해서 할 일을 '중요함'과 '긴급함'의 기준으로 분류해 아래와 같은 도표를 만들었다.

**아이젠하워 매트릭스**

|  | 긴급 | 긴급하지 않음 |
|---|---|---|
| 중요 | **실행**<br>지금 당장 실행 | **결정**<br>계획을 세워 실행 |
| 중요하지 않음 | **위임**<br>이 일의 적임자 찾기 | **삭제**<br>업무 삭제 |

'긴급하지 않고 중요하지 않음'에 해당하는 일은 가치가 없으므로 최소화해야 한다. 소셜미디어 검색, 커피 타임, 의미 없는 루틴, 비생산적 회의, 한 일을 다시 하는 것 등이 여기에 해당된다. 당신은 지금 중요하지도, 급하지도 않은 문제를 짊어지고 있진 않은가? 하찮은 일들을 쓸어버리면 황금 같은 시간을 얻을 수 있다. 군더더기를 떼내고 알짜만 남기라.

'긴급하지만 중요하지 않음'에 해당하는 일은 대응하거나 조처해야 하지만 내가 직접 담당할 필요는 없다. 다른 사람에게 위임하자. 주변을 살펴보면 더 큰 책임을 '원하는' 유능한 사람들이 있을 것이다. 그러니 위험을 감수하고서라도 업무 중 위임할 수 있는 일들을 찾아보자. 다른 사람에게 승인과 결정 권한을 넘겨주면 놀라울 정도로 여유가 생긴다. 물론 잡고 있던 것을 놓아준다는 건 힘든 일이다. 자존심 때문에 내려놓지 못하는 경우도 있고, 그저 그 일을 하는 것이 좋아서 좀처럼 포기 못 하는 경우도 있다. 때로는 실수에 대한 두려움이나 자만심 때문에 권위에 집착하기도 한다. 하지만 위임은 팀에 대한 믿음과 애정을 드러내는 과정이며 팀원에게 놀라울 정도로 동기부여를 해주는 강력한 무기다. 다음 세 가지 규칙만 따르면 쉽게 할 수 있을 것이다.

1 기대치를 명확히 이야기해주고 달성해야 할 일을 정하라.
2 위임자가 제대로 된 수단과 자원을 가지고 있는지 확인하라.
3 멀찍이 떨어져 그 일이 진행되는 과정을 지켜보라. 필요하다면

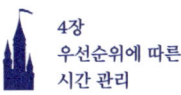

4장
우선순위에 따른
시간 관리

경로를 수정하거나 도움을 주라.

위임의 효과는 곧바로 나타난다! 위임을 통해서 조직 내에 신뢰하는 문화를 확산시킬 수 있다. 또한 확보된 시간을 다른 분야에서 성과를 내는 데 할애할 수도 있다.

다만 권한의 위임이 책임의 위임은 아니라는 사실을 절대 잊지 말아야 한다. 위임한 뒤에도 늘 적극적으로 소통해야 한다. 신중하게 위임하고, 주기적으로 점검하자.

> 우리는 실수에 대한 두려움이나 자만심 때문에 권위에 집착하곤 한다. 하지만 위임은 팀에 대한 신뢰와 그 팀이 발전하기를 바라는 마음을 보여주는 과정이다.

이처럼 '긴급하지만 중요하지 않음'에는 중요하다고 착각하고 있는 일들이 포함된다. 기술적인 문제, 반복적인 행정 업무, 불필요한 회의, 개인적인 오류들은 언뜻 보면 중요한 것 같지만 리더에게는 사소한 문제일 뿐이다.

'긴급하고 중요함'에 해당하는 일은 즉각 처리해야 하거나 직접 처리해야 한다. 기업의 업무 대부분이 그렇다. 앞에서도 언급했듯이, 이런 일들을 예측할 수는 없다. 하지만 계획은 얼마든지 세울 수 있다. 언젠가는 그런 일들이 분명히 생기기 때문이다. 소방관을 생각해보라. 다음 화재가 언제 일어날지는 알 수 없다. 하지만 언젠가는 출동 명령이 떨어질 것이다. 그러므로 소방관은 출동벨이 울릴 때 곧장 뛰쳐나갈 준비가 되어 있어야 한다. 마찬가지로, 우리도 갑작스럽게 닥쳐온 문제에 즉시 대처할 수 있어야 한다. 늘 유동적이고 융통성 있게 일정을 세우라.

'긴급하지 않지만 중요함'에 속하는 것들 역시 내가 직접 해야 하는 일들이다. 다만 긴급한 사안과는 달리 즉각 결과를 내야 할 필요는 없다. 당신이 중요한 결정을 내리고 준비할 때나 지금 진행하는 일을 어떻게 개선할지 고민하는 모습을 머릿속으로 떠올려보라. 아이젠하워 매트릭스는 이런 일들을 적절한 시기에 하도록 도와준다. 하지만 '적절한' 시기를 예기치 않은 일에 빼앗기게 되면 무용지물이 되고 만다. 안타깝게도 디즈니에서는 돌발 상황이 수시로 발생했다. 이때 내가 떠올린 것은 "코끼리를 먹는 유일한 방법은 한 번에 한 입씩 먹는 것이다"라는 속담이다.

나는 '긴급하지 않지만 중요함' 카테고리를 코끼리라고 생각했다. 그런 다음 매일 코끼리를 '한 입씩' 먹으려고 노력했다. 즉, 어떤 문제에 대해 매일 조금씩 시간을 내서 고민하고, 연구하고, 미미하지만 조금씩이라도 개선해나가려고 노력했다. 이런 방식으로 지금껏 맞닥뜨렸던 커다란 문제들을 늘 시간 내에 해결할 수 있었다. 이처럼 작은 한 걸음이 큰 차이를 만든다. 제임스 클리어는 『아주 작은 습관의 힘』(비즈니스북스, 2019)에서 이렇게 말했다. "매일 1퍼센트씩 성장한다면 1년 뒤에는 37배나 성장하게 된다."

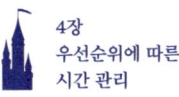

## 아이젠하워처럼 시간 관리하기
- 실제 업무에 적용하는 법 -

우리는 항상 목표를 더 체계적이고 명료하게 설정해서 중요한 업무들을 '긴급하지 않지만 중요함' 카테고리로 넣으려고 노력한다. 그러나 '긴급하고 중요함'에 해당하는 요소들은 완전히 사라지지 않는다. 미처 대비하지 못해서 중요한 일을 급하게 처리해야 할 때도 있고, 어떤 일을 즉시 처리해달라고 요구받을 때도 있다. 현실의 비즈니스는 거의 이런 식이다.

언급했듯이 나는 디즈니에서 '긴급하고 중요함'으로 분류되는 일들을 늘 끼고 살다시피 했다. 한번은 디즈니 유람선의 작동 문제로 일정이 지연되는 바람에 숙소를 예약하지 않은 승객 2,000여 명이 사흘 동안 디즈니랜드에 갇히고 말았다. 당시 나는 엡콧의 안내 데스크에서 일하고 있었는데, 우리 팀은 승객들에게 숙소를 제공하고자 그 주변의 디즈니 소유 숙박시설들을 수소문하기 시작했다. 2,000명이 머물려면 상당히 많은 객실이 필요했고, 산더미처럼 많은 가방과 짐들도 어딘가에 보관해야 했다. 그렇지만 팀 구성원 모두가 발 벗고 나선 덕분에 문제를 원만히 해결할 수 있었다. 일을 하다 보면 누구에게나 이런 긴급 상황이 매일 혹은 적어도 일주일에 한 번은 닥칠 수 있다. 당신이 예측 불가능한 일이 벌어질 때마다 스트레스를 받고 업무에 어려움을 겪는다면, 다른 사람들까지 피해를 입게 된다. 다음 세 가지를 명심하면 긴박한 상황을 대처하는 데 도움을 얻을 수 있다.

1. 몸과 마음이 모두 건강해야 힘든 시기를 견딜 수 있다. 업무 일정과 건강 관리 계획을 미리 세워둔다면 당신은 든든한 버팀목을 얻게 된다.
2. 아이젠하워 매트릭스 같은 업무 도구를 활용하면 어렵고 복잡한 상황에서도 할 일을 명확히 분류할 수 있다.
3. 기회가 있을 때마다 팀원들에게 권한을 부여하고, 그들이 업무를 처리하는 모습을 살펴보자. 그러면 일을 맡겨야 하는 상황이 왔을 때 당신은 누가 그 일의 적임자인지를 이미 알고 있을 것이다. 위기가 닥친 후에 맡길 사람을 찾으면 때는 이미 늦다.

매일 아침 나는 내 매트릭스를 보며 '긴급하고 중요한' 일들을 확인한다. 그 사람에게 오늘 전화하겠다고 전했는가? 긴급하게 회신을 요청한 이메일이나 메시지가 있는가? 갑자기 어떤 상황이 벌어져 결정을 바꾸어야 하는가? 매직 킹덤에서 이 모든 질문에 대한 답은 한결같이 "그렇다"이다. 그래서 나는 늘 이른 아침에 중요하거나 긴급한 일들을 최대한 많이 처리해둔다. 그다음에 나의 코끼리, 즉 '긴급하지 않지만 중요한' 업무에 몰입한다. 만약 계획대로 일이 잘 풀린다면 그날 생긴 급한 일을 믿을 만한 사람에게 맡길 수도 있다. 아니면 남는 시간에 내가 직접 해결할 수도 있다. 하지만 일정이 늘 여

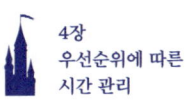

유로운 것은 아니었다. 어느 정도 여유가 생겼을 때는 핵심 업무의 담당자들과 공원을 산책하거나 점심을 함께했다. 덕분에 나는 업무 진행 상황을 실시간으로 파악하면서 귀중한 정보를 많이 얻을 수 있었다. 이런 정보는 앞으로의 일을 예측하는 데 큰 도움이 되었고, 새로운 제안이나 아이디어를 받아들일 때도 유용했다.

## 매 순간이 쌓여 커리어를 이룬다

오늘날은 정보과잉 시대다. 선별해야 할 정보, 선택지, 요구 사항이 넘쳐난다. 그러다 보니 사람들은 마치 무수하게 많은 갈림길 앞으로 내몰리는 듯한 느낌을 받는다. 나는 이런 현상을 '다람쥐 효과'라고 부른다. 차가 달리는 도로 위에서 어디로 가야 할지 방향을 잡지 못하고 갈팡질팡하는 다람쥐의 모습을 보고 붙인 말이다. 요즘에는 이런 현상을 '포모'(Fear of Missing Out: 실패에 대한 두려움) 혹은 '포보'(Fear of Better Option: 더 나은 선택지에 대한 두려움)라 부르기도 한다. 누구나 이런 경험을 해봤을 것이다. 우리는 마음을 이리저리 바꾸다가 아예 결정을 못 하기도 하고, 처음에 추구했던 목표에서 엇나가기도 한다. 그럴 때면 일에 전념하기 힘들고 시간도 비효율적으로 쓰게 된다.

해결책은 간단하다(간단하다고 해서 쉽다는 의미는 아니다). 현명한 결정을 내리기 위해 시간을 충분히 투자하고, 지금 진행하는 일에만 몰입하자. 그동안은 목표 외의 다른 일에 한눈을 팔아서는 안 된다. 만약 새로운 일을 구상하기 시작했다면 그 일에 100퍼센트 집중하라. 누군가와 시간을 보낼 때는 휴대폰을 꺼두고 오롯이 그 시간에 충실하라. 언젠가 월트 디즈니의 CEO인 밥 아이거*와 함께 매직 킹덤을 걸은 적이 있다. 그는 내 말에 줄곧 귀를 기울였고, 길을 오가다가 마주친 다른 직원들도 소홀히 대하지 않았다. 그 모습을 보면서 나는 큰 감동을 받았다. 글로벌기업의 CEO이니만큼 당장 처리해야 할 일이 산더미처럼 쌓여 있었을 것이다. 하지만 그는 직원 한 명 한 명을 진지하게 마주하며 그들과 이야기를 나누었다! 정말 본받고 싶은 모습이었다.

당신도 함께 시간을 보내는 눈앞의 사람에게 충실하라. 업무상 파트너뿐 아니라 가족에게도 그렇게 하라. 시간은 금이다. 흘려보내고 나면 다시는 되돌릴 수 없다. 목표에 집중하고, 그 과정에 매진하라. 당신은 다람쥐가 아니라 사람이다.

---

\* 밥 아이거는 2020년에 퇴임했다가, 2022년에 다시 경영 일선에 복귀했다.

4장
우선순위에 따른
시간 관리

## 핵심 정리

어떤 위기에도 흔들리지 않는 조직을 만드는 법

1 조직의 업무에 직원의 일과 회사의 일을 모두 포함시키라. 회사 안팎의 목표를 모두 종합해 목록을 만들라.

2 예기치 않은 상황에 대비하라. 긴급한 문제에 즉각 대처할 수 있도록 일정을 유연하게 짜라.

3 당신만의 아이젠하워 매트릭스를 만들어보라. 반드시 해야 할 일, 결정해야 할 일, 위임해야 할 일, 삭제해야 할 일은 각각 무엇인지 정리하라.

4 위기가 닥치기 전에 위임하라. 자주 발생하는 상황과 팀원들의 역량을 사전에 파악하라.

5 '긴급하지 않지만 중요한' 일들은 천천히, 차근차근 처리하라.

6 시간을 투자할 때 양보다 질에 집중하라.

## 제2부

## '팀'을 리드하다

*team*

여느 미국인처럼 나도 십 대 때는 풋볼에 미쳐 있었다. 어린 시절의 기억이 풋볼과 관련된 것뿐이라고 해도 무방할 정도다. 심지어 고등학생 때는 러닝백으로 활약하며 득점왕에 오르기도 했다. 그러다 보니 대학에서 풋볼 선수로 활약하는 내 모습을 수도 없이 상상했다. 그리고 마침내 꿈을 현실로 이뤄냈다. 보스턴 대학 풋볼 팀의 후보 선수가 된 것이다. 그러나 내가 꿈꿨던 모습은 아니었다. 대학 풋볼 선수를 기준으로 봤을 때 나는 빠르지도, 강하지도 않았다. 그렇다고 능수능란하게 경기를 이끌 만큼 똑똑하지도 못했다. 그렇다. 나는 애매한 재능을 가진 선수였다. 내가 최고 수준의 선수가 되려면 아주 많은 시간이 걸릴 것이고, 그렇게 매진한다고 한들 목표에 이른다는 보장이 없다는 걸 깨달았다. 풋볼 팀에서 겪었던 쓰라

린 경험을 통해 나는 겸손을 배웠다.

풋볼은 그만두었지만 운 좋게도 럭비 팀에 합류할 수 있었다. 나는 곧 럭비 특유의 동료애와 스포츠 정신에 매료되었다. 럭비가 지닌 여러 특징은 더할 나위 없이 매력적으로 다가왔고, 그렇게 나는 럭비와 사랑에 빠졌다.

직장에서 이런저런 일들을 경험하는 동안 나는 럭비와 비즈니스가 비슷하다는 사실을 깨닫고 깜짝 놀랐다. 우선 럭비는 포지션마다 적합한 체격과 체력이 따로 있다. 포워드 포지션의 선수들은 태클을 일삼는 것은 기본이고, 공을 빼앗거나 지키기 위해 상상할 수 있는 모든 종류의 몸싸움을 한다. 서로 머리를 부딪치는 경우도 많다. 말하자면 이들은 팀을 지키는 야수들이다. 당연히 강인하고 다부진 체격을 가지고 있어야 한다. 반대로 빠르게 방어선을 돌파해야 하는 백스 포지션 선수들은 몸놀림이 빨라야 하므로 체격이 호리호리한 경우가 많다. 이들은 몸싸움을 잘할 필요가 없다. 이렇듯 럭비 팀이 우수한 성적을 거두기 위해서는 다양한 재능을 가진 선수들을 모아야 한다. 비즈니스도 마찬가지다. 성공하려면 개개인의 강점을 알맞게 분류하는 일이 필수다. 그러기 위해서 리더는 직원 각각의 재능을 정확하게 파악하고, 있는 그대로 인정할 수 있어야 한다. 이는 리더가 갖춰야 할 기본 소양이다.

두 번째로, 럭비는 팀 스포츠다. 럭비에서는 모두가 공을 앞으로 보낼 수 있다. 모두가 역할에 상관없이 득점할 수 있지만, 혼자서는 불가능하다. 이때 뒤에 있는 동료에게 공을 패스

하는 난이도 높은 전략을 수행할 수도 있는데, 그러기 위해서는 언제든지 동료의 뒤를 지키는 역할을 맡을 수 있어야 한다. 반대로 자기가 공을 가지고 있을 때는 동료가 뒤에서 지켜준다고 믿어야 한다. 이러한 원리는 비즈니스에도 똑같이 적용된다. 나는 일을 하면서 리더는 어떤 역할이든지 항상 맡을 준비가 되어 있어야 한다는 사실을 깨달았다. 때로는 공을 전진시켜야 하고, 어떨 때는 다른 선수가 공을 전진시키도록 도와주어야 한다. 그러니 맡은 위치에서 언제나 도움을 줄 수 있도록 준비해야 한다.

마지막으로, 럭비 팀의 주장은 팀을 최고의 컨디션으로 끌어올릴 수 있어야 한다. 운 좋게도 나는 보스턴 대학 럭비 팀의 주장을 여러 번 맡았다. 나는 가장 강하고 빠른 선수가 아니었다. 그렇다고 가장 투지가 넘치는 선수도 아니었다. 하지만 팀원들을 모아놓고 최고의 경기력을 낼 수 있도록 격려하는 일만큼은 자신이 있었다. 비즈니스 리더가 그러하듯 나는 주장으로서 팀원에게 본보기가 되어야 했다. 그래서 그 누구보다 철저하게 체력을 관리하고 훈련에 열정적으로 참여했다. 또한 시합 날에는 모든 팀원이 최고의 컨디션으로 출전할 수 있게 준비했다. 이를 위해 나는 영리하고 기발한 전략을 세웠다. 보통 럭비 선수는 사교 활동을 많이 하는 것으로 악명이 높다. 나는 바로 이 점을 역이용해서 경기 날 컨디션을 끌어올릴 계획을 세웠다. 매주 목요일 밤에 나는 즐거운 파티를 열고 선수들을 초대했다. 그러자 목요일 밤늦게까지 파티를 즐긴

선수들은 금요일에는 지치고 피곤하다는 이유로 밖에 나가지 않았다. 즉, 경기가 있는 토요일 하루 전에는 외출을 하지 않고 집에 머물렀다는 이야기다. 이 방법으로 선수들은 경기 전날 휴식을 충분히 취할 수 있었고, 최적의 몸 상태로 경기에 임했다('목적이 수단을 정당화한다'는 말도 있지 않은가!). 이뿐만 아니라 나는 주장으로서 팀원 한 사람 한 사람에게 집중했다. 럭비를 계속할지 고민하는 신입 선수, 다독이고 달래주어야 하는 거친 선수, 용기를 주어야 하는 내성적인 선수, 내가 의지할 수 있는 베테랑 선수 등 모두에게 진지하게 관심을 기울였다.

럭비에서 배운 기술 중 많은 것들이 디즈니에서 리더로 생활하는 데 귀중한 자산이 되었다. 럭비를 하며 나는 다양한 재능, 팀 협업, 신뢰, 모범적인 태도, 관계의 중요성 등 여러 가치를 가슴 깊이 이해하게 되었다.

# 5장

# 팀원의 재능 파악하기

디즈니 올스타 리조트의 관리 매니저 직책을 맡으며 나는 약 8주간의 집중 훈련을 받았다. 그때까지 호텔 업무라고는 대학 시절에 컨템퍼러리 리조트의 프런트 데스크에서 인턴 사원으로 일한 것이 다였다. 그런 내가 호텔 프런트 데스크의 관리자로서 객실 1,920개를 책임지는 임무를 맡게 된 것이다. 디즈니에서 그동안 일해왔던 것처럼 나는 새로운 업무에 어울리는 의상을 입고(디즈니에서는 팀원들이 실제 쇼에 캐스팅되어 역할을 수행한다고 가정하고 유니폼도 의상이라고 부른다) 호텔 각 부서의 업무를 익히기 시작했다.

가장 먼저 체크인 방법부터 배웠다. 고객이 선호하는 방과 숙박 기간에 따라 객실을 예약하고 예약 상태를 확인하는 법을 배웠다. 그러는 동안 고객의 다양한 요구와 불만 사항에 직접 대처하는 법도 익힐 수 있었다.

그다음 2주 동안은 사소하지만 무척 중요한 교육을 받았다. 바로 객실 청소였다. 우리는 고객이 투숙 중인 객실과 체크아웃된 객실을 모두 청소해야 했다. 투숙 중인 객실을 청소하는 데는 평균 17분 정도가 소요됐고, 체크아웃한 객실을 청소하는 데는 28분 정도가 걸렸다. 그러면 주어진 시간 안에 18개의 방을 청소할 수 있다. 하지만 나는 2주 훈련이 끝날 무렵에도 14개를 청소하는 게 고작이었다. 교대 근무를 하며 휴식은커녕 점심시간도 없이 일했는데도 말이다. 이후 나는 어떤 호텔에 묵든지 청소 직원에게 팁을 아주 넉넉히 준다. 잠시 그 경험을 해봤다는 것만으로도 나는 그들이 얼마나 고된 노동을 하는지 깊이 공감할 수 있었다!

이 경험이 인재를 선택하고 관리하는 일과 무슨 관련이 있을까? 당시 호텔에서 나의 객실 청소 교육을 맡았던 블랑카의 이야기를 들려주겠다. 블랑카는 정말 뛰어난 청소부였다. 그녀는 나에게 청결 기준을 지키면서도 빠르게 청소할 수 있는 자신만의 비결들을 나에게 알려주곤 했다. 하지만 나는 아무리 노력해도 블랑카의 기준을 만족시킬 수 없었다.

어느 날, 훈련이 끝나갈 무렵 블랑카는 내가 청소한 객실 중 한 곳을 꼼꼼히 검사하고 나서 하나하나 상세하게 피드백을 주겠다고 말했다. 나는 객실을 깨끗하게 청소했다. 먼지를 말끔히 치웠으며, 모든 체크 사항을 두 번씩 확인했다. 이윽고 블랑카가 흰 장갑을 끼고 청소한 객실을 점검하러 왔다.

블랑카는 객실을 돌아다니면서 침대를 말끔하게 정돈했는지, 선반에 먼지는 없는지 세심하게 확인했다. 욕실로 들어간 블랑카가 내게 물었다. "댄, 욕조는 청소했나요?" 나는 욕조는 깨끗한데 왜 물어보느냐고 되물었다. 블랑카는 내 질문에는 답하지 않고 다시 질문했다. 아이가 양치질을 했는지 확인하는 어머니 같았다. "댄, 욕조는 청소했나요?" 손가락으로 나를 가리키며 묻는 비앙카를 보고 있으니 마치 어머니에게 혼쭐이 나는 기분이 들었다. 결국 나는 풀 죽은 목소리로 욕조가 깨끗해 보여서 청소하지 않았다고 인정했다. 얼른 욕실에서 나와 객실 다른 부분의 청소 상태를 확인받고 싶어서이기도 했다.

나는 블랑카에게 두 가지를 물었다. 첫 번째 질문은 잘못을 들킨 아이가 흔히 하는 종류의 것이었다. "그런데 내가 욕조를 닦지 않았다는 걸 어떻게 아셨어요?" 블랑카는 내게 욕조에 물기가 하나도 없었다고 대답했다. "욕조가 정말 깨끗해 보이기를 원한다면 최소한 욕조를 청소했다는 걸 보여줄 물 한 방울 정도는 튀어 있어야죠!" 나의 완전범죄가 실패한 셈이었다. 나는 두 번째 질문을 던졌다. "블랑카, 욕조가 이미 깨끗한데 왜 굳이 다시 닦아야 하는 거죠?" 블랑카는 한 걸음 뒤로 물러서서 대답했다. "댄, 욕조를 청결하게 유지하는 유일한 방법은 욕조가 깨끗할 때 청소하는 거예요. 곰팡이나 때가 끼기 시작하면 이미 늦은 거라고요! 이곳의 객실에는 어떠한 흠도 없어야 해요. 우리 고객은 완벽한 공간에서 시간을 보내야 하니까요!" 블랑카는 자긍심 높은 완벽주의자였다. 그녀는 자신이

5장
팀원의 재능 파악하기

관리하는 객실과 고객에 대해 철저한 주인의식을 가지고 있었다. 블랑카를 통해 나는 뛰어난 재능을 발현시키는 요인이 바로 태도라는 사실을 깨달았다.

나는 블랑카에게 객실 청소 교육을 어디에서 받았는지 물었다. 그러자 블랑카는 어머니에게서 배웠노라고 자랑스럽게 대답했다. 내가 만나본 많은 호텔 청소 직원들은 저마다의 청소 비결이 있었다. 그리고 평범한 객실이 그들에게는 '자신의' 객실이었다. 나는 그들의 주인의식과 자긍심, 직업을 대하는 태도에 무척 놀랐다. 당시 나는 왜 몇몇 고객이 특정 객실이나 구역을 요구하는지 몰랐다. 사실 그들은 지난 방문 때 청소 직원의 특별한 배려와 관심에 깊이 감동받았으며, 이를 그리워하고 있었던 것이다. 고객들은 그 직원의 이름을 알고 있었고, 그들이 다시 자신을 접대해주길 바랐다. 그렇게 좋은 감정을 서로 주고받는 것이다. 당신은 그 직원들이 자신의 가족을 대하는 것이라고 착각할지도 모른다!

성공으로 이끄는 재능에 관한 일화를 한 가지 더 들려주겠다. 디즈니가 조직을 개편하면서 뎁이라는 직원이 매직 킹덤의 우리 팀으로 들어오게 되었다. 뎁은 더 높이 승진하기 위해 수년간 상시운영 팀의 리더로 조직관리 경험을 쌓아온 사람이었다. 새로 맡은 업무이니만큼 그녀는 배워야 할 게 많았다. 스페이스 마운틴과 버즈라이트이어 스페이스 레인저 스핀 같은 놀이기구를 구석구석 관리하는 법을 익혀야 했다. 또한 세계에서 가장 높은 수익을 올리고 있는 식당인 코스믹 레이스를 어떻게 운영하는지도 배워야 했다. 다행히도 뎁이 지금 당장 지식과 기술이 부족한 건 그렇게 큰 문제가 되지 않았다. 매직 킹덤의 소속 팀은 그녀가 궤도에 오르도록 기다려줄 수 있을 만큼 아주 유능했다. 나는 뎁이 배우는 데 시간을 투자하고 집중하면 팀을 이끄는 데 필요한 기술능력\*을 신속하게 익힐 수 있을 것이라 생각했다. 그리고 실제로 뎁은 무척 빨리 해냈다. 뎁은 성취도가 높았고, 팀이 끊임없이 발전할 수 있도록 팀원들에게 늘 용기와 영감을 주었다.

뎁의 사고방식과 긍정적인 태도, 활기찬 에너지는 성공의 원동력이었다. 얼마 되지 않아 뎁은 자신이 속한 부서의 문화를 근사하게 바꾸었다. 뎁이 이끄는 팀은 항상 긍정적이었고, 크고 작은 일들을 해결하며 순조롭게 나아갔다. 뎁의 사무실이나 회의실에서는 늘 고민하느라 끙끙대는 소리가 나지막하게 들려왔다. 나는 종종 장난 삼아 뎁이 주재하는 직원회의에 불쑥 들어가서 화난 척하며 소리치곤 했다. "도대체 무슨 일이야? 지금 엉뚱한 사무실에서 일하고 있잖아!" 그러면 뎁은 빙긋이 웃으며 이렇게 말한다. "댄, 회의에 오신 걸 환영합니다. 저희와 함께해주셔서 무척 기쁘네요. 자, 여러분. 어서 댄에게 각자의 새 아이디어를 들려주시지요!"

긍정적이고 유쾌한 뎁의 업무 방식은 곧 주위로 퍼져나

---

\* 업무를 수행할 때 필요한 기술이 무엇인지 파악하고, 적절하게 선택해서 적용하는 능력

5장
팀원의 재능 파악하기

갔다. 뎁은 날마다 사무실에 활력을 불어넣었고 모두를 즐겁게 해주었다. 뎁은 블랑카와 비슷했다. 업무 능력이 뛰어나고, 자기 일에 대한 자부심이 강하며, 같은 길을 가는 동료들과 늘 돈독한 관계를 유지했다.

그렇다면 블랑카와 뎁에게는 어떤 공통점이 있을까? 어떻게 해야 팀에 정말 필요한 재원을 발굴해서 최고의 역량을 발휘하게 할 수 있을까? 이 인재들이 팀에 필요하다는 것을 어떻게 확신할 수 있을까? 과연 인재들이 서로의 약점을 보완하며 시너지를 낼 수 있을까? 어떻게 하면 편견에서 벗어나 더 넓은 인재풀에서 조직에 필요한 적임자를 뽑을 수 있을까?

### 나만의 기술을 찾으라
(이 일을 할 수 있는 사람인가?)

먼저 '재능'(talent)이라는 말부터 살펴보자. 일반적으로 재능은 어떤 기술에 관해 언급할 때 쓰이는 단어다. 여러 기술 중, 비즈니스 각 분야에서 최고로 인정받는 사람들의 기술을 살펴보자. 그들의 기술도 처음에는 재능에서 시작했다. 운동선수나 음악가, 예술가처럼 말이다. 그들은 자신이 발견한 재능을 고도의 집중력과 시간을 투입해서 기술로 단련시켰다. 오직 소수만이 이런 일을 성취할 수 있다.

말콤 글래드웰은 이 과정을 '1만 시간의 법칙'으로 설명해

큰 인기를 얻었다. 특정 분야에서 뛰어난 능력을 발휘해 성공하려면 마법의 '1만 시간'이 필요하다는 주장이다. 많은 사람들이 이 이론의 결점을 지적하지만, 이들도 성공하려면 시간을 투자할 준비가 되어 있어야 한다는 점은 부정하지 않는다. 재능을 갈고닦아 특정 분야에서 빛을 발하기 위해서는 무척 오랜 시간이 필요하다. 그러나 1만 시간을 투자한다고 모든 분야에서 성공하는 건 아니다. 예를 들어, 나는 노래를 정말 못한다. 아무리 시간을 들여 연습해도 내가 노래로 톱스타가 되는 일은 없을 것이다. 내게 음악적인 재능이 없기 때문이다. 그게 인생이다.

한때는 나도 순진한 믿음을 가지고 있었다. 꿈을 이루고 싶다는 마음으로 용기를 가지고 열심히 연습하면 누구나 어떤 분야에서 뛰어난 성공을 거둘 수 있다고 생각했다. 하지만 세 아이를 키우면서 그런 생각은 멀리 내다버렸다. 아이들이 자라는 모습을 지켜본 결과 나는 사람마다 타고난 재능이 다르다고 확신하게 되었다. 그렇지 않고서야 같은 집, 같은 부모, 같은 학교에 다니는 세 아이가 이 정도로까지 다른 걸 설명할 수 없었다. 아마 자녀를 둘 이상 둔 부모라면 내 말에 격하게 공감할 것이다. 발레리와 나는 아이를 우리가 원하는 모습에 끼워 맞추지 않기로 했다. 부모로서 우리의 의무는 각각의 아이가 지닌 재능을 파악하고, 재능을 숙련된 기술로 발전시킬 수 있도록 용기를 주고 지지해주는 것이다.

물론 자녀 양육과 직원 고용은 엄연히 다르다. 아이들이 마음에 안 든다고 해고할 수는 없으니 말이다(그러나 아이들이 십 대로 접어들면서 아내와 나는 아이들을 해고하는 걸 진지하게 고려해 봤다). 하지만 양육의 원칙은 적절히 변형하면 조직을 운영하는 데 충분히 적용할 수 있다. 누구나 타고난 재능이 있다. 리더의 역할은 직원들의 고유한 재능을 파악하고, 그 재능을 유용한 기술로 바꿀 기회를 주는 것이다. 블랑카는 오랜 연습을 통해 평소의 청소 습관을 효율적인 객실 청소 기술로 완성했다. 훈련 덕분에 블랑카는 비품 카트를 꾸리는 법과 침대 주위를 여러 번 오가지 않고서도 말끔히 정리하는 법, 객실을 완벽하게 정돈하는 법을 터득했다. 이런 기술은 오직 오랜 훈련과 경험을 통해서만 얻을 수 있다. 물론 누구나 배우면 기술 몇 가지는 쉽게 터득할 수 있다. 하지만 그 기술을 완벽하게 익혀 제2의 본성으로까지 만들려면 제법 긴 시간이 필요하다.

그렇다면 리더십에 필요한 기술은 무엇일까? 먼저, 자신의 재능을 확인해보고 싶다면 앞에서 언급했던 스트렝스파인더를 활용해보라고 강력히 권한다. 소프트 스킬\*이 필요한 리더에게는 특히 더 유용할 것이다.

다음으로 팀에 어떤 재능이 필요한지, 목표를 수행하는 데 어떤 기술이 요구되는지 파악하자. 업무에 활용되는 기술은 판단하는 사람에 따라 평가가 달라지므로 매번 팀에 가장

---

\*   타인과 협력하는 능력, 문제 해결력, 감정을 조절하는 자기 제어 능력, 의사소통 능력, 리더십, 회복 탄력성 등을 의미한다.

필요한 기술을 지닌 사람을 보강하는 건 어렵다. 하지만 스트렝스파인더 같은 도구를 활용하면 인재를 선택하는 과정에 도사리고 있는 함정들을 전보다 잘 피할 수 있다. 또한 사람들이 자신의 이전 경험을 이야기할 때 흘려듣지 말고 귀 기울이자. 그들은 팀에서 어떻게 일했고 어떻게 소통했는가? 피드백은 어떤 식으로 주고받으며, 어떤 방식으로 직원의 공로를 인정해주는가? 어려운 문제에는 어떻게 대처하고 업무 마감 기한은 어떻게 지키는가? 만약 이 질문에 대해 상세히 답변하지 못한다면, 그 사람은 이러한 기술을 아직 익히지 못했을 수 있다. 아니면 단순히 경험이 부족한 것일지도 모른다.

마지막으로 기술능력에 관해 강조하고 싶다. 디즈니 신입 교육에서 뎁과 내가 그러했듯, 모든 리더는 기술능력을 얻는 데 최대한 많은 시간을 투자해야 한다. 이는 신뢰받고 성공한 리더가 되기 위한 필수 조건이다.

### 좋아해야 잘할 수 있다
(정말 이 일을 원하는가?)

26년 동안 디즈니에서 일하며 거쳐간 19개의 직책 중에는 인사 팀 업무도 있었다. 당시 나는 사람을 좋아하는 내 성향이 그 부서의 업무와 잘 맞을 것이라 생각했다. 또한 일하면서 새로운 기술도 익힐 수 있을 것 같았다. 그래서 길게 망설이지 않고 인사 팀에 합류했다.

그런데 막상 일을 시작해보니, 인사 팀 업무는 내가 상상한 것과 사뭇 달랐다. 나는 사람들과 부대끼는 것을 좋아했지만, 이 팀의 업무는 그런 것과 거리가 멀었다. 한번은 인사 팀에서 고객과 캐스트 멤버의 관계를 개선하기 위한 프로젝트에 참여한 적이 있었다. 나는 그동안 쌓아온 경험을 적절히 활용하면서 프로젝트의 성공을 위해 최선을 다했지만, 아무리 노력해도 내 역할은 조력자에 그쳤다.

팀에서 일하는 동안 많은 것을 배우기는 했지만 그곳 업무는 내 적성에 맞지 않았다. 사무실에서 업무를 하는 동안에도 내 마음은 직접 발로 뛰어다니는 치열한 현장의 한복판에 가 있었다. 부족한 열정은 성과로도 드러났다. 다행히 인사 팀에서 발이 묶여 있는 시간은 길지 않았고, 나는 다시 테마파크 현장으로 복귀하게 되었다.

열정은 측정하기 어려운 주관적 요소다. 하지만 열정을 품고 한 일과 그렇지 않은 채로 한 일의 결과는 하늘과 땅 차이다. 뎁과 블랑카는 그들이 하는 일을 사랑한다. 일에 대한 에너지, 자긍심, 더 나아지고 싶다는 열망이 맡은 일에 대한 헌신적인 노력으로 고스란히 드러난다. 그들의 직업의식과 자부심은 누군가에게 양도할 수 없다. 손쉽게 배울 수 있는 것도 아니다. 면접에 임한 지원자들에게 설렘, 자부심, 열정이 느껴지는가? 그것이 미래의 성과로 이어지는 지표다.

그러므로 입사 지원자가 급여와 복리후생에만 관심이 있

는지, 아니면 진심으로 그 일을 하고 싶어 하는지 판단해야 한다. 만약 전자라면 그 사람은 내가 인사 팀에서 그랬듯 일에 대한 열정이 빠르게 식을 것이다. 그게 아니라면 당신은 복권에 당첨된 것이나 마찬가지다. 당신이 뽑은 사람은 일을 하고 싶어 안달이 난 나머지 휴일에 출근할지도 모른다. 그 직원의 열정에서 뿜어져 나오는 에너지와 창의력, 활력 그리고 헌신적인 노력이 당신 회사의 분위기를 바꿔놓을 것이다.

## 태도가 시작이자 끝이다
(이 일을 정복할 수 있다고 생각하는가?)

일을 할 때 그 무엇보다 중요한 것이 바로 태도다! 이 지원자는 변화 앞에서 "예"라고 대답할 사람인가? 편안하고 안정된 자리를 기꺼이 포기할 수 있는가? 적극적으로 배울 자세가 되어 있는가? 온갖 장애물과 난관을 극복할 수 있는가? "아니요"라는 대답을 하지 않을 사람인가?

2장에서도 이야기했듯이 성공하려면 불확실한 상황에서도 긍정적으로 사고하고 어려움을 극복할 방법을 찾는 태도를 가져야 한다. 이는 직위와 업무 분야를 막론하고 모든 성공자가 공통적으로 지닌 핵심 요소다. 올바른 태도는 협상이나 거래의 성패를 좌우한다. 훌륭한 태도에서 비롯된 성공담은 셀 수 없을 정도로 많다. 물론 형편없는 태도로 일을 그르친 사례

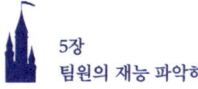

도 부지기수다. 영화 《캐리비안의 해적》에서 잭 스패로우 선장은 이렇게 말한다. "문제는 문제가 아니다. 문제를 대하는 너의 태도가 문제다."

지원자들에게 어떤 질문을 던져야 할지 모르면 훌륭한 태도를 식별하기가 어렵다. 독창적인 면접법을 고안한 캐럴 퀸은 『동기부여 기반 면접』(Motivation Based Interviewing)에서 단순하면서도 효과적인 질문의 예시들을 소개한다(자세한 정보는 책을 참고하기 바란다). 인사 업무 담당이 아니어도 괜찮다. 캐럴 퀸의 질문들은 분명 앞으로의 삶에서 유용한 도구가 되어줄 것이다. 면접 보는 기술을 발전시킬 수 있는 것은 물론이고, 모든 관계 속에서 상대의 기술과 열정, 태도를 간파하는 강력한 도구를 얻을 것이라고 확신한다.

## 다양성이 경쟁력이다

1971년 월트 디즈니 월드가 문을 연 이래로, 회사 운영의 중심축은 산업공학 연구자들이었다. 그들은 탁월한 문제 해결사들이었으며, 나 또한 중요한 결정을 내릴 때면 항상 산업공학자의 의견을 반영했다.

매직 킹덤에서 부사장으로 근무할 때도 마찬가지였다. 당시 나는 매주 캐스트 멤버 회의 때마다 젊은 산업공학자 매트를 불렀다. 그러나 총지배인급 캐스트 멤버 몇 명은 매트가 회의에 참석하는 것을 반대했다. 중요한 안건을 다루기에는 너무 어리고 경험도 부족하다는 것이었다.

나는 매트를 회의에서 제외하면 디즈니에 크나큰 손실을 끼친다고 생각했다. 매트는 젊고 편견이 없었다. 또한 전문 지식을 토대로 우리와 전혀 다른 관점에서 테마파크 운영 방식을 생각했다. 그를 참석시키지 않을 이유는 없었다.

나는 계속해서 회의에 매트를 참석시켰다. 그리고 내 결정이 옳았다는 걸 매트는 여러 차례 입증했다. 그는 자료 분석과 연구, 일하면서 겪은 개인적 경험, 곁에서 운영 방식을 관찰한 내용 등을 토대로 더 나은 개선 방안을 제시했다. 매트는 겸손하고 똑똑했으며, 의견을 낼 때도 주눅 들거나 눈치 보지 않았다. 무엇보다 그는 이기는 법을 아는 사람이었으며 매사에 열정적이었다.

재능, 성별, 세대, 관점, 의견, 배경 등 좋은 팀에는 다양성이 존재하며 이를 인정하는 분위기가 형성되어 있다. 이런 문화를 팀 내에 확립하는 일도 어렵지 않다. 그러니 다양성이 가져다주는 효과를 무시하고 다양성을 갖추려는 시도조차 하지 않는 건 정말 바보 같은 짓이다. 하지만 우리는 자기와 비슷하게 세상을 바라보고 행동하는 사람들에게 본능적으로 끌린다. 주위를 둘러보자. 비슷한 성향인 사람들만 있지 않은가? 성별은? 연령과 인종은? 경력이나 배경도 비슷한 사람들이고 모두 같은 수준에서 활동하지 않는가? 항상 서로에게 똑같은 질문을 던지지 않는가? 대답은 십중팔구 "그렇다"이다. 왜 그럴까?

5장
팀원의 재능 파악하기

의도적으로 새로운 세상에 나가지 않는 이상 인간은 자기가 이미 알고 있는 안락함 속에 머무르려 하기 때문이다.

디즈니에서도 이것이 문제였다. 모두가 머리로는 다양성의 가치를 이해했다. 외부 인재가 신선한 관점과 기발한 접근 방법으로 우리의 사고방식을 변화시켜주길 바랐다. 하지만 막상 그들이 업무를 시작하면 마음이 바뀌었다. 새로운 사람들이 관행을 따라주길 바라며 그동안 진행해온 방식을 설명하기 일쑤였다. 그들이 새로운 아이디어나 의견을 제시할 때면 그것들이 디즈니에 맞지 않는 이유를 억지로 만들어냈다. 우리는 고정관념을 깨는 통찰력을 바라면서도 새 동료가 '디즈니식 사고'에 굴복하기를 요구했다.

디즈니가 그러했듯 오늘날 많은 기업들은 다양성을 보여주기식으로만 추구한다. 다양성을 상징하는 인재를 영입하고서도 그들의 사고방식을 철저히 관행에 끼워 맞춘다. 새로운 방향으로 업무에 접근하고자 하는 시도는 바로 묵살된다. 하지만 다양성은 오직 포용적인 분위기에서만 존재한다. 그러므로 훌륭한 리더는 구성원이 편하게 의견을 말할 기회를 주고, 이에 귀 기울여야 한다. 이것이 팀에 다양성을 확립하는 유일한 출발점이다. 다른 생각과 관점에 관심을 가지고 도전과 변화에 항상 열려 있어야 한다. 누군가와 춤을 추고 싶다면 우선 상대의 제안을 받아들여야 하는 법이다.

다양성에 관해 한 가지만 더 짚고 넘어가자. 나는 내가 개방적이며 호기심이 많은 사람이라고 생각했다. 연령, 성별, 인종, 배경, 성적 지향, 종교, 소수 의견 등에도 편견 없이 열려 있는 편이라고 믿었다. 하지만 완벽하게 공정한 사람은 세상에 없다. 지원 업무를 하던 한 여성 캐스트 멤버가 출산 휴가에서 돌아와 우리 팀에 합류한 적이 있었다. 나는 그녀가 새 업무에 적응하면서 엄마라는 역할까지 맡는 게 어려울 것이라고 생각했다. 그래서 그녀에게 직장 일과 부모의 일 사이에서 균형을 잡으려면 힘에 부칠 수도 있으니 도움이 필요할 때는 주저 없이 말하라고 했다.

그런데 그 캐스트 멤버는 내 말이 채 끝나기도 전에 이렇게 이야기했다. "남편과 저는 이 문제에 대해 충분히 논의했습니다. 제가 '엄마'가 되었다는 사실 말고 저와 제 일만 생각해 주셨으면 합니다." 나는 그녀의 반응에 몹시 놀랐다. 신경질적이라기보다는 단호한 말투였다. 퇴근 후 나는 아내에게 이 일을 이야기했다. 아내가 내 말을 듣자마자 이렇게 물었다. "그 직원이 얼마 전에 '아빠'가 된 사람이었어도 똑같이 말했을까요?" 분명히 아니었을 것이다. 내 딴에는 도움을 주려는 의도였지만, 만약 캐스트 멤버가 남성이었다면 나는 그런 말을 하지 않았을 것이다. 공감대를 형성하려고 한 내 말 속에는 편견 가득한 전제가 있었다. 그 부부는 부모로서의 책임을 당연히 함께 나눌 것이고, 아기가 있는 새 가정을 꾸려나가기 위해 열심히 노력할 것이다. 출산이 여성 직원의 업무에 영향을 줄 것이라고 지레짐작해서 본인이 요구하기도 전에 배려하려 한 것은 주제넘은 짓이었다.

5장
팀원의 재능 파악하기

## 7일, 30일, 60일, 90일 법칙
- 신입을 관리하는 마법의 숫자 -

현재 미국에서는 약 710만 개의 일자리가 훌륭한 인재에게 선택받길 기다리고 있다. 모든 기업이 최고의 인재를 영입하려고 경쟁하는 중이다. 시장의 원리에 따라 선택권은 기업이 아니라 사람에게 있다. 게다가 구인 광고를 내고, 면접을 보고, 직원 교육을 하는 데 들어가는 비용은 직원이 충원되지 않아 생산력이 감소했을 때 나는 손실만큼이나 크다. 그렇다면 훌륭한 인재를 뽑고 나서 이들이 계속 회사에 머물도록 하면 되지 않을까? 이것이 그토록 어려운 일일까? 그렇다. 오직 탁월한 조직문화가 자리 잡은 조직에서만 그런 일이 가능하다.

흔히 말하길 취업하고 나서 첫 세 달이 가장 힘들다고 한다. 낯선 사람들과 부대껴야 하고, 배워야 할 일은 산더미 같다. 회사의 규칙에 적응해야 하고 출퇴근도 신경 써야 한다. 그래서 직장을 그만두는 사람들 중 상당수가 이 시기에 퇴사한다. 경력 사원으로 이직한 경우도 마찬가지다.

따라서 기업은 새 직원에게 적어도 세 달 동안은 각별한 관심을 기울여야 한다. 그가 잘 적응하도록 도와주고 애로 사항은 없는지 점검해야 한다. 또한 그가 올바르게 판단하고 있는지 확인하며 업무에 관해 적극적으로 조언해주어야 한다. 회사에 대해 좋은 첫인상을 줄 기회는 이때뿐이다.

신입 관리 때문에 골머리를 앓고 있는 당신을 위해서 디즈니의 효과적인 방식을 공개한다. 바로 '7일, 30일, 60일, 90일 법칙'이다. 새로 입사한 캐스트 멤버에게 기존 멤버 한 명을 배정하고, 일주일에 한 번씩 잘 적응하고 있는지 확인하면서 30일 단위로 면담을 진행하는 방식이다. 조력자로 선정된 '버디'(buddy, 짝)들은 신입들의 질문에 답변하면서 업무 요령을 알려주고, 그들이 잘 적응할 수 있도록 정서적으로 지지해준다. 신입이 90일 이상 근무하면 버디에게 보상을 하는 것도 동기를 부여하는 좋은 방법이다.

입사한 지 7일, 30일, 60일, 90일이 되었을 때는 면담을 진행한다. 일주일 정도가 지났다면 아마 당신은 새로 들어온 이들이 어떻게 지내고 있는지 궁금해질 것이다. 당신이 묻고 싶은 내용 중에서 적절한 것들을 골라 질문지를 작성하자. 질문지는 면담하는 시기에 적합한 내용들로 그때그때 만드는 게 중요하다.

면담은 리더에게 특히 소중한 시간이다. 신입 직원에게 자신에 관한 이야기를 들려줄 수도 있고, 새 업무에 유용한 팁을 직접 말해줄 수도 있다. 이런 사소한 기회를 잘 활용하면 좋은 관계를 맺을 수 있다. 좋은 관계는 유능한 인재가 다른 곳으로 떠나는 것을 막아줄 강력한 힘이 될 것이다.

### 30일 차 직원에게 하기 좋은 질문들

- 통근하는 데 얼마나 걸리는가?(여기에는 자녀 등교 문제나 통근 수단

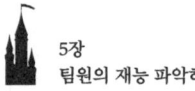

등의 문제가 포함된다)

- 지금까지 일해보니 입사 전에 기대했던 그 일이 맞는가? 현재 부서에서 느끼는 어려움은 없는가? 자신이 잘한다고 생각하는 분야나 좀 더 교육이 필요하다고 느끼는 분야가 있는가?
- 맡은 업무를 더 잘하기 위해 필요한 정보, 수단, 자원 등을 다 갖추었는가? 다른 직원들이 잘 대해주는가?
- 상사의 도움이 필요한 문제나 어려움이 있는가?
- 회사에서 편한 마음으로 일하고 있는가? 조직에서 맡은 역할을 충분히 이해하고 있는가?
- 맡은 업무에서 생산성과 효율성을 충분히 발휘할 수 있는가? 그렇거나 그렇지 않다면 그 이유는 무엇인가?
- 30일 전으로 돌아갈 수 있다면 자신의 어떤 행동이나 업무를 바꾸고 싶은가? 우리 조직이 지금과 다른 방식으로 일할 수 있다고 생각하는 부분이 있는가?
- 상사에게 충분한 피드백과 도움을 받고 있다고 생각하는가?

**60일 차 직원과 90일 차 직원에게 하기 좋은 질문들**

- 현재 위치에서 어떤 분야나 업무, 혹은 프로젝트에 흥미를 느끼고 있는가? 일하는 과정에서 강점으로 발전시킨 개인의 역량이 있는가? 앞으로 더 개발하고 싶은 기술이 있는가?
- 현재 어떤 업무를 선호하지 않는가? 그 이유는 필요한 도구가 없기 때문인가, 아니면 교육을 받지 못했기 때문인가? 혹은 단순히 그런 종류의 일을 선호하지 않기 때문인가?

- 신입 직원 교육에 대한 본인의 평가는 어떤가? 추가로 받았을 때 도움이 될 것 같은 지원이나 교육이 있는가? 지금까지 해온 교육 중 어느 것이 가장 효과적이고 도움이 되었는가?

단순해 보이는 이 질문들을 토대로 대화를 나누다 보면 신입 직원이 겪는 어려움을 정확하게 파악할 수 있다. 조직에 관한 새로운 관점을 축적할 수도 있다. 이 방식을 잘 활용하면 이직률을 줄일 수 있을 뿐 아니라 고용을 안정적으로 유지했을 때 생기는 긍정적인 효과를 두 눈으로 볼 수 있다.

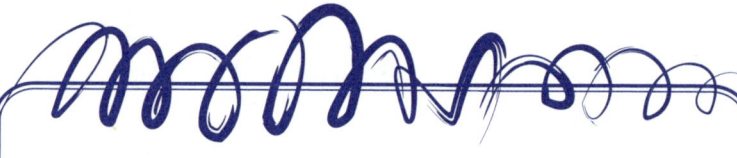

## 핵심 정리

**최고의 인재를 선발하고 이들과 오래 함께하는 법**

1 리더는 업무에 필요한 기술을 명확히 파악하고 있어야 한다.

2 면접 질문은 지원자의 기술, 열정, 태도를 파악하는 데 초점을 두어야 한다.

3 은연중에 편견을 갖지 않도록 주의하라. 팀원들의 질문이나 의견, 통찰력에 놀란 적이 없다면 아직 당신이 이끄는 팀에서 다양성이 충분히 보장되지 않는다는 증거다. 조직을 세심히 관찰하고 주변 사람들을 살펴보라.

4 신입 직원에게 특별한 관심을 기울이라. 첫 90일 동안은 그 직원을 집중적으로 도와줄 전담 직원을 두라. 이때가 신입 직원이 가장 힘들어하고 이직하기 쉬운 시기다.

# 6장

# 팀원과 관계 맺기

우리 가족은 오랫동안 자동차에 큰 욕심 없이 생활했다. 나는 11년 된 새턴을 몰고 출퇴근했으며 그 차로 여행까지 다녔다. 아내 발레리의 차는 수년 동안 도요타 시에나 미니밴이었다. 발레리는 그 차에 아이들을 태우고 운동 연습장이나 경기장에 다녔으며, 학교 행사에도 참석했다. 그런데 어느 날 발레리가 뜻밖의 선언을 했다. 지금까지는 아이들을 태우고 다닐 차가 있다는 것에 만족했으나, 이제는 나이도 들었으니 좋은 차를 타고 싶다는 것이었다. 장남 줄리안이 대학을 졸업하기 무섭게 발레리는 자기가 한 말을 행동으로 옮겼다. 아내는 고급 SUV를 사려고 이곳저곳을 다니기 시작했다.

첫 번째로 들른 곳은 아우디 매장이었다. 매장에 도착한 나는 영업 사원에게 아내가 탈 차를 알아보는 중이라고 이야기했다. 그러고서 나는 아내를 도와주러 온 것이니 구경만 하겠다고 덧붙였다. 그런데도 그 영업 사원은 자꾸만 내게 와서 자동차의 기계적 특징이며 온갖 기능을 설명했다. 시승하러 나설 때도 그는 내게 자동차 키를 내밀었다. 나는 당장이라도 "당신은 방금 고객 한 명을 놓친 거요"라고 소리치고 싶었다. 아내에게 자동차 키를 주라고 거듭 말했지만, 그는 내 말을 듣지 않았다. 어쩔 수 없이 나는 직원에게 키를 받아 발레리에게 건넸다. 하지만 그때도 영업 사원은 이렇게 말했다. "선생님께서 직접 시운전하지 않으시나요?" 그야말로 최악의 대접이었다. 우리는 그에게 시간을 내줘서 고맙다고 정중히 인사한 뒤 곧바로 그곳에서 나왔다. 발레리는 그 직원이 차를 거저 준다고 해도 받지 않았을 것이라고 했다. 영업 사원은 차를 소개하는 내내 차의 주인인 아내를 무시했고, 아내는 그 태도에 모욕감을 느꼈다.

아우디 매장에서 나온 우리는 BMW 매장으로 향했다. 담당 직원의 이름은 휴였다. 아우디 매장에서처럼 우리는 휴에게 발레리의 차를 보러 왔다고 말했다. 휴는 우리가 원하는 바를 정확히 이해하고 적절한 차를 소개했다. 휴는 발레리에게 집중했다. 발레리가 언제 주로 자동차를 사용하는지, 운전 습관은 어떤지, 자동차에서 특히 중요하게 생각하는 부분이 있는지(안전성이나 직관적인 사용법, 조작의 편리함 등), 차에서 필요하다고 생각하는 기능이 있는지를 꼼꼼하게 물으며 즐겁게 대화를 이어나갔다. 내게는 거의 관심을 두지 않았다. 그리고 두 시간 뒤, 우리는 새 BMW를 몰고 집으로 왔다.

집에 도착한 지 얼마 지나지 않았을 때, 갑자기 휴에게 전화가 와서 우리는 깜짝 놀랐다. 휴는 발레리에게 새 차를 운전해봤는지, 차에 관해 궁금한 점은 없는지 물었다. 그때 발레리는 원격 주차장 개폐기를 설정하는 데 어려움을 느끼고 있었다. 그 이야기를 한 지 20분 만에 휴는 우리 집으로 찾아왔다. 그는 순식간에 기기를 설정해주었고, 더 궁금한 점이 있으면 언제든지 연락하라며 개인 전화번호까지 주었다. 다음 해에도 휴는 자동차 정비를 할 일이 있으면 손수 우리 집까지 왔다. 심지어 차를 수리하는 동안 타고 다닐 자동차까지 주고 갔다. 정말 감동적인 서비스였다!

차를 사고 나서도 우리는 휴와 관계를 이어가고 있다. 그와 우리의 관계에는 어떤 조건도 없었다. 단지 휴는 관계의 힘을 믿었고, 우리를 진심으로 보살펴주었을 뿐이다.

그날 이후 나는 최소 10명 이상에게 BMW를 샀던 이야기를 했다. 내 이야기를 들은 이들 중 많은 사람이 휴에게 차를 구매했다. 물론 휴의 동기를 의심할 수도 있다. 자동차를 더 많이 팔 목적으로 사람들과 친분을 맺는 것이 아닐까? 당연히 그렇다! 그는 관계 맺는 재능을 자동차 영업에 접목시켰다. 우리도 그와 다르지 않다. 우리 모두 매일 무언가를 팔고 있지 않은가? 파는 것이 '제품'이 아니고 전달하는 행위에 '판매'라는 이름이 붙지 않았을 뿐, 우리 모두는 늘 무언가를 누군가에게 팔고 있다. 자신의 의견을 팔고, 아이디어를 팔고, 영향력을 팔

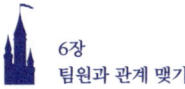

6장
팀원과 관계 맺기

고, 더러는 다른 이들을 통해 필요한 일을 진행하기도 한다.

　무언가를 원할 때마다 인간관계를 활용하라는 말이 아니다. 그러나 관계에 꾸준히 투자하고 공감대를 쌓아가다 보면, 운이 저절로 따라오는 신뢰의 환경을 조성할 수 있다. 사적인 관계든 직업상 관계든 마찬가지다. 진심을 보여주면서 상대를 알아가라. 상대의 관심과 필요, 어려움, 열망 등에 깊이 관심을 가지라. 그러면 서로 존중하는 문화가 형성된다. 자신이 존중받는다고 느낀 사람은 더 열심히 일하면서 당신을 도와줄 것이다. 굳건한 인간관계에서는 오해 대신 신뢰가 자라고, 모든 일이 수월해진다.

## 나는 드러내고, 팀원은 지켜보라

　인간관계를 들어오는 길과 나가는 길이 있는 양방향 도로라고 상상해보자.

　우선 나가는 방향에 관해 이야기해보자면, 당신은 자기의 솔직한 모습을 그대로 보여주어야 한다. 그래야 팀원들이 강점뿐 아니라 약점까지 모두 파악할 수 있다. 이는 진심이 담긴 관계를 맺는 출발점이다. 또한 사람들 앞에서 다른 모습으로 가장하려 애쓰지 않아도 되기에 훨씬 수월하게 살 수 있다. 팀원들도 리더의 말에서 숨은 의도나 속뜻을 헤아리려고 노력할 필요가 없다. 따라서 팀장과 팀원의 관계가 무척 편안해진다.

그런데 자신의 본모습을 들킬까 봐 두려워하는 리더들이 더러 있다. 그들은 자신을 드러내는 걸 무척 어려워하고, 자신이 실제로 될 수 없는 모습을 팀원들에게 보이고 싶어 한다. 그런 사람들은 결국 가면 뒤에 숨거나 사람들과 거리를 두게 된다. 하지만 드러내야 숨지 않을 수 있다. 게임을 할 때 숨기만 해서는 절대 좋은 결과를 얻을 수 없다. 언젠가는 본모습이 드러날 수밖에 없고, 그렇게 되면 리더로서 당신의 신뢰도는 치명상을 입게 될 것이다. 그러니 자기 자신과 팀원들에게 솔직한 모습을 보여주자.

> 관계에 꾸준히 투자하고 공감대를 쌓아가다 보면,
> 운이 저절로 따라오는 신뢰의 환경을 조성할 수 있다.

이제 들어오는 방향을 생각해보자. 팀원들의 왕국을 탐험하는 과정을 통해 당신은 직장 내 인간관계를 한결 수월하게 만들어줄 귀중한 정보를 발견할 수 있다. 우선 상대가 어느 정도로 자신을 드러내고 싶어 하는지 빠르게 알 수 있다. 단번에 모든 카드를 드러내는 이도 있는 반면, 자신의 패를 옷 속에 꼭꼭 숨긴 이도 있다. 패를 숨긴 이유는 당신 자체를 신뢰하지 않기 때문일 수도 있고, 당신의 지위를 믿지 못해서일 수도 있다. 과거에 다른 리더와 관계가 나빴던 경험 때문에 상황을 신중하게 지켜보며 카드를 꺼낼지 말지 고민하고 있을 수도 있다. 당신이 그 관계에 얼마나 투자하느냐에 따라 상대의 태도

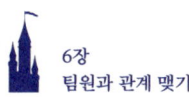

6장
팀원과 관계 맺기

는 서서히 변할 수 있다. 처음에는 경계하던 직원이 나중에는 당신에게 마음을 활짝 열 수도 있다.

기계처럼 "네, 알겠습니다"라는 대답만 반복하는 직원도 있다. 이 경우에는 자신의 생각을 솔직하게 전달하는 방법을 가르쳐주는 게 좋다. 이런 상황에 맞닥뜨렸을 때 나는 다음과 같이 이야기한다. "내 의견에 동의해줘서 고맙습니다만 내가 틀렸다면 말해주세요." "긍정적으로 생각해줘서 고맙습니다. 이제 내 아이디어에서 형편없는 부분을 말해주세요." 이렇게 하면 형식적으로 수긍하던 직원에게 자신의 진짜 생각을 말할 기회를 줄 수 있다.

캐스트 멤버들과 가까워지면서 나는 그들에 관해 속속들이 알게 되었고 그들에게 여러 가지를 배울 수 있었다. 그들이 어떤 식으로 생각하고 움직이는지, 무엇 때문에 잠을 못 이루는지에 관해 들었다. 또한 그들이 성취하려는 목표와 극복하려 애쓰는 단점도 알게 되었다. 디즈니의 캐스트 멤버들이 어느 정도까지 공감과 인정을 받고 싶어하는지까지도 파악할 수 있었다. 이 모든 것이 회사에서 인간관계를 원만하게 구축하는 데 없어서는 안 될 중요한 정보다.

> 당신의 아이디어를 들은 누군가가 무조건
> 좋은 생각이라고 칭찬한다면 이렇게 말해보라.
> "긍정적으로 생각해줘서 고맙습니다.
> 이제 내 아이디어에서 형편없는 부분을 말해주세요."

## 관계의 무게를 견디라

2009년, 세계 금융 위기의 여파로 디즈니랜드를 찾는 고객의 수가 바닥으로 곤두박질쳤다. 월트 디즈니도 어쩔 수 없이 대대적인 정리해고를 감행했다. 인원 감축은 지위나 업무 실적과는 무관하게 단행되었고, 해고 대상자 중에는 우리 팀원도 있었다. 이 무시무시한 해고 목록을 전달받은 건 본부장들과 엡콧 인사과의 이사 그리고 당시 엡콧의 부사장이었던 나였다. 우리는 정리해고 대상자 명단을 나눠 들고 각자 맡은 사람에게 해고 소식을 전해야 했다.

운명의 명단을 받자마자 한 사람의 이름이 눈에 확 들어왔다. 발레리는 내가 엡콧에서 가족처럼 가까이 지냈던 동료였다. 심지어 우리 부부는 파리에서 그녀의 결혼식에 참석하기도 했었다. 하지만 내가 그녀에게 해고 소식을 전해야 한다는 사실에는 변함이 없었다. 그건 너무나 어려운 일이었다. 그래도 평소 잘 알던 사람에게 이런 소식을 듣는 게 약간의 위안이 될 것이라고 생각했다. 우리는 서로를 존중했다. 나는 그녀에게 개인적인 문제나 능력 때문에 해고당하는 것이 절대 아니라고 강조했다. 그녀는 나의 친구였지만, 그렇다고 상사로서 내 책임을 회피할 수는 없었다.

조직 구성원이자 친구에게 괴로운 소식을 전해야 했던 곤란한 상황을 겪으면서 나는 귀중한 깨달음을 얻을 수 있었다.

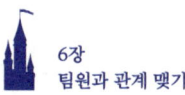
6장
팀원과 관계 맺기

팀원들과 친분을 쌓는 건 분명 값진 일이다. 하지만 리더인 당신은 직원들을 고난의 길로 내몰 수도 있는 결정을 언젠가 내려야 할지도 모른다. 이를 절대 잊어서는 안 된다. 권력을 가진다는 것은 이런 민감한 상황에 대처해야 한다는 의미다. 그리고 어떤 상황에서도 리더는 편파적으로 결정해서는 안 된다. 아무리 개인적으로 친밀하다고 해도 그건 결국 리더와 직원 사이의 관계일 뿐이다. 업무적인 관계에서는 어쩔 수 없이 미묘한 한계가 있다. 인간관계에 치중하다 보면 결국 직업적인 책임을 버릴 위기에 처하고 만다. 그런 곤란한 상황에 내몰리고 싶지는 않을 것이다.

## 직원들과 가까워져야 살아남는다

매직 킹덤에서 일하는 동안, 나는 1만 2,000명의 캐스트 멤버들 중 가능한 한 많은 이들과 교류하려고 노력했다. 원래부터 많은 사람과 일하는 것을 좋아했던 터라 그 시간을 톡톡히 즐겼다. 그러나 한편으로는 내 직속 부하들에게 더 많은 시간과 관심을 쏟아야 한다는 걸 깨달았다. 직속 부하들이야말로 리더의 업무 수행능력을 키워주는 귀중한 자원이기 때문이다. 이들은 조직이 추구하는 가치와 우선순위를 사람들에게 공유해주는 최고의 협력자다. 부하 직원들이 없다면 회사에 올바른 문화를 세울 수 없다. 꿈도 꾸지 못한다. 그러니 직속 부하 직원들에게는 사업을 진행시킬 수 있는 권한을 반드시 부여해야 한다. 리더는 부하 직원이 유능한 만큼 유능할 수 있다는 사실을 명심하자.

나는 새로운 팀에 합류하게 될 때마다 그 팀의 직속 부하들과 일대일로 점심을 함께하며 특별한 주제 없이 몇 시간이고 이런저런 대화를 나누었다. 이때 현재 진행하는 업무 이야기는 최대한 적게 하고자 노력했다. 오랜 기간을 함께 일하고도 정작 직원이 어떤 사람인지 모르는 리더가 셀 수 없이 많다. 그렇게 되지 않기 위해 나는 그 사람의 가족이나 열정, 목표와 같은 개인적인 이야기를 듣고자 노력했다.

직속 부하들과 함께 식사하며 나는 그들에 대해 더 깊이 이해했고, 그들이 무엇을 소중히 여기는지도 잘 알게 되었다. 그리고 자녀의 나이나 맞벌이 여부, 여가를 보내는 방법 등을 세심히 기록해두었다. 덕분에 캐스트 멤버들과 소소한 생활 근황에 대해 이런저런 질문을 주고받으며 진정성 있고 견고한 유대감을 쌓을 수 있었다.

회의에서도 나는 캐스트 멤버들에게 최근 개인적인 생활이나 업무에서 경험한 일을 들려달라고 했다. 그들의 이야기는 늘 재미있으면서도 통찰력이 가득했다. 우리는 이렇게 서로를 알아가며 돈독하게 유대감을 쌓아나갔다. 그뿐만 아니라 팀원들이 가장 좋아하는 노래나 영화, 좋아하는 음식 등을 물어보고 워크시트에 정리해두기도 했다. 캐스트 멤버들을 인간 대 인간으로 더 잘 이해하고 개개인을 인격적으로 대하기 위한 나름의 노력이었다. 나의 노력이 통했는지 캐스트 멤버들은 자신이 회사 내에서 특별한 존재라고 느꼈다. 이렇게 정성껏 쌓은 관계가 갖는 파급 효과는 엄청나다. 훗날 내 팀원들은 동료를 그렇게 대할 것이고, 나아가 고객들도 그렇게 대할 것이다. 좋은 롤 모델이란 이토록 강력하다.

한번은 한 임원이 오랫동안 근무했던 비서를 신입 직원으로 착각한 나머지 환영 바구니를 건네주는 광경을 목격했다. 어떻게 그럴 수 있단 말인가? 어떻게 매일 직원들의 책상 앞을 지나치면서 이름도 얼굴도 모를 수 있단 말인가? 그런 조직은 직원을 인정하지 않는다. 자신을 인정해주지 않는데 어떻게 직원이 조직을 위해 노력하고 헌신할 수 있겠는가? 리더가 사람들과 교류하며 관계 맺는 방식은 그래서 팀 운영에 대단히 중요하다. 좋은 인간관계는 조직에 활력을 불어넣고 응집력을 주기 때문이다. 점점 더 인간 사이의 교류와 삶의 의미가 중요해지고 있다. 이러한 시대에 인간관계에 투자하지 않는 것은 이 두 가지를 모두 부인하는 행위나 마찬가지다.

## 상사의 성향을 파악하라

2005년에 나는 디즈니가 가지고 있는 가장 큰 호텔인 올스타 리조트의 총지배인을 맡게 되었다. 5,760개나 되는 리조트 객실에서는 하루가 멀다 하고 허위 신고나 고성방가 등 별

별 희한한 일들이 벌어졌다. 당직 지배인(고객의 불평불만 처리와 비상사태 및 총지배인 부재시 직무대리 등의 업무를 하는 지배인)은 호텔에 특수한 상황이 생기면 한밤중에도 내게 전화했다.

그러던 어느 날 밤, 술에 취한 사람 한 명이 올스타 리조트 보안문 앞에 차를 세웠다는 보고가 들어왔다. 그는 호텔 캐스트 멤버 한 사람을 찾고 있었고, 보조석에는 총이 놓여 있었다. 보안 문을 경비하는 캐스트 멤버는 즉시 경찰에 연락했다. 다행히도 별다른 사고 없이 그 남자를 체포할 수 있었다.

트럭에 탄 남자, 트럭의 차종, 남자가 한 말, 남자가 찾았던 호텔 캐스트 멤버 등등 나는 그 상황을 최대한 상세하게 정리했다. 그러고는 잠시 전에 일어난 상황을 자세히 보고하고자 상사인 케빈에게 전화했다. 그리고 케빈이 상세한 보고를 좋아한다는 이야기를 들었던지라 최대한 상황을 자세하게 보고했다. 보고를 마치고 나서야 한숨을 돌릴 수 있었다. 모든 정보를 상세히 조사하여 낱낱이 다 보고했다는 뿌듯함이 몰려왔다. 나는 케빈에게 더 궁금한 사항이 있는지 물었다. 케빈은 잠시 침묵하더니 이렇게 물었다. "어떤 종류의 총이었지?" 전혀 생각지도 못한 질문이었다. 한숨이 나왔다.

디즈니에서 일하면서 많은 리더를 만났다. 리더마다 기대치도, 경영 방식도, 특색도 제각기 달랐다. 월트 디즈니의 임원이 되고 나서 만난 첫 상사 칼은 생각도 행동도 모두 빨랐다. 매달 일대일로 진행되는 대면 회의는 거의 15분 만에 끝났다. 필요한 사항을 논의할 때는 하나의 사안마다 간결하고 명확하

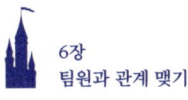

6장
팀원과 관계 맺기

면서 군더더기 없이 20단어 이내로 설명했다. 그래야만 칼이 내 제안을 즉각 동의하거나 승낙했다. 그는 내 어조에서 조금이라도 의심스러운 부분이 있으면 날카롭게 포착하고 거기에 대해 좀 더 상세히 질문했다. 칼은 기민한 사람이었고 무엇이든 신속하게 처리하는 것을 좋아했다. 의견이나 안건을 직설적으로 정확히 압축해서 간결하게 전달하는 법만 알고 있다면 칼은 함께 일하기에 무척 재미있는 사람이었다.

하지만 두 번째 상사인 케빈은 칼과 정반대 성향의 사람이었다. 달인이라 부를 만큼 꼼꼼했다. 프로젝트를 5퍼센트 가량 진행할 때마다 구체적인 진행 사항들을 보고하길 원할 정도였다. 그는 자신이 더 구체적인 사항을 요구하는 걸 불신이나 지나친 참견으로 받아들이지 말라고 부탁했다. 케빈은 단지 내용을 속속들이 알아야 직성이 풀리는 성격이었고, 모든 사항을 충분히 숙지하고 있을 때 비로소 편안하게 잠자리에 드는 사람일 뿐이었다("어떤 종류의 총이었지?"라고 질문했던 것을 기억하는가?).

디즈니의 리더들을 겪으면서 나는 다양한 성향의 사람들과 협업하는 방법을 배웠다. 업무의 진행 원칙을 신속하게 정해서 알려주는 상사도 있었던 반면 어떤 식으로 일해야 할지 아무런 언급도 하지 않아서 끊임없이 상사의 의중을 추측하며 일했던 적도 있었다. 만약 상사와 소통할 때 정보가 충분하지 않다면 어느 정도의 깊이와 내용으로 소통해야 하는지, 어떤 정보를 원하는지 상세히 물어보라. 그런식으로 상사의 성향을 파악해나가다 보면 그가 당신에게 무엇을 기대하는지, 즉 어느 정도의 속도와 깊이로 상세하게 업무를 진행하길 바라는지 자연스레 알게 될 것이다.

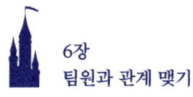

6장
팀원과 관계 맺기

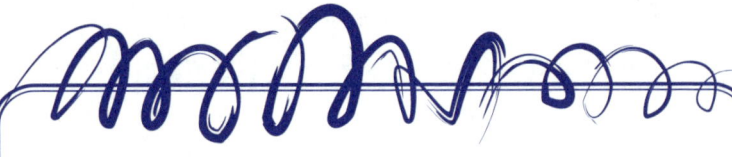

## 핵심 정리

### 부하 직원과 좋은 관계를 맺는 법

1 일대일로 대화하라. 성장 배경, 업무 환경, 가족관계, 취미 등 개인적인 이야기도 주고받으며 친해지라.

2 대화에서는 자신을 드러내야 한다. 진정성은 유대감을 만드는 강력한 도구다.

3 한 명 한 명을 각자가 선호하는 방식으로 대하라. 그들은 당신의 노력을 가치 있게 여길 것이다.

### 상사와 좋은 관계를 맺는 법

1 상사의 기대를 재빨리 파악해야 한다. 마감 기한, 작업 속도, 소통 방법 등에서 무엇을 선호하는지 질문하라.

2 상사가 중요하게 여기는 요소를 파악하라. 진행 중인 프로젝트에 대한 의견을 내고, 자신의 성과를 겸손히 드러내라.

3 자기에게 개선할 점이 있다는 사실을 인정함으로써 상사가 피드백할 수 있는 분위기를 만들라.

# 7장

# 명확하고 합리적인 목표 설정

한 어머니가 외출하려는 십 대 자녀에게 당부했다. "애야, 너무 늦지 않게 돌아오렴!" 그런데 밤 10시 정도면 왔어야 할 아이가 자정에야 집 안에 들어섰다. 어머니는 본보기로 자동차 키를 압수했다. 그러자 아이가 투덜거렸다. "엄마, 이건 불공평하잖아요! 자정은 절대로 늦은 시간이 아니라고요! 고작 그런 이유로 차를 압수하다니, 정말 너무해요!"

주위에서 한 번쯤 들어봤을 법한 이야기다. 여기서 문제는 '너무 늦지 않게'라는 표현이 지극히 모호하다는 점이다. 목표를 명확하게 설정하지 않으면 사람에 따라 다양하게 해석할 여지가 생긴다. 십 대라면 '너무 늦지 않은' 시간을 자기 마음대로 정할 가능성이 다분하다. 이처럼 기준선과 결과를 미리 정하지 않으면 모호한 상황에 처하기 쉽다. 모호함에서 오해가 생겨나고, 오해는 혼란과 실망으로 이어진다.

지난 몇 년 동안 나는 직원들에게 "그 문제에 관한 내용을 제발 좀 보고해주세요!"라고 닦달했다. 하지만 직원들은 그다음 날까지도 약속한 정보를 주지 않았다. 그럴 때마다 나는 오만 정이 떨어져서 하던 일을 다 놓아버리고만 싶었다. 하지만 사실 문제는 내게 있었다. 나는 마감 기한을 정하지 않았다. 그러다 보니 팀원들은 일이 얼마나 시급한지를 그저 추측할 수밖에 없었다.

반대로 팀원이 지레짐작해서 일을 진행한 바람에 문제가 생겼던 적도 있었다. 2002년, 와일더니스 로지 호텔 총지배인으로 일할 때였다. 리조트 식당 주방장과 이런저런 대화를 나누다가 휴일에 아이들과 진저브레드 하우스\*를 만들면 재미있겠다는 이야기를 가볍게 한 적이 있었다. 일주일 뒤 호텔 식음료 매니저가 내게 오더니 왜 자신에게는 '진저브레드 하우스 프로젝트'에 대해 말해주지 않았냐고 물었다.

나는 매니저가 무슨 말을 하는지 몰라 당황했다. 그러다 내가 지나가듯 한 말이 진지하게 받아들여졌다는 사실을 곧 깨닫게 되었다. 주방장은 식재료를 주문하고 식당 일정을 조정해 진저브레드 하우스 만들기 행사를 끼워 넣었다. 그러니 주방장의 직속 상사인 식음료 매니저가 놀란 것도 무리는 아니었다.

---

\* 과자로 만든 집이다. 미국에서 크리스마스에 전통처럼 하는 활동이다.

주방장은 내 '생각'을 즉시 실행해야 할 업무라고 여겼다. 이는 내가 실제로 의도한 것과는 완전히 다른 판단이었다. 하지만 나는 정확하게 이야기하지 않았다. 그래서 듣는 사람에 따라 다른 방식으로 알아들을 여지가 있었다.

이런 혼란은 쉽게 방지할 수 있다. 직원들이 추측하도록 내버려두지 말라. 마감 기한을 구체적으로 명시하고, 조건과 목표는 분명히 밝히라. 특히 새로운 조직에 들어갔을 때는 더 더욱 명료하게 지시해야 한다.

## 시행착오 없이 팀을 하나로 만드는 방법

새로운 일을 시작하거나 부서를 옮긴 사람들은 대부분 크고 작은 시행착오를 겪는다. 팀원의 경우 리더의 생각을 잘못 판단하거나 신호를 엉뚱하게 해석하는 경험을 거친다. 물론 이런 과정을 잘 해결해나가면서 팀이 안정되고 한 걸음 앞으로 나아갈 수 있다. 하지만 신뢰와 이해를 쌓는 데 오랜 시간이 걸리며, 한동안은 업무 생산성이 여느 때보다 떨어질 수밖에 없다.

새로운 업무를 맡은 첫날, 나는 그런 불상사를 피하고 캐스트 멤버들의 업무 학습 곡선을 가파르게 만든다는 목표를 세웠다. 먼저 팀원들에게 내가 어떤 방식으로 정보를 전달하는지, 어떻게 소통하는지, 나와 함께 시너지를 낼 수 있는 업무

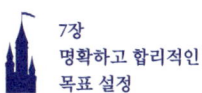

방식은 무엇인지 전달했다. 그러다 문득 내 생각을 구체적이고 공식적으로 전달하면서 캐스트 멤버들의 성취도를 단기간에 향상시킬 수 있는 방법이 떠올랐다. 이 방법을 사용하면 예전처럼 팀원들이 내 의중을 추측할 필요가 없었다. 단언컨대 이 방법은 리더가 원하는 것을 부하 직원에게 명료히 전달하는 가장 확실한 방법이다.

나는 내가 원하는 목표를 적어서 팀원들에게 주었다. 이른바 '댄의 업무 실행과 우선순위 작동 방식'이다(자세히 확인하고 싶다면 DanCockerell.com/expectations를 참고하라).

이 문서에는 내가 수십 년간 회사에서 쌓아온 노하우가 고스란히 담겨 있다. 새 업무를 맡을 때마다 나는 전에 얻은 지식과 지혜를 토대로 목표를 섬세하게 조정했다. 사람마다 리더십 스타일이 다르고 기업의 문화도 다르기 때문에 당신의 목표도 나와 다를 것이다. 하지만 이 자료를 참고한다면 당신이 자신만의 문서를 만드는 데 분명 도움을 얻을 수 있을 것이라 생각한다.

모든 내용을 종이에 적어서 팀원들에게 주었다고 신뢰가 단번에 구축되는 것은 아니다. 우리 앞에 완벽하고 찬란한 미래가 펼쳐지는 것도 아니다. 시간과 경험이 쌓이고 나서야 달콤한 결과가 주어지기 때문이다. 그래도 이런 자료는 새로운 팀이 처음 6개월에서 1년 동안 겪게 될 전형적인 시행착오들을 상당히 줄여준다. 이 효율적인 도구는 신뢰와 생산성으로 향하는 지름길인 셈이다.

다음은 문서에 포함해야 할 핵심 주제다.

### 리더십에 관하여

리더십에 관한 당신의 철학은 무엇인가? 당신이 중시하는 리더의 가치는 무엇이며, 부하 직원들에게는 어떤 가치를 알리고 싶은가? 내 리더십 스타일을 소개할 때 나는 네 가지 요소를 중심으로 이야기한다.

- 모든 팀원의 재능 활용
- 돈독한 관계 맺기
- 명확한 목표 설정
- 보상과 인정 방식

### 소통 방식에 관하여

당신이 생각하는 좋은 소통 방식이란 무엇인가? 얼마나 자주, 어떻게 소통하는 것을 선호하는가? 어느 정도로 상세하고 구체적인 게 좋은가? 팀 회의는 어떤 형식으로, 얼마나 자주 진행하는가? 팀원들과 어떤 방식으로 소통할 것인가?

### 문제 해결에 관하여

팀이 문제를 해결할 때 어느 정도로 권한과 자율성을 부여할지, 얼마나 지원할지를 정하라. 팀원들이 다른 선택지가 없을 때만 당신을 찾길 바라는가, 아니면 당신을 동료로 여기고 마음껏 활용하길 바라는가? 역할 수행 중 팀원들이 어느 정도까지 위험을 감수하길 바라는가? 팀원들이 어떤 기준에 따라 결정을 내렸으면 좋겠는가?

**성장에 관하여**

팀원의 업무 능력이 성장하도록 당신은 어떤 역할을 해줄 것인가? 성장하기 위한 계획을 팀원에게 제시해줄 것인가? 아니면 팀원 스스로가 책임감을 갖고 맡은 분야에서 성장의 기회를 탐색하되, 당신과 협업하면서 구체적인 계획을 수립하도록 도울 것인가? 시간과 자원, 재정을 어느 정도까지 팀원들의 성장에 투자할 것인가? 부하 직원의 성장에 대해 명확한 지침을 갖는 건 무척 중요하다. 의욕에 차 뛰어난 성과를 거두는 리더일수록 팀원들의 성장에 관심이 많다.

**업무 수행에 관하여**

팀의 목표를 어느 정도로 정할 것인가? 너무 낮은 목표는 업무의 가치를 떨어뜨리고, 너무 높은 목표는 팀원들에게 애당초 성취할 수 없는 허상처럼 보이기 십상이다. 그러므로 골디락스* 기준을 찾아야 한다. 당신은 성과와 비교했을 때 관계를 얼마나 중요하게 생각하는가? 팀의 업무 수행능력을 평가

---

* 영국 전래동화에서 유래한 표현으로 너무 뜨겁지도 너무 차갑지도 않은 딱 적당한 상태를 의미한다. 경제 용어로 쓸 때는 과하지도 부족하지도 않은 적정한 상태를 의미한다.

할 때 가장 중요한 지표는 무엇인가? 팀의 성과를 평가할 때 당사자들의 피드백도 활용할 것인가?

업무 기대치를 고려하는 것은 곧 일과 삶 사이의 균형을 고민하는 일이다. 리더로서 당신이 균형에 대해 어떤 생각을 가지고 있었는지 면밀히 검토해보라. 팀이 일주일 동안 이 정도는 일했으면 하는 최소한의 시간 기준을 가지고 있는가? 팀원들이 주말도 없이 일주일 내내 일하길 바라는가? 야근에 대한 생각은? 휴가 때에도 일할 수 있어야 하는가? 자리를 비울 때는 다른 팀원에게 업무를 맡기길(이 방식은 디즈니의 핵심 전략이다. 디즈니는 365일 쉬지 않고 돌아간다) 기대하는가? 연례 성과 평가 시기마다 나는 내 나름대로 만든 '업무 실행과 우선순위 작동 방식'을 요긴하게 활용했다. 직원들은 리더가 기대하는 바를 명확히 알 때 더욱 책임감 있게 일한다.

## 솔직한 피드백을 이끌어내는 법

나는 서번트 리더십*의 열렬한 지지자다. 리더의 가장 큰 책무가 팀원들을 지지하고 도와주는 것이라 믿기 때문이다. 스포츠 팀의 코치를 떠올려보라. 리더도 코치처럼 팀원을 선발

---

\* Servant Leadership이란 다른 사람을 섬기는 방식의 리더십 이론이다. 부하 직원들과 목표를 공유하고 직원들의 성장을 도모하며 리더와 부하 직원과의 신뢰를 기반으로 조직의 성과를 달성한다.

7장
명확하고 합리적인
목표 설정

해서 훈련시킨다. 그리고 그들이 성장하는 데 필요한 도구와 원칙, 전략을 제공한다. 정리하자면 리더는 팀원들을 지지하고 응원하며, 팀원들은 최선을 다해서 맡은 업무를 수행한다.

팀원들에게 필요한 것을 적절하게 지원하려면 가장 먼저 질문을 던져야 한다. 이때 정답을 이끌어내는 효과적인 방법이 있다. 바로 '시작, 멈춤, 계속' 활동이다. 월트 디즈니를 이끌고 있는 리더들은 이 활동을 1년에 한두 번씩 빼먹지 않고 실시한다. 구체적인 진행 방법은 다음과 같다.

우선, 팀원들을 부담 없는 시간에 업무 공간이 아닌 편안한 장소로 모은다. 이 자리에서 당신은 리더가 팀원들의 성공을 위해 노력하고 있다는 말을 명확하게 전달해야 한다. 리더는 팀원을 돕기 위해 존재하는 사람이다. 그러니 팀원이 리더에게 기대하는 바를 반드시 파악해야 한다. 리더가 현재 무엇을 잘하고 있으며 앞으로 어떤 노력을 해야 할지 팀원들에게 물어보라. 이때 팀원들의 피드백을 적극적으로 받아들이려는 자세를 보여야 한다.

그리고 나서 플립차트* 세 개를 앞에 놓고, 팀원들이 차트에 적어야 할 내용을 알려준 뒤 90분간 자리를 비운다. 그사이 팀원들은 시작해야 하는 일, 멈춰야 하는 일, 지속해야 하는 일을 적고, 그것들의 우선순위를 정한다. 필요하다면 리더가 없는 동안 활동이 순조롭게 진행되도록 팀과 관계없는 사람(인사

---

\* 삼각대 등에 종이를 얹어놓고 한 장씩 넘길 수 있게 만든 차트

담당이나 이해관계가 없는 사람) 한 명을 사회자로 둘 수도 있다. 리더가 돌아오기 전에 팀원들은 결정한 사안들을 발표할 사람을 정한다.

시간이 다 되어 자리로 돌아온 리더는 팀원들이 작성한 피드백을 진지하게 들으면 된다. 모든 이야기를 들은 뒤에는 팀원들의 의도와 맥락을 제대로 이해했는지 꼭 질문을 던져서 확인하라. 이는 무척 중요한 과정이다. 이후 당신은 받은 피드백들의 실행 계획을 짜서 팀원들과 공유해야 하기 때문이다. 그러니 이 활동에서 리더로서의 당신의 생각이나 기록일랑 잠시 접어두자. 그리고 활동이 끝난 후에는 일주일 안으로 실행 계획을 팀에 보내라. 만약 팀원들과 함께 계획을 검토할 수 있다면 실행의 완성도가 높아질 것이다.

이 활동의 장점은 두 가지다. 첫째, 리더의 눈치를 보지 않기 때문에 팀원들의 솔직한 피드백을 들을 수 있다. 또 각 의견의 작성자를 알 수 없기 때문에 개인이 불이익을 당할 위험도 전혀 없다.

둘째, 이런 방식의 피드백은 리더인 당신이 지속적인 발전에 가치를 두고 있다는 점을 뚜렷하게 보여준다. 동시에 자신의 업무 성과도 기꺼이 공개하며 진솔하게 대화를 나누는, 허물없는 리더라는 사실을 알려줄 수 있다. 결코 쉬운 일은 아니다. 분명 피드백 내용에 상처를 입는 경우도 생길 것이다. 하지만 그 효과는 엄청나다고 장담할 수 있다.

피드백이 양방향으로 이루어지는 소통이라는 점을 명심

하라. 만약 어떤 일을 하거나 하지 않겠다고 결정했다면 그 이유를 반드시 팀원들에게 설명하라. 이것만으로도 팀의 분위기가 전보다 훨씬 나아질 것이다.

마지막으로, 개선점이 드러나면 반드시 실천하겠다는 마음을 먹고 계획을 철저히 세운 뒤 이 활동을 진행하자. 지나치게 과도한 목표를 세워서도 안 되겠지만 팀에 필요한 변화 자체를 포기해서도 안 된다. 실천하지 않아서 도리어 신뢰를 잃을 바에는 피드백을 아예 받지 않는 게 낫다.

## 리더십은 행동으로 증명된다

처음에는 이 책에서 롤 모델과 관련한 내용을 생략하려고 했다. 굳이 따로 떼어 다루지 않아도 다른 주제 속에 충분히 녹아 있다고 생각했기 때문이다. 게다가 우리는 본능적으로 누군가를 롤 모델로 삼는다. 살아가는 데 필요한 기술은 대부분 누군가를 모방하면서 습득하지 않던가! 우리가 서고, 걷고, 이야기하는 것은 모두 부모나 양육자를 보고 따라 하면서 배운 것이다. 더 나아가 가치관과 특징, 행동하는 방식도 모두 누군가의 영향을 받아 형성된다. 이렇듯 롤 모델은 우리에게 영감을 주고, 동기를 부여하며, 용기를 준다. 롤 모델은 우리가 학습을 통해 발전하며 진화하게 해주는 원천이다.

올바른 조직문화를 정립하는 데도 롤 모델은 무척 중요한 역할을 한다. 롤 모델은 팀원들에게 리더가 원하는 행동 방식을 제시하는 가장 쉬운 방법이다. 이를 잘 활용하면 중요한 문제에 관해서 원활하게 소통할 수 있고, 직원들을 손쉽게 교육하며 팀 전체에 동기를 부여할 수 있다. 이처럼 롤 모델은 훌륭한 리더십을 갖추기 위한 필수 조건이다.

그래서 고민 끝에 롤 모델을 다루기로 결정했다. 이제 롤 모델이 갖는 힘과 회사에 미치는 영향에 관한 새로운 사례들을 소개하려 한다.

2014년, 내가 디즈니 할리우드 스튜디오의 부사장으로 재직할 때의 일이다. 크리스마스가 다가오면서 우리 팀은 할리우드 스튜디오가 개최하는 '빛 축제' 준비로 분주해졌다. 그해에도 참석 예정자에 비해 주차시설은 턱없이 부족해서 어려움이 많을 것으로 예상됐다. 나는 스튜디오의 캐스트 멤버들에게 불편하더라도 조금 떨어진 ESPN 와이드 월드 스포츠 센터에 차를 주차해달라고 부탁했다. 고객들에게 넉넉한 주차 공간을 마련해주기 위한 조치였다. 캐스트 멤버들의 출퇴근을 돕기 위해 셔틀 차량도 준비했다. 차를 먼 곳에 주차하고 셔틀버스로 출근하는 데는 평소보다 30분가량 더 소요됐고, 당연히 캐스트 멤버들은 그 결정을 마뜩잖아했다.

이 결정이 발표되자마자 몇몇 캐스트 멤버들이 뜻을 모아 내게 직접 항의 전화를 했다. 나는 우선 그들이 자기 의견을 충분히 주장할 수 있도록 몇 분간 잠자코 듣기만 했다. 그러고 나서 그들이 어느 정도 진정했을 때 내 이야기를 시작했다. 우

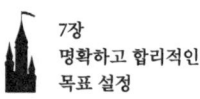

선 그들에게 전화해줘서 고맙다고 말하며 캐스트 멤버 모두가 같은 상황이라는 점을 알려주었다. 또한 이 조치가 캐스트 멤버들에게 어떤 영향을 미치는지도 충분히 이해한다고 말했다. 마지막으로 캐스트 멤버들에게 불편한 결정을 내렸으니 나를 포함한 임원들도 차를 스포츠 센터에 주차하고 셔틀버스를 타기로 결정했다는 점을 알려주었다. 사실 내 사무실이 있던 무대 바로 뒤편 공간을 활용하면 임원들 차량 20대 정도는 주차할 수 있었다. 하지만 나는 모든 임원이 직원들과 함께 기꺼이 셔틀버스를 이용함으로써 결속력을 다져야 한다고 생각했다.

임원들에게는 이 성가신 결정을 따르지 않을 권리가 있었다. 하지만 이 일에는 우리의 명성이 달려 있었다. 이처럼 팀원들에게 더 큰 노력을 요구하기 위해서는 리더 자신이 먼저 솔선수범하며 직원들과 노고를 함께해야 한다. 항상 누군가 지켜본다는 사실을 명심하라. 직원들은 리더가 무슨 말을 하는지, 어떤 일을 어떻게 처리하는지 지켜보고 있다. 그뿐만 아니라 관찰한 것을 토대로 리더에게 무엇이 중요한지를 파악하고, 좋든 나쁘든 리더의 행동을 따라 한다. 만약 당신이 직원들에게 안전을 강조해놓고 정작 뒤에서는 난폭운전을 일삼는다면, 직원들도 자연스레 안전을 경시할 것이다. 왜냐면 리더가 안전을 중시하지 않기 때문이다. 신뢰를 강조하던 부모가 거짓말을 하는 모습을 보고 자란 자녀는 거짓말을 일삼게 되는 것과 비슷한 이치다. 모범을 보이는 자세는 리더에게나 부모에게나 매우 중요한 일이다.

팀의 목표를 정할 때 가장 중요한 것은 리더의 행동이다. 무엇이 중요한지, 본인이 팀과 팀원들을 얼마나 생각하고 아끼는지, 자기 말에 얼마나 진정성이 있는지를 보여주는 것은 다름 아닌 행동이기 때문이다.

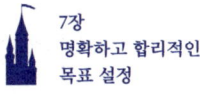

7장
명확하고 합리적인
목표 설정

## 핵심 정리

팀의 기대치를 설정하고 성취하는 방법

1 자기만의 '업무 실행과 우선순위 작동 방식'을 만들라. 그리고 이를 직속 부하 직원들과 공유하라.

　* 핵심 주제들을 살펴보면서 리더로서 자기의 철학을 점검해 보라.

　　- 리더십
　　- 의사소통
　　- 문제 해결
　　- 개발
　　- 실행

2 '시작, 멈춤, 계속' 모임을 가지라. 그리고 계획을 세워 피드백을 이행하라.

3 목표를 정했다면 자기가 직접 롤 모델이 되라.

# 8장

# 적절한 보상과 인정

디즈니의 내 책상 서랍에는 '정말 잘했어!' 칸이 있었다. 나는 실수를 저질렀거나 잘못된 결정을 내렸을 때, 혹은 유난히 긴 하루를 보낸 뒤에는 이곳을 들여다보곤 했다. 그 속에는 감사하다는 내용의 쪽지, 상사의 축하 메시지, 직원들과 고객들이 나를 칭찬하는 편지 등이 가득했다. 이는 과도한 자책에서 벗어나 용기를 낼 수 있는 나만의 비법이었다.

많은 직원이 나처럼 격려의 쪽지를 모으곤 했다. 보통 그 쪽지들에는 프로젝트를 잘 마친 것을 칭찬하거나 혹은 꾸준히 좋은 성과를 보여주어 감사하다는 말이 적혀 있었다. 끊임없는 노력을 응원한다는 격려도 많았다. 그것들을 차곡차곡 모아서 서랍에 보관하는 이도 있고 지갑에 넣어 가지고 다니는 이도 있다. 어떤 캐스트 멤버는 내가 건네준 쪽지 중 한 장을 액자에 넣어 집 거실에 걸어두기까지 했다. 그 작은 종잇조각이 그토록 소중한 대접을 받을 줄 누가 알았겠는가? 나폴레옹 보나파르트는 이렇게 말했다. "병사는 훈장 하나를 받기 위해 길고도 험난한 싸움을 할 것이다." 나 또한 그렇다!

## 조직에 활력을 불어넣는 보상과 인정

한 조직에 오랫동안 몸담고 생활하면서 나는 보상과 인정이 얼마나 강력한지, 그것이 내게 어떤 영향을 미치는지 분명히 이해하고 체감했다. 그렇기 때문에 내가 속한 모든 조직에서 적절한 수단과 방법으로 사람들이 서로를 인정해주는 분위기를 조성하려 노력했다.

강연을 할 때마다 왜 반드시 구성원의 성과를 인정하고 보상을 주어야 하는지 청중에게 묻곤 한다. 그러면 청중은 합리적이고 올바른 답을 제시한다. 예를 들어 동기부여를 위해, 기분 좋게 해주려고, 감사하는 마음을 전달하기 위해 등이다. 하지만 나는 무엇보다도 인정과 보상이 리더십의 강력한 도구라고 생각한다. 인정과 보상은 조직 전체에 생산적인 방향으로 조직문화가 구축되도록 돕는다.

어느 직원이 매장으로 들어오는 모든 고객을 문까지 가서 정성껏 맞이했는데, 그 모습을 내가 보았다고 가정해보자. 그런 태도가 지극히 합리적이며 반드시 필요한 자세라고 생각한 나는 그 직원을 인정하고 칭찬한다. 그러면 그 말을 들은 직원은 자기가 옳았다고 확신하면서 앞으로도 그런 태도를 유지한다. 다른 예로, 캐스트 멤버가 좀 더 안전하게 일하길 원한다고 가정해보자. 그러면 내가 할 일은 안전한 근무환경을 만들고자 노력하는 직원이 없는지 주의 깊게 살펴보는 것이다. 캐스트 멤버가 좀 더 예의를 갖추기 바란다면 어떨까? 배려 깊고 존중 넘치는 태도로 훈훈한 미담을 만들어낸 사람을 칭찬한다. 이쯤이면 내가 디즈니에서 어떤 식으로 보상하고 인정했는지 이해했을 것이다.

디즈니에서는 고객들이 보내주는 의견, 편지, 소셜 미디어 포스팅 등을 검토하는 시간을 정기적으로 가진다. 종종 특정 직원을 칭찬하는 고객의 편지나 의견이 접수되곤 했다. 그럴 때면 나는 그 직원에게 직접 감사의 편지를 써서 고객의 의견과 함께 전달했다. 누군가가 자신이 받은 서비스에 대해 감사를 표했다는 걸 직원이 알아야 한다고 생각했고, 나 또한 그 직원이 훌륭한 서비스를 제공한 것에 대해서 감사를 표해야 한다고 판단했기 때문이다.

기업에서 직원은 무척 중요하다. 이들은 자신들이 중요한 존재라는 사실을 알아야 한다. 디즈니와 매직 킹덤에서 보낸 마지막 몇 년 동안 내 조수인 캐슬린은 칭찬 편지를 컴퓨터 문서로 정리하는 작업을 도와주었다. 나 혼자 처리하기에는 양이 너무 많았기 때문이다. 이것도 문제라면 문제일 테지만, 나는 이 문제를 해결하는 내내 즐거웠다.

8장
적절한 보상과 인정

## 어떻게 인정해야 하는가

　디즈니에서 나는 '자발적 인정'과 '프로그램 주도식 인정'이 어떻게 다른지를 배울 수 있었다. 그리고 나는 프로그램 주도식 인정도 필요하다고 생각한다. 예를 들면 이달의 직원상, 이달의 실적상, 근태상 같은 것이다. 정해진 프로그램에 따라 누군가를 인정할 때는 그 기준이 명확해야 한다. 즉, 조직 내 모든 사람이 이해하고 수긍할 수 있어야 한다. 나는 몇 년 동안 이런 프로그램을 진행해오면서, 동료들의 인정을 반영해야 그 상이 권위를 얻고 팀 내에서 더 많은 힘을 발휘한다는 것을 깨달았다. 물론 적절한 사람에게 상을 줄 때만 해당된다.

　그런데 프로그램 주도식 인정에는 유통기한이 있다. 효력이 몇 주 만에 떨어질 수도 있고, 몇 달 동안 지속되는 경우도 있다. 팀에 기대하는 행동 방식을 장려하는 건 계속하되 프로그램에 변화를 줘야 한다. 빛바랜 방식이 되거나 신뢰를 잃을 때까지 굳이 기다릴 필요는 없다.

　이와 달리 자발적 인정은 하는 사람과 받는 사람 모두에게 동기부여가 되고 직장 생활을 즐겁게 만들어준다. 자연스러운 인정 방식은 짧게 이루어져야 하며, 상대의 행동을 관심 있게 지켜보았다는 의미가 담겨 있어야 한다. "고맙습니다"라는 단순한 문자나 짤막한 이메일로 충분할 때도 있다. 그리고 빨리 인정해줄수록 효과가 크다.

하지만 업무에 쫓기다 보면 누군가를 인정해주어야 할 때 정작 다른 사안에 몰두하거나 시급한 문제를 처리하는 경우가 많다. 그러는 동안 인정하는 일은 저 뒷전으로 밀려나게 된다. 당신은 직원의 훌륭한 태도를 분명히 두 눈으로 목격했다. 따라서 직원을 인정해야 한다. 하지만 늘 행동으로 옮기진 못한다. 그렇게 시간이 흘러가버리면, 칭찬해야 할 일도 서서히 묻혀서 잊히게 된다.

내 아내는 종종 다른 사람을 인정하기가 어렵다고 말했다. 물론 프랑스 사람들이 대체로 칭찬에 후한 편이 아니라는 점을 고려해볼 때, 미국과 프랑스의 문화적 차이 때문에 아내가 그렇게 생각했을지도 모른다. 어쨌거나 이런 문제 때문에 아내는 다른 사람을 인정하고 칭찬하는 자기만의 방식을 개발해야 했다. 그러던 어느 날, 아내는 어디에서 배운 것인지 알 수 없는 한 가지 방법을 고안했다. 먼저 매일 아침 오른쪽 주머니에 동전 다섯 개를 넣는다. 그 동전들은 일종의 장치다. 훌륭하게 업무를 해낸 팀원, 동료, 파트너들에게 바로 그 자리에서 고마움을 표현해야 한다는 걸 상기시키는 역할을 한다. 이제 고마움과 인정을 한 번 표현할 때마다 오른쪽 주머니에 있는 동전 하나를 왼쪽 주머니로 옮긴다. 이런 방식으로 일과를 마칠 때까지 동전 다섯 개를 모두 왼쪽 주머니로 옮기는 것이 목표다. 즉, 날마다 최소 다섯 명에게 고마움을 표현하고 그들의 행동을 인정해주겠다는 뜻이다. 첫 주는 꽤 힘들어했다. 동전 다섯 개를 오른쪽 주머니에 그대로 지닌 채로 오는 날도 많

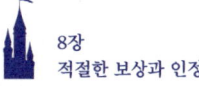

8장
적절한 보상과 인정

왔다. 하지만 시간이 흐르면서 아내는 이 일에 점점 익숙해졌고, 나중에는 상대의 공로를 인정하고 감사하는 것을 즐기게 되었다. 결국 해낸 것이다!

이처럼 자신에게 맞는 인정 방식을 찾으면 된다. 내 아내처럼 자신만의 규칙을 만들 수도 있으며, 상상력을 발휘해서 색다르고 즐거운 방식을 고안할 수도 있다. 어느 쪽이든 상관없다. 창의력을 발휘해 자신만의 방식대로 칭찬과 인정을 해주기만 하면 된다. 매직 킹덤 엔터테인먼트 부사장인 레이첼은 매주 회의 시간에 칭찬 시간을 따로 마련했다. 칭찬 의식은 업무 성과가 우수한 직원에게 감사의 편지를 읽어주는 것으로 시작해서 팀원들이 기립 박수를 쳐주는 것으로 마무리되었다. 상품부의 뎁은 작은 사탕 꾸러미를 만들어 왔다. 그리고 디즈니랜드 테마파크 이곳저곳을 돌아다니다가 고객 응대가 훌륭한 캐스트 멤버를 보면 그 자리에서 즉시 사탕을 건네주곤 했다. 나도 캐스트 멤버들이 훌륭한 성과를 내는 모습을 우연히 마주칠 상황에 대비해 항상 바나나빵을 구워 왔다. 이 빵은 내 이름인 댄의 'D'와 '바나나'를 합성해 '다나나빵'으로 불리게 되었다. 놀랍게도 몇 년이 흐른 뒤에도 많은 직원들이 이 빵을 기억해주었다. 물론 당신더러 당장 빵을 구우라는 말은 아니다. 오래 지속할 수 있는 자신만의 간단한 인정 방식을 만들도록 권하는 것이다. 나는 이렇게 행동하며 선한 업보를 쌓고 있다고 믿는 걸 좋아한다. 직접 구운 빵을 누군가에게 나눠 주며 하루를 시작하는데, 그런 사람에게 과연 나쁜 일이 생길 수가 있겠는가?

당부할 점이 한 가지 더 있다. 앞에서도 언급했듯 개인적인 삶과 직장에서의 삶은 구분되어 있는 것이 아니다. 그러므로 우리는 자기 삶 전체를 바라보아야 한다. 삶은 오직 하나뿐이다. 이는 팀원들에게도 마찬가지다. 나는 팀원들의 야근이나 추가 근무가 가족과 보낼 시간을 빼앗는 일이라는 점을 잘 알고 있었다. 그래서 나는 추가 근무에 가장 크게 영향받는 직원의 배우자나 자녀들에게 항상 감사의 마음을 표현했다. 정신없이 바쁜 크리스마스 기간이 끝나면 나는 그동안 고생한 직원들의 가족에게 저녁 식사권을 보내주었다. 그러면서 우리 회사가 귀하의 배우자나 파트너, 혹은 가족의 시간을 쓸 수 있게 해주셔서 감사하다고 인사를 건넸다. 이는 그동안 회사가 가져갔던 시간들을 직원들과 그들의 가족에게 되돌려주는, 간단하면서도 유용한 방법이다.

## 열쇠 하나로 모든 문을 열 수는 없다

파리 디즈니랜드의 개관을 준비하면서 나는 주차 관리팀에 '개근' 프로그램을 도입했다. 병가나 결근이 없었던 직원을 따로 분류해서 '2주 완벽 출근자', '1개월 완벽 출근자' 등의 명단을 작성한 다음 직원 휴게실에 붙여두었다.

프로그램을 시작하고 몇 달이 지난 뒤, 개근 프로그램을 모두 달성한 직원은 단 한 명뿐이었다. 그런데 어느 날 그 직원이 나와 조용히 이야기를 나누고 싶다고 했다. 그는 자신을 인정해주는 것에 대해서는 감사하고 있지만, 다른 직원들이 자신들보다 '근무 태도가 좋은 것' 때문에 지금 자기를 몹시 괴롭힌다고 털어놓았다. 얼마나 심하게 당했던지 그 명단에서 자신의 이름을 내려주지 않는다면 어쩔 수 없이 병가를 내야 할 지경이라 말했다. 그와 대화하고 나서 나는 개근 프로그램을 즉시 중단했다. 문화적 차이가 나에게 또 다른 좋은 교훈을 가르쳐준 셈이다. 이 프로그램은 월트 디즈니 미국 본사에서는 무척 효과적이었다. 그러나 프랑스 사람들은 대체로 공개적 칭찬보다는 뒤에서 사적으로 인정받기를 선호했다. 그런 그들이 볼 때 이 개근 프로그램은 불쾌하기 짝이 없었던 것이다.

내 경험을 돌이켜 보면, 미국의 경우는 프랑스와 확연하게 달랐다. 미국인 직원들을 인정하고 칭찬할 때는 축하 풍선이라도 마련하여 확실한 징표를 보여주는 게 효과적이었다. 그 자리에 친구나 가족까지 초대할 수 있다면 금상첨화다. 그러면 인정을 받은 당사자는 감사 연설을 하고 동료들은 맞장구치며 금세 시끌벅적한 칭찬 파티가 벌어지곤 했다. 무엇이 더 좋고 나쁜지의 문제가 아니다. 이건 '차이'의 문제다. 그것이 그들의 본래 모습이다. 그저 다를 뿐이다. 그리고 이 문화적 차이가 많은 것을 결정짓는다.

이런 실수를 범하지 않으려면, 팀원들에게 어떤 방식으로 인정받는 것이 좋은지 직접 물어보라. 개인적으로 조용히 인정받기를 원하는 직원도 있을 것이고, 다른 이들 앞에서 공개적으로 인정받기를 원하는 직원도 있을 것이다. 누군가에게 인정받을 때 마음의 평화를 느낀다고 말하는 직원도 있을 것이다. 그들에게는 주기적으로 잘하고 있다는 칭찬을 해주어야 한다. 말로 하는 칭찬은 아무 소용 없으니 말 대신 행동으로 보여달라고 요구하는 이도 있을 것이다. 뭐든 좋다. 어떤 방식으로든 인정하고 칭찬하라! 직원을 대상으로 한 설문조사에서는 항상 인정과 보상 프로그램에 대한 평가 점수가 가장 낮다. 디즈니에서도 우리 임원들은 다양한 프로그램과 각종 상을 제공하며 충분히 보상하고 인정해주었다고 생각했지만, 늘 평가에서는 인정과 보상 프로그램이 가장 낮은 점수를 받았다. 보상과 인정도 다른 업무 분야처럼 다양한 접근 방식이 필요하다. 보상 및 인정 프로그램을 진행하는 건 확실히 하되, 개인의 특성에 맞게 프로그램을 조정하라. 그러고 나서 조직에 필요한 행동 방식을 강화하는 방향으로 진행하라.

### 개인과 팀이 모두 빛나게 하라

조직의 성과는 개인의 성과와 팀의 성과로 이루어진다. 두 가지 성과를 균형 있게 지원하는 문제는 26년 직장 생활 동안 나를 따라다닌 딜레마였다. 어떤 행동을 독려하고 보상하느냐에 따라 개인과 조직의 행동이 달라진다. 다음 표는 각각

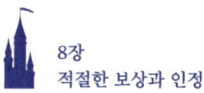

의 환경에 따른 결과를 보여준다.

|  | 팀 격려에 소극적 | 팀 격려에 적극적 |
|---|---|---|
| 개인 격려에 적극적 | 협동 수행력이 낮음<br>불건전한 경쟁 | 파트너십<br>협동<br>개인 주도성<br>상호 책임<br>조직의 활력 |
| 개인 격려에 소극적 | 제 기능을 하지 못함<br>성과 없음 | 팀 내 불만 증가<br>불공정하다는 인식 팽배<br>의욕 상실 |

 리더가 개인의 성과를 위주로 팀을 평가한다면 팀원들의 협동 업무 성과는 자연스레 떨어진다. 더 나아가 개인의 성과를 과대평가한다면, 직원들은 어떻게든 상사의 눈에 띄어 자신의 가치를 인정받는 데만 골몰하게 된다. 이런 상황이라면 팀원들은 서로를 뒷받침해주지 않고, 더러는 다른 팀원이 실패하도록 내버려두기도 한다. 자신의 성취를 돋보이게 할 수 있는 편리한 방법이기 때문이다.

 반면 팀 성과 위주로 평가하는 데도 위험은 있다. 어느 팀에든 남들보다 공헌도가 높은 유능한 인재가 있기 마련이다. 이렇듯 뛰어난 인재는 자신의 노력에 대해 인정이나 보상을 받지 못할 경우 일할 의욕을 급격히 잃어버린다. 조직에서 자신의 능력을 발휘하지 않기로 마음먹거나, 더 심한 경우 아예 조직을 떠나버리기도 한다.

조직이 잘 운영되려면 개인의 성과와 팀의 성과 모두 우수해야 한다. 지나치게 복잡하고 빠르게 변화하는 현대사회에서 한 사람이 모든 것을 해낼 수는 없다. 팀이 성공하기 위해서는 구성원 전부의 관점과 지식, 지혜, 공헌이 필요하다. 팀의 힘은 바로 협업에 있다.

동시에, 팀을 앞으로 나아가게 하기 위해서는 개개인의 재능이 반드시 필요하다. 하지만 뛰어난 개인이 자기 혼자 슈퍼스타가 되는 상황은 항상 경계해야 한다. 이러한 점은 디즈니 파크앤리조트의 전직 회장 톰 스택스가 항상 강조했던 '조직의 활력'이라는 개념에 잘 드러나 있다. 이 개념은 단순하다. 리더인 당신은 개개인이 최상의 업무 능력을 발휘할 수 있게 이끌어야 하지만, 그러면서도 직원들이 협력하고 공동으로 작업하며 시너지를 낼 수 있게 해야 한다.

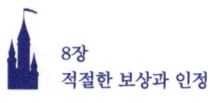

8장
적절한 보상과 인정

## 핵심 정리

**최대의 성과를 이끌어내는 인정·보상 방법**

1 누군가를 인정하기 전에 그가 어떤 방식으로 인정받기를 원하는지 파악하라. 일대일로 조용히 인정받는 것을 선호하는가, 아니면 사람들 앞에서 공개적으로 인정받는 상황을 선호하는가? 서류나 문서를 통해 인정받는 방식을 선호하는가, 아니면 말로써 인정받는 걸 선호하는가?

2 매일 크건 작건 직원의 성과와 업무 능력을 인정하고 칭찬할 기회를 찾으라.

3 나만의 칭찬과 인정 방식을 만들라. 칭찬과 인정은 누구에게나 어렵기 때문에 자연스럽게 할 수 있도록 노력해야 한다.

4 자연스럽게 칭찬하고 인정하는 것과 프로그램을 짜서 하는 것을 어떻게 혼합해야 최대의 효과를 낼 수 있을지 고민하라.

5 팀원들이 당신의 기대에 맞는 성과를 냈을 때 인정하고 보상하라. 그렇게 한다면 당신은 가치 있다고 생각하는 측면들을 충분히 강화할 수 있을 것이다.

# 9장

# 효과적인 피드백

1993년, 파리 디즈니랜드에서 1년 정도 근무했을 무렵이었다. 내가 그토록 두려워해온 업무를 처음으로 맞닥뜨리게 되었다. 바로 직원 해고였다.

내가 해고해야 할 사람의 이름을 장 피에르라고 해두자. 피에르는 업무 성과가 줄곧 부진했고, 결국 나는 그에게 직접 해고를 통보할 수밖에 없었다. 나는 직장에 출근한 그를 내 사무실로 부른 뒤 그와 마주 앉았다. 나는 왜 이런 결정을 내리게 되었는지 정성껏 설명했다. 디즈니에서 그의 경력이 끝났다는 말을 전하는 데는 어느 정도 시간이 걸렸다. 내 서툰 프랑스어 실력도 문제였지만, 대화의 준비가 미흡했다는 점이 컸다. 무척 불편하고 괴로운 시간이었다. 마침내 대화가 끝났고, 장 피에르는 사무실을 나갔다. 안도의 한숨을 쉬며 나는 본래의 업무로 돌아갔다. 그런데 얼마 지나지 않아 장 피에르가 여전히 자기 업무를 하러 주차장으로 돌아갔다는 사실을 알게 되었다! 내 피드백이 그에게 제대로 '전달'되지 않은 것이 분명했다('전달'이라는 단어에 관해서는 잠시 뒤에 설명하겠다).

디즈니에서 일한 지 얼마 되지 않았을 때도 이와 비슷한 이유로 곤경에 빠진 적이 몇 번 있었다. 대부분 내가 피드백을 정확히 전달하지 못해 생긴 문제였다. 나는 이런 성격의 피드백을 전달하거나 통보할 때면 늘 초조하고 속이 뒤틀리는 느낌을 받았다. 지나치게 불안해하고 걱정한 탓이었다. 더구나 내가 피드백을 전달하는 데 서툴다는 사실을 잘 알고 있었기에 그런 상황에 처할 때마다 가시방석에 앉은 기분이었다.

우리는 왜 누군가에게 부정적인 피드백을 주는 걸 꺼리는가? 몇 가지 예를 들 수 있다.

- 두렵다.
- 관계를 망가뜨리고 싶지 않다.
- 상대의 반응이나 감정이 걱정된다.
- 무슨 말을 어떻게 해야 할지 모르겠다.
- 사실 모든 상황을 꿰뚫고 있지 않다.
- 한 번도 이런 말을 해본 적이 없다.

목록은 끝도 없이 이어질 것이다.
하지만 팀이 성공하기 위해서는 아무리 불편하더라도 반

드시 피드백을 해야 한다. 그래서 나는 관련 책을 읽었고, 좋은 피드백에 관해 사람들과 토론했으며, 경험 많은 사람들이 피드백하는 모습을 관찰했다. 그리고 누군가에게 피드백을 받을 때면 내 감정과 반응을 살펴보았다.

나는 곧 '피드백'이라고 부르기보다 '쪽지'라고 부르는 게 더 낫다는 걸 깨달았다. 피드백보다는 쪽지가 훨씬 어감이 좋고 긍정적인 분위기를 풍긴다. 당신이 연기자나 댄서, 가수처럼 엔터테인먼트 분야에서 활동한다고 생각해보자. 어떤 공연을 마치고 무대에서 내려오면 담당 감독이 당신에게 와서 쪽지를 건네줄 것이다. 쪽지에는 '다리를 더 높이 치켜올리는 게 훨씬 나을 듯함', '더 자주 웃을 것', '음정이 불안했음', '무대에서 더 빨리 이동해야 함' 같은 메시지가 적혀 있다. 출연자들은 이런 피드백이 무척 익숙하고 심지어 이를 기다린다. 피드백은 업무의 일부다. 그래서 그들은 이렇게 생각한다. "무대에서 공연을 한 뒤 쪽지를 받는 건 당연한 일이야. 쪽지에는 내가 더 잘할 수 있도록 도와주는 감독님의 지시가 쓰여 있어. 이걸 참고하면 나는 분명 더 성장할 수 있을 거야."

엔터테인먼트 산업에서 피드백은 너무나 정당하고 당연한 문화다. 그렇다면 이것을 비즈니스 조직문화에 어떻게 이식할 수 있을까? 어떻게 하면 부정적인 내용의 피드백조차 긍정적으로 받아들여질 수 있는 문화를 만들 수 있을까? 어떻게 해야 피드백이 선고나 통보 같은 예외적인 사건이 아닌 일상적이고 정기적인 일로 여겨질까?

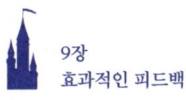

9장
효과적인 피드백

## 피드백이 어려운 이유

분명히 짚고 넘어가야 할 사실이 있다. 현재 대부분의 직장인들이 업무 실적과 무관하게 긍정적인 피드백만을 받고 있다는 점이다. 청소년 운동 경기의 응원석에 앉아본 적이 있다면 이 말이 무슨 뜻인지 이해할 것이다. 그곳에서는 긍정적인 피드백만 오간다. 시대의 흐름이 이렇다 보니 사람들은 부정적인 피드백을 버거워한다. 이전까지 한 번도 그런 피드백을 받아본 적이 없기 때문이다.

'헬리콥터 부모'\*나 '제설기 부모'\*\* 밑에서 자란 사람은 피드백을 수용하거나 어려운 결정을 내릴 때 특히 괴로워한다. 언젠가 대학생 인턴 프로그램으로 들어온 23세 직원을 만난 적이 있다. 그 직원은 자기가 디즈니 트레이너(업무 최전방 역할보다 한 단계 높은 직책)로 선발되지 않아 몹시 충격에 빠져 있었다. 나는 그에게 아직 배울 것들이 많으니 괜찮다고 말했다. 하지만 그는 이렇게 반응했다. "절 이해하지 못하시는군요. 저는 한 번도 실패한 적이 없었다고요!"

오늘날의 문화에 내재된 위험은 이뿐만이 아니다. 너무나

---

\* 자녀의 일거수일투족을 관리하고 도와주는 과잉보호 양육 방식
\*\* 헬리콥터 부모에서 한 걸음 더 나아가 자녀가 실패와 좌절을 겪지 않도록 무슨 일이든 서슴지 않고 하며, 자녀의 성공에 방해되는 모든 장애물을 치워주는 유형의 부모

많은 사람들이 성공에 따라오는 긍정적인 결과만을 바라본다. 그리고 2장에서 논의했듯, 이들에게 실패란 곧 수치를 뜻한다. 이 때문에 점점 더 방어적으로 변화하고, 부정적인 피드백이 성장할 기회라는 점을 보지 못한다. 그러고서 자신이 해온 방식을 답습한다. 이런 상황이라면 더 나은 결과를 기대하는 게 지나친 욕심일 수밖에 없다.

마지막으로, 누군가에게 쓴소리하는 것을 불편하게 여기다 보니 피드백을 계속 미룬다. 그래서 반드시 전달해야 할 피드백마저 제때에 주지 못한다. "피드백에서는 침묵이 곧 실패다!"라는 말을 명심해야 한다. 피드백을 미룰수록 전하는 사람과 받아들이는 사람 모두 힘들어진다. 만약 실적이 부진한 직원에게 피드백을 주지 않는다면, 그 직원은 자기가 무엇을 잘못하고 있는지 모른 채 계속 동화 속에서 살아갈 것이다. 무엇보다 이런 태도가 다른 직원에게도 옮을 가능성이 크다. 우물에 푼 독이 서서히 퍼져나가는 것이나 마찬가지다. 이렇게 조직문화는 무너져간다. 용납할 수 없는 행동을 보고 그저 눈살만 찌푸리며 넘기다 보면, 그 행동은 언젠가 용인될 뿐 아니라 관행으로 굳어진다.

피드백의 가치를 알고 일상에서 이를 실천하는 문화를 만드는 주체는 바로 리더다. 이는 더 나은 조직, 더 높은 성과를 내는 조직을 만드는 유일한 길이다. 피드백을 쪽지라고 부르건 무어라고 부르건 상관없다. 다만 피드백이 없다면 조직이 발전할 수도 없다는 점을 항상 명심하자.

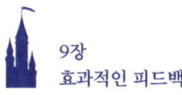
9장
효과적인 피드백

## 효과가 보장된 피드백 기술

### 피드백을 주기 전

미리 계획을 세워야 피드백 중에 감정이 요동치거나 뇌 편도체에서 투쟁도피반응*이 일어나도 침착하게 대응할 수 있다. 계획은 어떤 상황에서도 합리적이고 효과적이며 수준 높은 대화를 하게 만드는 마법의 도구다.

피드백 계획을 세울 때 다음 세 가지 질문을 해보자.

**1  이 관계의 특징은 무엇인가?**

어느 오후, 나는 인사부장과 디즈니랜드 테마파크를 함께 걷고 있었다. 그러다 저 멀리 누군가가 카트 뒤에 몸을 숨기고 있는 모습을 봤다. 판매부 캐스트 멤버 짐이었다. 나는 짐에게 다가가 큰 목소리로 인사를 건넸다. "안녕, 짐. 얼른 엉덩이 들고 나와서 인사 좀 해. 당신의 아름다운 미소를 보려고 큰돈을 지불한 고객들이 목 빠지게 기다린단 말이야." 그러자 짐은 웃으며 카트 앞으로 나왔다. "미안해요, 댄. 뒤에서 게으름 피우고 있었는데 걸려버렸네요!"

---

\*  fight or flight response. 스트레스나 긴장 상황이 발생했을 때 뇌에서 맞서 싸울 것인지 도망갈 것인지를 선택하는 현상

하지만 옆에 있던 인사부장은 짐의 얼굴을 걱정스러운 듯 바라보더니 이렇게 말했다. "댄, 직원에게 '엉덩이'를 들고 나오라니요! 너무 무례한 말 아닌가요? 그러면 안 돼요." 맞는 말이었다. 하지만 그가 모르는 사실이 있었다. 나와 짐이 20년 동안 알고 지냈으며, 무척 신뢰하는 사이라는 점이었다. 말하자면 짐은 나의 청음초* 중 한 명이었다. 그는 오랫동안 최전방에서 현장의 목소리를 내게 전해주었다. 짐은 훌륭한 직원이었고, 우리는 서로를 존중했다. 그리고 불과 몇 주 전, 짐은 내게 '상아탑'에서 무거운 '엉덩이'를 들고 나와 고객이 있는 현장으로 자주 오라고 충고한 참이었다. '엉덩이'는 우리가 평소에 소통할 때 쓰는 단어였다. 물론 아무에게나 할 수 없는 말은 맞다. 하지만 평소 관계를 생각해볼 때, 나는 친근한 단어를 사용했을 뿐이다.

이것이 내가 부하 직원들과 소통하는 방식이었다. 나는 직원마다 각각 다른 방식으로 다가갔다. 나를 편안해하면서 신뢰하는 직원도 있었던 반면 그렇지 않은 직원도 있었다. 그래서 나는 항상 피드백의 스타일을 결정하기 전에 관계의 친밀도를 고려했다. 팁을 더 주자면, 당신이 각각의 직원을 얼마나 신뢰하는지를 생각해보고, 직원들이 당신의 의도를 좋게 받아들일지 나쁘게 받아들일지도 고려해보라. 그리고 그 직원

---

\* 적의 행동에 시의적절한 경고나 첩보가 될 음향을 청취할 목적으로 방어선 전방에 배치되는 경계 초소를 의미하는 군사용어

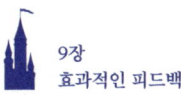

9장
효과적인 피드백

과 이전에도 이런 방식으로 대화한 적이 있는지, 대화 내용을 사적으로 받아들일 여지는 없는지도 생각해보자. 사람마다 접근 방식과 반응 방법을 다르게 하되 대화의 핵심은 명료해야 한다. 그러면 대화가 어색해질 일이 없다.

### 2 피드백의 결과로 기대하는 것은 무엇인가?

피드백을 할 때는 이를 통해 어떤 변화를 기대하는지를 직원에게 전달해야 한다. 피드백을 마친 뒤에는 당신의 기대가 어떻게 전달됐는지 꼭 확인하라. 피드백 내용을 바꾸라는 말이 아니다. 다만 내 경험에 비추어보았을 때, 피드백 전에 무엇을 기대하는지 깊이 생각할수록 더 나은 결과를 얻을 수 있었다. 한 번 말해서 고쳐지지 않는 고질적 문제라면 어쩔 수 없겠지만, 그 외에는 리더가 "미리 알았어야죠"라고 이야기하는 상황을 피해야 한다. 조직이 무엇을 기대하는지 명확하게 밝히는 것이 리더의 책임이다. 팀원들이 어떤 행동을 해도 될지 안 될지 추측하는 상황을 만들어서는 안 된다.

### 3 이 피드백을 주지 않는다면 무슨 일이 벌어질까?

나는 피드백을 주지 않아 생길 결과를 항상 생각한다. 당면한 문제에 정면으로 대처하지 않는다면 신뢰를 잃을 것이고, 결국 조직을 이끄는 능력도 잃게 될 것이다. 팀의 효율성이

나 생산성은 바닥으로 곤두박질할 것이다. 조직문화가 약해지는 건 말할 필요도 없다. 그러니 당면한 문제를 적극적이고 진지한 자세로 해결하려면 그 문제를 직접 다룰 용기도 내야 한다. 리더인 당신이 하지 않는다면 조직은 그 일을 대신할 사람을 고용해야 할 처지에 놓인다.

### 피드백을 전달할 때

첫 번째로, 피드백은 '성격'에 관한 것이 아니라 '행동'에 관한 것이다. 당신이 인정하기 힘든 행동을 한다고 해서 그 사람이 나쁜 사람은 아니다. 그저 적절하지 않은 선택과 몇 가지 그릇된 행동이 문제일 뿐이다. 우리는 피드백으로 한 사람의 인생을 평가할 수 없고, 그 사람이 어떤 사람이라고 정의를 내릴 수도 없다. 왜냐하면 피드백은 그 사람의 특정 행동이나 선택이 정해진 선을 벗어났다고 알려주는 것 그 이상도 이하도 아니기 때문이다. 선을 벗어났다고 알려주는 것이 피드백이며 바로 리더가 해야 할 일이다.

두 번째로, 피드백을 전하기에 적절한 어조를 찾아야 한다. 많은 리더들이 지나치게 거친 말투로 직원을 다그친다. 반면에 과할 정도로 부드럽게 피드백하는 이들도 많다. 우리는 이 두 유형 사이에서 골디락스처럼 딱 알맞은 말투를 찾아야 한다. 그러면서도 피드백을 할 때는 개인적인 감정을 배제해야 한다. 필요하다면 결정을 하루 미루는 것도 좋은 방법이다. 언제나 아드레날린의 영향이 가라앉은 후 어휘와 말투를 세심

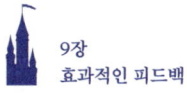

9장
효과적인 피드백

하게 택해 피드백을 전해야 한다.

다음은 세 가지 상황에 대한 접근 방식이다. '지나치게 온화함', '지나치게 강경함', '딱 적당함'의 예를 살펴보자.

### 늘 지각하는 직원에게

- 지나치게 온화함: "요즘 많이 바쁜 건 잘 알지만…."
- 지나치게 강경함: "항상 늦는군요. 도대체 뭐가 문제입니까?"
- 딱 적당함: "요즘 화상 회의 시간에 꾸준히 지각을 하는 것 같습니다. 당신도 혹시 그런 사실을 알고 있습니까?"

### 회의를 자주 방해하는 직원에게

- 지나치게 온화함: "회의 시간에 늘 좋은 의견을 적극적으로 제시하긴 하지만…."
- 지나치게 강경함: "회의를 늘 방해하는군요."
- 딱 적당함: "내가 요즘 회의 때마다 느낀 건데, 당신은 종종 다른 사람을 방해하는 것 같습니다. 알고 있습니까?"

### 빈정대는 투로 말하는 직원에게

- 지나치게 온화함: "유머 감각이 아주 뛰어나긴 하지만…."
- 지나치게 강경함: "당신의 말투는 전혀 재미있지 않습니다."
- 딱 적당함: "가끔 유머로 대꾸할 때가 있던데, 내게는 약간 빈정대는 것처럼 들립니다. 당신이 한 말에 내가 어떻게 반응해야 할지 모르겠네요."

적절한 말투와 어조로 피드백하기란 쉬운 일이 아니다. 오랜 시간과 노력이 필요하다. 하지만 부단히 연습하다 보면 언젠가는 각 사람에게 적합한 방식으로 능숙하게 피드백을 하고 있는 당신을 발견할 수 있을 것이다.

세 번째로, 사실관계를 제대로 파악하라. 리더는 구체적인 사실을 토대로 이야기해야 한다. 그러지 않고 신뢰를 얻기란 하늘의 별 따기다. 출근이나 판매실적처럼 명확하게 측정할 수 있는 영역의 자료는 쉽게 수집할 수 있다. 하지만 리더의 업무는 대부분 주관적이라서 통계 자료들만 판단의 기준으로 삼는다면 문제가 생길 수도 있다. 그러므로 리더는 모든 것을 부지런히 기록하는 습관을 들여야 한다. 크고 작은 사안들, 중대한 사안들과 사소한 일들까지 모든 것을 기록으로 남겨야 한다. 그래야만 어떤 상황을 맞닥뜨리든지 문제의 흐름을 빨리 파악할 수 있다. 그렇게 흐름을 파악하고 난 다음 이 부서에서 왜 골치 아픈 상황이 일어났는지를 꼼꼼하고 깊게 분석하는 것이다. 모든 해결 과정의 출발점은 평소에 업무나 조직과 관련된 것이라면 무엇이든 기록해두는 것이다.

네 번째로, 피드백이 바르게 '전달'되었는지 확인해야 한다. 만약 그렇다면, 상대가 그 말을 이해하고 수용해서 실제로 행동을 바꿀 것이다. 그것이 피드백을 주는 가장 근본적인 이유다! 따라서 피드백 후에는 상대가 그 내용을 소화할 수 있도록 시간을 주고 여러 단계의 내면화 과정을 거치도록 도우라. 그동안 자기의 태도가 업무에 어떤 영향을 미쳤고 어떤 결과

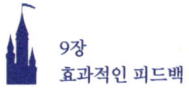

를 낳았는지 확실히 이해하게 만들라. 그 과정에서 상대의 말, 몸짓, 어투 등을 관찰하라. 상대에게 대답할 기회를 주고, 필요하다면 소명할 기회도 보장하라. 핵심은 소통의 주파수를 잘 맞추는 것이다. 당신은 내가 프랑스인 직원을 해고할 때 저지른 것과 같은 실수를 해서는 안 된다.

마지막으로, 조언을 하라. 리더는 직원이 더 성장할 수 있도록 도와주어야 한다. 피드백이란 발전하기 위해서 하는 과정이 아니던가? 그러니 직원에게 앞으로 기대하는 점과 잠재적인 성과를 알려주고, 구체적인 실천 계획을 물어보라. 잘못을 고치거나 부족한 점을 보완하려면 부담감과 책임감을 느껴야 하기 때문이다. 추가 교육을 실시하는 것도 좋고, 리더가 직접 본보기가 되는 것도 한 방법이다.

### 피드백을 전달한 후

피드백을 전달했다고 해서 끝이 아니다. 오히려 할 일은 더 많다. 피드백이 성공적으로 전달되었는지 여부는 며칠 혹은 몇 주 안으로 판가름 난다. 아마 당신은 자신이 전달한 대로 행동이 변하는 걸 보고 싶을 것이다. 그렇다면 피드백을 마친 뒤 아래 사항들을 실천해보라.

- 피드백 이후 직원의 행동을 관찰한다.
- 상대가 동의한 교육 및 훈련을 진행한다.
- 직원의 행동이 실제로 달라졌다면 이를 인정하고 보상하라. 아

무런 변화가 없다면 다음 단계를 준비하라.

한 번 더 대화를 해야 할 수도 있고, 서면으로 추가 논의를 할 수도 있다. 수정 사항을 간단히 메모해서 전달하는 것으로 끝날지도 모른다. 피드백 이후의 과정들은 공정하면서 직원에게 변할 기회를 주는 방향으로 이루어져야 한다. 하지만 가장 중요한 것은 직원의 행동이 반드시 변해야 한다는 것이다. 만약 피드백을 받고도 달라지지 않는다면, 그때는 해고 말고 다른 선택지가 없다.

혹시 궁금해할까 봐 덧붙인다. 파리에서 뜻밖의 상황을 겪었던 1993년의 그날, 나는 주차장에 있는 장 피에르를 다시 내 사무실로 불렀다. 그리고 이번에는 모호하지 않게 단호히 말했다. "당신을 해고합니다." 나는 제대로 된 프랑스어로 피에르에게 피드백을 전달했고, 해고 사유를 회사 공식 문서로 보내주었다. 그런 다음 그가 총무부에 사원증을 반납하고 개인 사물함을 비우는 절차를 밟게 했다. 다들 이렇게 시행착오를 겪으면서 배워나가는 것 아니겠는가!

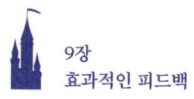

9장
효과적인 피드백

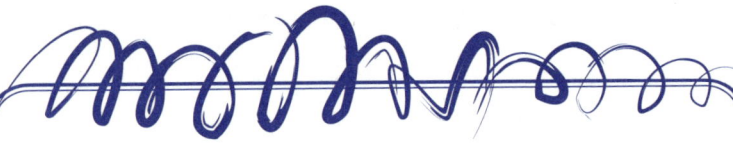

## 핵심 정리

**변화를 효과적으로 이끌어내는 피드백 법칙**

1 해당 직원의 성격에 대해 알고 있는 것과 서로 간에 쌓인 신뢰 수준을 토대로 반응을 예측하고 자료를 준비하라.

2 피드백은 피드백일 뿐이다. 성과를 검토하는 것이 아니다.

3 스스로 자문해보라. 피드백 대상과는 어떤 관계인가? 내가 생각한 기대치는 어느 정도인가? 피드백을 주지 않으면 어떤 일이 벌어질 것인가?

4 정확한 사실을 토대로 피드백 내용을 정리하고 이것을 적절한 어조로 분명하게 전달하라.

5 피드백을 한 뒤에도 직원의 변화를 지속적으로 점검하고 관리하라.

제3부

'조직'을 리드하다

*organization*

1971년에 월트 디즈니 월드가 문을 연 뒤로 올랜도라는 지역명 앞에는 '휴양지'라는 수식어가 붙었다. 이어서 시월드(Seaworld)가 1973년에 개장했고, 17년 뒤에는 유니버설 스튜디오가 영업을 시작했다. 그렇게 올랜도는 미국에서 관광객이 가장 붐비는 테마파크 밀집 지역이 되었다. 세 회사는 곧 방문하는 손님들의 수와 매출을 두고 치열한 경쟁을 벌이기 시작했다. 가장 큰 수익을 거둔 곳은 월트 디즈니였지만 유니버설 스튜디오와 시월드도 뒤를 바짝 쫓았다.

비록 앞서가고 있었지만 우리는 현재의 상황에 절대 안주하지 않았다. 오히려 경쟁사와 우리를 차별화할 수 있는 디즈니만의 비즈니스 모델을 만들기 시작했다. 디즈니 테마파크와 리조트는 수많은 고객의 사랑을 받고 있었지만, 여전히 해결해야 할 여러 불만 사항들이 존재했다. 가장 큰 문제는 리조트를 오가기가 번거롭다는 점이었다. 우리는 이런 불편을 줄일 방법을 고심하기 시작했다. 어떻게 하면 손님들이 더 편하게 우리 시설을 이용할 수 있을까? 이 물음에 대한 답으로 나온 것이 바로 '디즈니 매지컬 익스프레스'다.

디즈니 매지컬 익스프레스는 2005년부터 리조트 이용 고객에게 제공된 교통편이었다. 디즈니랜드가 리조트 예약 고객들에게 수화물 태그를 보내면 고객들이 공항에서 이것을 짐에 붙여 리조트로 보내는 시스템이었다. 고객들이 공항에서 디즈니 리조트 및 디즈니 월드까지 무료 셔틀버스를 타고 오는 동안 짐은 호텔 객실까지 추가 비용 없이 옮겨졌다. 고객들이 리조트에 도착해 문을 열었을 때, 마치 마법처럼 수화물이 숙소 안에 가지런히 놓여 있었다. 덕분에 고객들은 짐 없이 홀가분하게 공항에서 대기하고 있는 셔틀버스를 타고 곧장 리조트로 갈 수 있게 되었다.

이는 엄청난 시도일 뿐만 아니라 경쟁사보다 압도적으로 앞설 수 있는 야심 찬 계획이었다. 디즈니의 전략가들은 대다수의 고객들이 렌터카가 아닌 무료 셔틀을 이용하리라고 예측했다. 이는 무척 영리한 판단이었다. 마음대로 돌아다닐 수 있는 자가용이 없다면 리조트에 더 오래 머물 수밖에 없기 때문이다. 그 안에서 식사를 해결하고 여러 가지 시설을 이용하다 보면, 나중에는 휴가 비용의 대부분을 디즈니에서 쓰게 된다는 계산이 나왔다.

이 프로젝트를 시작하기 위해 한 팀이 사활을 걸고 1년을 꼬박 매달렸다. 원래 계획은 내가 총지배인으로 있는 올스타 리조트를 제외한 나머지 리조트들에 우선적으로 이 프로젝트를 시행하는 것이었다. 그런데 계획이 실행되기 석 달 전, 돌연 디즈니는 모든 시설에 무료 셔틀 서비스를 전면적으로 도입하겠다고 발표했다. 나와 우리 팀도 갑작스럽게 이 흐름에 합류하게 되었다.

하지만 문제가 있었다. 올스타 리조트는 작은 규모의 리조트들이 1.6킬로미터에 걸쳐 넓게 펼쳐진 형태였다. 우리 리조트는 디즈니가 소유한 가장 큰 단일 규모 호텔보다도 여섯 배 많은 객실을 보유하고 있었다. 이전과는 완전히 다른 규모의 운송 시스템이 필요했다. 우리는 5,760개 객실에 짐을 날라야 했고, 긴 이동 거리와 날씨 변수에 대처해야 했다.

나는 곧장 팀원들을 소집해서 업무에 착수했다. 가장 먼저 해야 할 일은 리조트의 모든 캐스트 멤버에게 새 시스템의 이점을 이해시키는 것이었다. 이를 위해서는 우선 디즈니의 비전을 공유하고, 변화가 비전에 어떻게 도움이 되는지를 설명해야 했다. 올스타 리조트의 특수한 문제들을 해결하면서 직원들에게 끊임없이 영감과 자극을 주어야 했던 셈이다.

우리는 디즈니 산업공학 부서에서 얻은 자료를 토대로 운송 절차를 만들었다. 고객의 짐을 운송하고 처리할 직원도 추가로 고용했다. 변화의 물결을 최전선에서 마주하는 프런트 데스크 직원와 객실 청소 담당 직원들은 추가 교육을 시켰다.

그리고 골프 카트와 수화물 카트, 태그를 인식할 스캐너에 이르기까지 모든 필요한 물품을 하나하나 체크하며 구비해나갔다. 손님들의 문의와 수화물 분실 문제를 처리할 콜센터도 마련했고, 객실 청소 직원, 프런트 데스크 직원, 수화물 운송 직원 간의 통합 소통 시스템도 구축했다.

처음 몇 주 동안은 나를 포함한 모든 리더가 복장을 완벽히 갖춰 입고 새로운 운영 방식을 관리했다. 이 운영 계획이 실제로는 어떻게 구현되는지 직접 확인해야 했기 때문이다. 디즈니 매지컬 익스프레스는 올스타 리조트의 객실 하나당 평균 3개의 짐을 옮겼다. 새로운 시스템이 꽤 잘 작동하고 있었다. 전부 합쳐보면 올스타 리조트의 전 객실에서 하루에 어림잡아 1만 7,000여 개의 짐과 옷가방이 옮겨진 셈이었다. 이는 미국 국내선 공항 중 가장 큰 곳에서 처리하는 수화물 개수와 비슷하다.

1만 7,000여 개의 짐 중 99.9퍼센트가 정확하게 해당 객실로 전달되었다. 그러나 100퍼센트는 아니었다. 매일 17개 정도의 짐이 누락되거나 분실되었다. 그건 우리가 바라는 수준이 아니었다. 우리는 더 열심히 매달렸다. 매일매일 모든 짐을 감시하고 문제가 생기면 즉각 처리했다. 출발지 공항에서 수화물 리스트를 전달받고, 그 수화물이 고객의 객실로 완벽하게 전달될 때까지 꼼꼼하게 확인하고 또 확인했다. 그렇게 모두가 노력한 결과, 매지컬 익스프레스 프로젝트는 디즈니와 올스타 리조트에 큰 성공을 안겨주었다. 경쟁사들은 얼마 지나지 않아 이 시스템의 위력을 실감했다. 고객의 수와 숙박 기간은 나날이 늘었고, 고객 만족도는 매일 최고점을 경신했다.

디즈니를 포함한 세계의 모든 성공적인 기업들은 평범한 기업들과는 다른, 뚜렷한 차별점을 가지고 있다. 바로 이미 정상에 서 있음에도 항상 더 발전하고자 노력한다는 점이다. 이들은 끊임없이 새로운 비전과 목표를 직원들에게 제시한다. 예컨대, 월트 디즈니는 전 세계에 지점을 가지고 있는 거대한 기업이다. 그래서 새로운 시도를 하기 위해 여러 정교한 절차들과 강도 높은 훈련 프로그램들을 끊임없이 도입하고 있다. 또한 계속해서 창의적인 아이디어들을 수용하고, 소통 체계를 효율적으로 개선하고자 노력한다. 무엇보다도, 직원들에게 결정 및 진행 권한을 부여하는 체계적인 시스템이 없었다면 오늘날 디즈니의 성공은 없었을 것이다.

이런 모든 요소들을 끊임없이 추구할 때 비로소 기업은 훌륭한 조직문화를 싹틔우고 안정적으로 성공할 수 있다. 바로 이것이 내가 26년 동안 수많은 프로젝트를 진행하며 배운 교훈이다.

# 10장

# 조직의 비전

모든 리더는 자신의 야심 찬 비전을 조직의 단기적인 목표까지 녹여낼 방법을 모색해야 한다. 당신은 업계의 선두주자가 되기 위해 노력하고 있는가? 신제품을 성공적으로 시장에 내놓고 싶은가? 판매 목표를 달성해야 하는가? 새로운 시장에 맞는 브랜드를 구축해야 하는가? 새 팀원을 선발해서 교육해야 하는가? 리더로서 당신의 책임 범위가 어디까지든 간에 비전은 반드시 당신과 팀의 웅대한 종착점이어야 한다. 비전은 일을 하는 목적이자 전략을 세우는 원동력이다. 그리고 모든 결정들은 비전을 향해 나아가는 걸음임을 인식해야 한다. 이는 당신을 비전에 더 가까이 데려다주는 과정이다.

 그러므로 리더는 그림의 떡이 되지 않도록 비전을 명확하게 규정하고 거기에 활력과 생기를 불어넣어야 한다. 그리고 이를 통해 조직원들에게 동기를 부여하고 자부심을 불어넣으며, 회사의 미래를 보여줄 수 있어야 한다.

다음은 비전을 만들 때 고려해야 할 몇 가지 사항이다.

## 단순하고 뚜렷하게 설정하라

조직이 나아갈 방향을 설정하다 보면 스티브 잡스, 캐서린 그레이엄, 마크 저커버그, 존 록펠러, 월트 디즈니 등 탁월한 비전을 제시했던 위인들에게 쉽게 압도당한다. 그들은 각 분야에서 최고의 업적을 이루었고, 역사에 남을 만한 유산을 남겼다. 모두 어마무시한 노력으로 혁신적인 제품이나 개념을 고안해서 업계를 뒤흔들어놓았다.

이런 시대를 초월한 리더들을 따라잡는 건, 당연한 이야기지만 힘들다. 하지만 겁먹고 지레 포기할 필요는 없다. 비전은 성공으로 가는 길을 명확하게 규정하기만 하면 된다. 단순해도 괜찮다. 예컨대 "우리가 가장 잘하는 일을 잘 해내자" 같은 단순한 비전도 있다.

디즈니에서 안전관리 부서의 비전은 "아무도 다치지 않는다"였다. 분명 세상을 뒤흔드는 혁명적인 목표는 아니다. 하지만 우리에게 다치지 않는다는 것은 무척 고귀한 목표였다. 이런 비전은 조직이 앞으로 나아가야 할 길과 구성원이 명심해야 할 점을 분명히 제시해준다는 점에서 특히 중요하다.

## 모든 결정은 비전 위에서

2013년, 월트 디즈니 월드에서는 '마이 매직 플러스'(My Magic Plus) 시스템을 도입했다. 객실 열쇠와 비용 지불, 티켓 구매 등을 RFID(무선 주파) 손목 밴드 하나로 해결하는 신개념 디지털 시스템이다. 고객이 디즈니 월드를 예약하는 즉시 입장권, 패스트패스(디즈니랜드 내 각종 기구를 대기 시간 없이 탈 수 있는 티켓), 예약 등의 온갖 정보가 손목 밴드 하나에 암호화한 형태로 저장되었다.

이 시스템 덕분에 디즈니는 연간 매출 10억 달러 고지로 크나큰 도약을 할 수 있었다. 시스템의 작동 원칙은 매우 단순했다. 바로 '고객이 더 좋아하고, 직원들이 더 좋아하며, 편리하게 잘 돌아가는 것'이었다. 즉, 고객이나 직원이 사용하기에 너무 복잡하지 않으면서도 디즈니에서 내놓는 모든 기술을 시도하고 시험하는 것이 목표였다. 이 목표는 우리가 마주한 많은 문제를 해결해주었고, 학습 과정도 단축시켜주었다. 새로운 시스템을 만들 때마다 우리는 늘 이렇게 자문했다.

"고객들이 이걸 좋아할까?"

"직원들이 이걸 좋아할까?"

"정말 좋은 아이디어이긴 한데, 작동시킬 수 있을까?"

당연한 이야기겠지만 모든 의사결정은 반드시 조직의 비전에 조금이라도 더 가까워지는 쪽으로 이루어져야 한다. 실제로 일을 추진하다 보면 왜 이 일을 시작했는지, 이 일을 완수해서 무엇을 성취하고자 하는지를 잊게 되는 경우가 많다. 특히 복잡하고 장기적인 프로젝트일수록 더더욱 그렇다. 그러다 보면 원래 세웠던 목표와 반대되는 새로운 계획이나 절차에 몰두한다. 그렇게 사업을 이끌어나갈 능력을 제한하는 장벽을 세우고, 팀이 능력을 100퍼센트 발휘할 수 없도록 막는다. 조직이 클수록 이런 경향은 심하다. 쓸데없는 행정 업무와 복잡하게 얽힌 절차, 불필요한 승인 과정 때문에 업무가 한없이 늘어지기 때문이다. 최악의 경우, 바라던 결과에서 훨씬 멀어지는 사례들도 무수히 많다. 그러니 의사결정을 해야 할 때는 항상 비전을 최우선으로 생각하라.

## 거대한 비전을 일상의 목표와 연결하라

월트 디즈니의 비전은 '세계에서 가장 존경받는 엔터테인먼트 기업'이었다. 밥 아이거는 이 비전으로도 성에 차지 않았는지, 목표를 '세계에서 가장 존경받는 기업'이 되는 것으로 상향 조정했다.

디즈니와 마찬가지로, 보통 기업의 핵심 비전은 임원들의 아이디어인 경우가 많다. 임원들은 이 비전에 맞게 향후 5년에서 10년 동안 기업에 필요한 전략을 수립하고 이를 실천한다. 그들의 비전은 보통 아주 근사하고 원대하다. 비전만 보았

을 때는 직원들 대부분이 그 회사에서 일한다는 자부심을 가질 게 분명해 보인다. 특히 애플, 코카콜라처럼 브랜드 인지도 면에서 1~2등을 다투는 기업의 구성원이라면 더더욱 그럴 것이다. 하지만 나는 한 가지 의문을 떨칠 수 없다. 과연 디즈니에서 아침에 일어나 "나는 오늘도 디즈니를 세계에서 가장 존경받는 기업으로 만들기 위해 열심히 일하겠어!"라고 다짐한 뒤에 하루를 시작하는 사람이 몇이나 될까? 임원 말고 정말 이 비전에 영감을 받은 사람이 있기는 한 것일까? 직접적인 관련이 없는 대부분의 사람에게 비전이란 그저 뜬구름 잡는 소리일 가능성이 높다. 물론 당신이 디즈니의 CEO라면 이야기가 달라진다. 아이티의 재난 복구를 위해 100만 달러를 기부하거나 시간제 근무 직원들에게 무료 교육을 제공할 수도 있고, 참전 용사 1만 명을 고용하기로 할 수도 있다. 그 소식은 신문 제1면을 장식할 것이고, 그 결과 디즈니는 세계에서 가장 존경받는 기업에 성큼 다가설 수 있을 것이다.

하지만 현장의 최전선에서 주요 명소를 관리하고, 음식을 준비하여 내놓고, 객실을 정돈하고 있는 직원들은 어떨까? 그들은 정말로 디즈니를 세계에서 가장 존경받는 기업으로 만들기 위해 노력하고 있을까? 물론 그럴 것이라 믿는다. 그런데 그들은 자기가 디즈니의 비전에 헌신하고 있는 게 맞는지 스스로 알 도리가 없다. 하지만 그들도 변화를 만들어내는 것은 동일하다. 그러므로 리더는 그들에게 더욱 구체적인 목표로 길을 제시하며 격려해주어야 한다. 일선에 있는 직원들에게는 일상의 목표가 필요하다. 그들에게 닿을 수 있는 목표를 제시하고, 목표에 도달하도록 격려하며 일상 업무에 책임을 다할 수 있도록 도우라. 그것이 더욱 효과적이다. 직원 한 명 한 명에게 직접 영향을 미치는 목표, 즉각 결실을 맺을 수 있는 목표를 제공해야 한다. 목표를 성취할 가능성이 높으면 직원들은 그 목표를 중심으로 집결한다. 그리고 주인의식을 가지고 성취감을 느끼며 일하기 시작한다. 일상의 목표는 직원들에게 자신이 조직의 성공에 미치는 영향을 보여준다. 모든 직원은 중요하다. 그리고 직원들은 당연히 이를 알아야 한다.

> 팀에 현실적인 목표를 제시해야 한다.
> 그 지점까지 갈 의욕이 생기는 목표,
> 일상적으로 지킬 수 있는 목표를 정해야 한다.

디즈니의 캐스트 멤버들은 그야말로 마법과 같은 결과를 만들어냈다! 고객과 상호작용하는 모든 순간마다 캐스트 멤버들은 감동을 제공하고자 애썼다. 그러면서 디즈니의 명성은 점점 더 퍼져갔고, 캐스트 멤버들의 마음에도 성취할 수 있는 목표가 자리잡기 시작했다. 하루를 시작할 때나, 직무 순환을 할 때 혹은 손님을 맞이할 때도 캐스트 멤버들은 모두 '고객의 경험'이라는 목표를 되새긴다. 그렇게 캐스트 멤버라는 1만 2,000개의 퍼즐 조각이 맞춰질 때 디즈니의 마법은 이루어진다. 놀이기구에 승객을 태우고 내리는 일, 팝콘을 만드는 일,

10장
조직의 비전

무대에서 춤을 추는 일, 공원을 청소하는 일, 조명을 수리하는 일, 나뭇잎을 쓸고 치우는 일 등 디즈니 테마파크와 리조트 어느 곳에서 일하건 각자가 지닌 마법의 조각을 끼워 맞추고 있는 것이다. 그리고 퍼즐 조각 하나가 사라졌을 때, 그 빈 자리는 실로 거대하다. 그러므로 캐스트 멤버들은 자신이 하고 있는 일이 얼마나 중요한지, 자기가 얼마나 가치 있는 존재인지를 알아야 한다. 모든 업무가 '큰 그림'의 일부요, 모든 캐스트 멤버는 비전을 현실로 만들어내는 존재다.

리더는 직원들 한 명 한 명에게 '큰 그림'의 점을 이어주는 사람이다. 구체적으로 와닿는 일상의 목표를 제시해야 하며, 그 업무가 비전을 이루는 데 어떻게 공헌하는지를 보여주어야 한다. 어떤 이들은 리더란 자신의 구상대로 업무를 직원에게 지시하는 존재라고 말한다. 나는 그 생각에 동의하지 않는다. 내가 믿는 건 순응이 아니라 헌신이다. 직원들은 자신이 하는 일과 그 일이 큰 그림에 갖는 영향력을 잘 알고 있을 때 더욱 최선을 다한다. 그리고 일이 하고 싶을 때, 일이 보람찰 때 더 많은 결과를 이뤄낼 수 있다.

## 비전이 일상이 되면 벌어지는 마법

매직 킹덤의 업무를 맡게 되었을 당시 우리 팀은 판타지랜드 확장 작업을 진행하고 있었다. 규모를 두 배로 늘리고 새로운 불꽃놀이 시설을 도입하는 작업이 포함된 거대 프로젝트였다. 내가 들어갔을 때는 막바지 작업이 한참이었다. 이 새로운 프로젝트의 마감을 맞추고자 우리 팀은 어마어마한 에너지와 시간을 쏟아부었다. 그러다 어느 순간 팀원들의 열정이 점점 식어가는 것을 느꼈다. 일상의 목표를 설정하고 팀원들을 독려해 시들해진 조직의 열정에 불을 지펴야 할 때였다. 나는 팀원들에게 우리가 '지구상에서 가장 마법 같은 장소'에 최초로 도착할 모험가들이며, 매직 킹덤은 이름 그대로 사람들에게 디즈니의 마법을 제공하는 공간이 될 것이라고 상기시켜주었다. 실제로 매직 킹덤은 고객들에게 '최초'이자 '유일한' 공원이었다. 세계 그 어느 곳에도 매직 킹덤 같은 성은 없기 때문이다!

'우리는 마법을 창조한다!'라는 목표가 모든 업무와 일상에 스며들도록 해야 했다. 인사도 바꾸었다. 우리는 평소에도 "오늘 어때요?"라고 묻는 대신 "오늘 어떤 마법을 부렸어요?"라는 말로 인사를 나누었다. 그리고 매직 킹덤 공동의 목표가 내부 출간물, 전화 인사("마법 같은 하루 되세요!"), 분장실 게시판 등 모든 소통 수단에 녹아들도록 했다. 조직에서 사용하는 용어를 바꾸고 일상에서 목표를 끊임없이 상기시키는 방법은 생각보다 단순하다.

팀의 우선순위에 관해 이야기하는 팟캐스트도 매주 제작했다. 거기서는 적절한 대화 주제를 골라 나의 우선순위가 무엇이고 팀원들의 우선순위가 어때야 하는지를 설명했다. 그리

10장
조직의 비전

고 영상이 제작되면 매직 킹덤 모든 리더들에게 보내 캐스트 멤버들과 공유하도록 했다.

나는 리더들에게 다가가기 쉽고 친근한 리더가 되도록 노력하는 것과 고객에게 마법 같은 추억을 선사하는 일이 왜 중요한지에 관해 팀원들과 충분히 소통해달라고 당부했다(행복을 느낀 고객은 분명 다시 매직 킹덤을 찾기 때문이다). 나를 포함한 모든 리더가 테마파크를 직접 돌아다니며 솔선수범했다. 서비스 품질기준도 더욱 강화했고, 고객에게 특별한 경험을 선사하도록 캐스트 멤버들을 독려했다. 그리고 이러한 우리의 일상 목표를 팟캐스트로 방송했다. "우리가 이곳에 있는 이유는 고객이 무엇을 기대하든 그 이상을 보여주면서 그들을 행복하게 해주기 위해서입니다."

디즈니에서의 '마법 같았던 순간들'이나 고객들의 소중한 의견들도 팟캐스트로 소개했다. 우리는 자신의 한계를 뛰어넘어 탁월한 성과를 거둔 캐스트 멤버들을 발굴했다. 고객 한 명 한 명을 특별하게 대하며 '마법의 순간'을 제공해 손님들이 다시 디즈니랜드를 방문하도록 이끌어낸 이들이었다.

이러한 노력의 결과는 몇 달만에 나타났다. 매직 킹덤은 지난 수년간 실시했던 고객 만족 평가 중에서 가장 높은 점수를 받게 되었다. 우리는 팀이 고되게 노력해서 짧은 시간 동안 만들어낸 탁월한 성과를 자축했다. 그건 우리가 고객들에게 '마법 같은' 순간을 선사했다는 뚜렷한 증거였다.

당신이 누구보다 원대한 비전을 지녔을 수도 있다. 그렇다면 그 비전을 명확히 보여주어야 한다. 직원에게 비전에 대한 확신을 심어주어야 하며, 자신이 먼저 본보기가 되어야 한다. 그렇지 않다면 직원들은 자신의 방향성을 비전에 맞추기 힘들뿐더러 비전을 받아들이고 실천하는 데 어려움을 겪게 된다. 명확한 비전이 조직의 중심과 최전방에 자리 잡고 있는 상태에서 리더가 비전에 대한 확고한 신념을 바탕으로 직원들과 끊임없이 소통해야 한다.

## 비전을 재평가하라

일상적인 업무에만 몰두하다 보면 미래를 예측하고 대비하는 일에 소홀하기 일쑤다. 운이 좋으면 순풍에 돛 단 듯 엄청나게 좋은 결과를 얻을 수도 있지만, 반대로 예기치 못한 급물살에 휩쓸려 모든 것을 잃을 수도 있다. 오늘날에는 세계화의 물결을 타고 곳곳에서 치열한 경쟁이 벌어지고 있다. 하루가 멀다 하고 새로운 기술이 개발되어 업계를 변화시킨다. 기후변화는 오랜 시간에 걸쳐 소비자의 행동 방식을 바꿔나가고 있다. 이런 상황에서 대기업은 거대한 규모와 관료주의, 불필요한 절차와 요식행위 때문에 최신 경향을 따라가지 못하는 경우가 많다. 시장의 흐름이나 소비 형태의 변화에 민첩하게 대응하지 못하는 경우도 허다하다.

이런 일을 막으려면 비전과 전략을 정기적으로 평가하고

조정해야 한다. 비전을 수정하거나 재평가하지 못해서, 심지어 조직개편을 미루다가 무너지고 파산한 기업들이 무수히 많다('코닥'이나 '블록버스터' 등을 생각해보라). 수많은 리더들이 비현실적이고 구시대적인 비전을 고수하며, 업무와는 상관없는 뜬구름 같은 비전에 집착한다. 잘못을 깨닫고 방향을 바꾸려 해도 이미 늦어서 어마어마한 비용을 치러야만 결과를 되돌릴 수 있는 경우가 대부분이다. 그러니 리더는 늘 장기적인 안목을 유지해야 한다. 변화를 과감히 받아들이고, 때로는 아예 목표 자체를 바꿔버리는 대담한 자세도 필요하다.

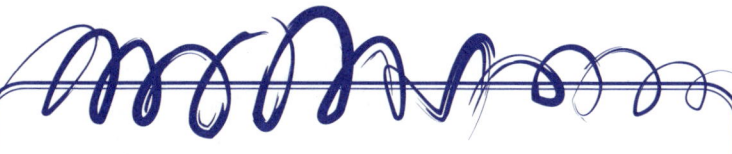

## 핵심 정리

**마법을 이끌어내는 비전의 원칙**

1  비전을 세우고 수시로 점검하면서 의사결정을 하라.

2  일상적인 업무를 토대로 기억하기 쉽고, 실천하기 쉬운 목표를 만들라.

3  반드시 인정하고 보상하라. 직원이 어떻게 비전을 일상에서 실천했는지를 공유하라. 이는 구성원에게 동기를 부여하는 강력한 방법이자 탁월한 롤 모델이다.

# 11장

# 전략 세우기

 예전에는 월트 디즈니 월드 안에서 어떤 부서의 리더라도 자유롭게 아이디어를 발표할 수 있었다. 만약 그 아이디어가 탁월하고 실현 가능성이 충분하다면 자금을 지원받아 곧바로 새로운 프로젝트를 진행할 수 있었다. 오늘날의 기준으로 볼 때 이런 의사결정 방식이 전략적 가치가 뛰어나다고 볼 수는 없다. 하지만 디즈니 구성원은 이 제도를 통해 창의적으로 사고하고 설득력 있게 의견을 전달하는 법을 배웠다.

 오늘날 월트 디즈니 월드는 그보다 더 체계적이고 엄격한 방식으로 전략을 세우고 있다. 리더들은 해마다 '요구평가'(Needs Assessment)를 수행한다. 이 과정을 통해 가장 중요한 고객 피드백부터 마케팅, 영업, 재무 성과, 산업공학, 식음료, 제품 판매 등 여러 측면에서 디즈니의 리조트와 테마파크를 비롯해 모든 시설의 상태를 점검했다. 우리는 비전을 중심으로 각 분야의 서비스가 고객의 기대에 부합한 정도를 평가했다. 서비스와 고객의 기대 사이에 작은 틈이라도 있으면 해당 분야를 개선하기 위해 투자 계획을 세우는 등 고객이 느끼는 불편함을 줄일 방법을 모색했다. 이 과정을 통해 우리는 추가 인력, 새로운 시설, 식당, 상점의 위치, 식당의 서비스 방식, 테마파크의 쇼 등은 물론, 욕실 비품 같은 사소한 부분에 이르기까지 보완점을 쉽게 파악할 수 있었다.

애니멀 킹덤의 경우, 고객들은 놀이기구가 충분하지 않아 반나절 동안 둘러보고 나면 할 것이 없다는 의견을 주었다. 그래서 우리는 영화 《아바타》를 테마로 하는 판도라 랜드를 신설하기로 결정했다. 또한 야간에 진행하는 '리버스 오브 라이츠' 조명 쇼의 시간도 늘렸다. 매직 킹덤에는 테이블 서비스 식당*이 몇 군데 더 필요하다고 판단해서 어드벤처 랜드에 '스키퍼 캔틴'이라는 식당을 열었다.

이 절차를 통해 디즈니의 구성원들은 당장 필요한 것뿐만 아니라 해당 분야가 디즈니 월드에서 차지하는 위치와 앞으로의 성장 가능성까지 파악할 수 있었다. 아무리 애정을 가지고 추진한 일이라고 해도 사실과 논리에 근거한 요구평가를 통과하지 못하면 과감하게 폐기했다.

* 고객은 식탁에 앉아 메뉴를 주문하고, 담당 직원이 주문에 따라 식음료를 가져다주는 식당

11장
전략 세우기

디즈니의 모든 부서들은 요구평가라는 동일한 절차와 형식을 토대로 각자의 전략을 구상했다. 그리고 그 결과물은 다음 5년 동안 부서를 운영하는 가이드라인이 되었다. 이렇듯 요구평가 시스템은 사업을 폭넓은 시선으로 성찰하고 계획을 일관적으로 추진할 수 있는 훌륭한 방법이었다. 또한 디즈니의 모든 자금과 자원을 어디에, 얼마나 집중할지 결정하는 기준이 되었다.

2011년, 디즈니 할리우드 스튜디오의 부사장으로 근무할 때의 일이다. 어느 날 '월트 디즈니 이매지니어링'(WDI)에서 연락이 왔다. 전화를 건 사람은 디즈니의 최고 크리에이티브 책임자(CCO)이자 픽사의 설립자인 존 래시터였다. 그는 내게 새 롤러코스터를 만들자고 했다. 픽사의 애니메이션 《몬스터 주식회사》 속 '비명 공장'에서는 아이들의 벽장으로 통하는 문들이 거대한 컨베이어 벨트에 매달려 이동한다. 몬스터들은 이를 열고 벽장으로 들어가 아이들의 비명을 수집하는 것이다. 이 장면에서 아이디어를 얻은 래시터는 탑승객이 애니메이션에 등장하는 몬스터처럼 문을 타고 아이의 침실로 들어가는 콘셉트의 '몬스터 주식회사 도어코스터'를 제안했다. 얼마나 재미있고 매혹적인 놀이기구인가! 분명 대박을 터뜨릴 아이디어였다.

대부분의 기업은 이처럼 뛰어난 아이디어를 얻으면 곧바로 막대한 자원을 쏟아부어 실행한다. 회사의 중심에 있는 사람이 제안한 아이디어인 데다가 매혹적이기까지 하니 무슨 논의가 필요하겠는가? 바로 시작하면 된다.

하지만 '요구평가'의 모든 지표는 디즈니 할리우드 스튜디오에 절대로 롤러코스터를 추가해서는 안 된다고 알려주었다. 디즈니 이매지니어링 팀에 이런 평가 내용을 말하자 그들은 이렇게 말했다. "하지만 댄, 존 래시터가 말하는 것을 들었잖아요! 테마파크에 도어 롤러코스터가 생긴다면 정말 멋지지 않을까요?" 분명 환상적일 것이다. 하지만 '요구평가'의 분석 결과는 달랐다. 당시 디즈니 할리우드 스튜디오에는 신장 제한 없이 탈 수 있는 가족용 놀이기구로 '그레이트 무비 라이드'와 '토이스토리 미드웨이 매니아'가 있었다. 그 외 '에어로스미스 락 앤 롤러코스터', '트와일라이트 존 타워 오브 테러', '스타 투어스'에는 모두 신장 제한이 있었다. 따라서 롤러코스터를 추가로 만든다면 연령이 낮은 어린이도 탈 수 있는 가족용 놀이기구를 구상하는 것이 훨씬 나았다. 도어코스터의 사례에서 볼 수 있듯, '요구평가'는 개인의 취향으로 프로젝트가 진행되는 것을 막고 궁극적인 목표에서 멀어지지 않도록 해주는 중요한 도구다.

## 좌뇌와 우뇌, 성공의 두 날개

전략은 비전에서 탄생한다. 전략은 꿈이 현실로 이루어지는 방식을 규정한다. 또한 성공으로 가는 탄탄한 길을 닦고, 원

11장
전략 세우기

대한 목표로 도약하게 해줄 디딤돌을 찾아낸다. 전략에 대한 고민은 모든 리더의 무거운 숙제다. 그 누구보다 창의적으로 미래를 상상하면서도 가장 냉철하고 이성적으로 사고해야 한다. 대다수의 리더는 전략을 짜면서 골머리를 앓는다. 창의적이면서도 논리적으로 사고하려면 우뇌와 좌뇌를 동시에 써야 하지만 사람은 누구나 생각하고 의사결정을 할 때 둘 중 한쪽의 영향을 강하게 받기 때문이다.

세계에서 역동적이라고 평가받는 기업들은 비전을 지향하는 리더와 냉철한 사업가 성향의 리더를 함께 둔다. 월트 디즈니와 그의 형 로이 디즈니를 예로 들 수 있다. 월트는 몽상가였다. 늘 미래를 생각하고 새로운 아이디어와 혁신을 꿈꿨다. 반면 로이는 현실적인 리더로서 회사가 파산하지 않도록 회계와 재무를 꼼꼼히 살폈다.

당신은 자신이 사고할 때 좌뇌와 우뇌 중 어느 쪽이 더 큰 영향을 미치는지 본능적으로 알고 있을 것이다. 그러므로 자신과 성향이 반대인 동료들이 있어야만 한쪽으로 치우치지 않고 균형을 잡을 수 있다. 전략을 구상할 때는 나와 다른 방식으로 생각하는 동료들의 의견에 귀를 기울이라. 물론 자기 의견에 동의하는 사람만을 주위에 두고 싶은 마음은 충분히 이해한다. 리더라면 그런 달콤한 유혹에 시달린 적이 많을 것이다. 하지만 비전을 만들고 구체적으로 전략을 세우기 위해서는 서로 다른 성향의 사람들이 의견 충돌을 빚고, 여기서 도출된 문제점을 보완해나가는 과정을 꼭 거쳐야 한다.

## 계획의 안정성을 한눈에 파악하는 법

부서에 직접적인 방향을 제시하면서 실행 계획을 세우는 게 전략이라면, 전술은 그 계획을 추진하며 내린 결정들이 쌓여서 만든 결과물이다. 예를 들어 매직 킹덤에 아슬아슬한 놀이기구를 추가하는 전략을 세웠다면, 전술은 그에 관련된 지적 재산권, 시설을 구현할 때 필요한 기술, 자본, 위치, 투자금을 파악하는 일이다. 전략과 전술은 각 부서의 성격에 맞춰 적절하게 수립된다.

전략과 전술을 짜는 과정에서 자연스레 다양한 선택지를 고려하게 된다. 각각의 대안을 비교하고 위험을 평가하는 데 도움을 줄 간단한 방법을 소개한다. 다음 쪽의 도표를 활용하라. 각자 자신의 조직에 맞게 표를 채우면 된다. 나는 각 선택이 팀의 핵심 기준을 토대로 판단했을 때 어떤 영향을 미치는지 파악하고자 했고, 이를 위해 세 가지 다른 색(빨강, 노랑, 초록)을 사용했다. 빨간색은 부정적인 영향, 노란색은 중립적인 영향, 초록색은 긍정적인 영향을 뜻한다. 이 세 가지 색을 합산해 종합 점수를 내면 된다.

각각 다른 색을 사용하면 한눈에 볼 수 있어서 훨씬 편리하지만, 이 책에서는 표정을 나타낸 아이콘을 넣는 것으로 대신했다. 이어지는 표에서 웃는 얼굴은 초록, 무표정은 노랑, 찌푸린 얼굴은 빨강에 해당한다.

11장
전략 세우기

### 카테고리와 컬러로 분류한 리스크 평가

| 카테고리 | 고객 | 직원 | 재정 | 업무 수행 | 홍보 | 총합 |
|---|---|---|---|---|---|---|
| 옵션 1 | ☺ | ☹ | 😐 | ☹ | 😐 | ☹ |
| 옵션 2 | ☺ | ☺ | 😐 | 😐 | ☺ | ☺ |
| 옵션 3 | ☺ | 😐 | 😐 | ☺ | ☹ | ☺ |

# 카테고리 내용은 각 조직에 맞게 추가하거나 뺄 수 있다.

이 방식을 활용하면 선택을 한눈에 평가할 수 있다. 또한 각 선택의 비용과 홍보 효과 등을 서로 비교하는 게 가능하다. 물론 기준은 기업이 어떤 사업을 추진하는가에 따라 달라진다. 위의 표에서 '옵션 2'는 디즈니의 핵심 기준들로 평가했을 때 가장 높은 점수를 받았다.

이번에는 평가의 일관성을 위해 각각의 옵션들을 우리의 서비스 품질기준으로 평가했다. 안전성, 고객 존중, 외관, 효율성의 다섯 가지 측면을 각 옵션이 개선할 수 있을지 살펴보았고, 의미 있는 결과를 얻었다.

| 카테고리 | 안전성 | 고객 존중 | 외관 | 효율성 | 총합 |
|---|---|---|---|---|---|
| 옵션 1 | ☺ | ☹ | 😐 | ☹ | ☹ |
| 옵션 2 | ☺ | ☺ | ☺ | 😐 | ☺ |
| 옵션 3 | 😐 | 😐 | ☺ | ☺ | 😐 |

이 방식으로 나는 신속하게 사업의 흐름을 파악하면서도

의사결정 방향을 명료하게 확인할 수 있었다. 위 예시에서 정답은 명백히 '옵션 2'였다. 핵심 기준과 디즈니의 품질기준에서 가장 높은 점수를 받았기 때문이다.

솔직히 말해서 나는 혼자 결정을 내린 적이 한 번도 없다. 나는 팀 의견을 반영해서 결정했고, 팀원들에게는 내 생각을 비판해도 좋으니 잘못된 방향으로 가지 않도록 견제해달라고 말하곤 했다. 특히 프로젝트 전략을 세울 때마다 나는 팀원 한 명에게 악마의 변호인* 역할을 맡겨 계획의 결점과 문제점을 낱낱이 짚게 했다. 당신도 이와 같이 누군가에게 어떤 종류의 비판이든 거리낌없이 제기할 수 있는 역할을 의도적으로 부여할 수 있을 것이다. 누구든지 자유로이 비판적인 의견을 낼 수 있을 때, 비로소 우리는 위험을 효과적으로 방지하고 장애 요소들을 예측할 수 있다.

---

\* 토론을 활성화시키고자 어떤 사안에 대해 일부러 반대 의견을 제시하는 사람

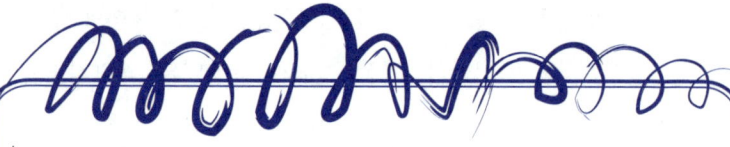

## 핵심 정리

**위험 요소는 제거하고 성공 확률은 높이는 전략 설정 방법**

1 잠시 동안 평소 업무에서 거리를 두고 조직에 중장기적으로 필요한 것을 재정, 직원, 고객 등의 관점에서 생각해보라.

2 요구평가, SWOT(강점, 약점, 기회, 위협) 분석 등 조직을 평가하고 필요한 사항을 파악하도록 도와줄 수 있는 도구들을 적극적으로 활용하라.

3 최대한 많은 부서와 함께 전략 계획을 수립하라.

4 위험 요소나 방해 요소를 파악하고 싶다면 해당 프로젝트 진행 또는 계획에 비판적인 의견을 제시할 사람을 마련하라. 그리고 어떤 종류의 비판이든 할 수 있도록 하라.

5 매년 계획을 업데이트하라. 그리고 새로운 프로젝트를 구상할 때마다 그 계획을 언급하라. 그러면 프로젝트의 일관성을 유지할 수 있다.

# 12장

# 품질기준 만들기

로페즈 가족은 월트 디즈니 월드에서 보낼 휴가를 오랫동안 손꼽아 기다려왔다. 어머니, 아버지, 세 자녀, 79세인 할머니로 이루어진 다세대 가족은 이번 여행에서 일생일대의 경험을 할 거로 기대했다. 마침내 디즈니 월드에 도착했을 때, 아이들은 한껏 들떠 엄마 아빠 곁을 깡충깡충 뛰어다니거나 할머니가 탄 휠체어를 번갈아 가며 밀었다. 할머니는 두 다리로 걸을 수는 있었지만, 균형을 잘 잡지 못했고 조금만 움직여도 쉽게 지쳤다. 그래서 가까운 곳이 아니면 휠체어를 타고 다녔다.

가족들은 엡콧에 있는 스페이스십 어스(Spaceship Earth)에 도착했다. 휠체어를 지정된 장소에 세워두어야 해서 할머니는 탑승 장소까지 조금 걸어갔다. 하지만 그곳에 도착하자 더 큰 문제가 기다리고 있었다. 스페이스십 어스의 무빙워크는 탑승객이 안전하게 탈 수 있도록 우주선의 이동 속도로 설정되어 있었는데 이조차 할머니에게는 지나치게 빨랐던 것이다.

탑승 업무를 맡고 있던 케이티는 할머니를 유심히 지켜보고 있었다. 케이티가 보기에는 무척 위험한 상황이었다. 놀이기구에 탑승하려면 어느 정도 몸의 균형을 유지해야 하는데, 할머니는 금세라도 쓰러질 것 같아 보였기 때문이다. 케이티는 즉시 기구를 완전히 정지시켜서 할머니가 안전하게 탑승하도록 도왔다.

그런데 이렇게 조처하면 오랜 시간 줄을 서서 기다린 다른 탑승객들의 대기 시간이 더 길어진다. 더불어 이미 기구에 탄 사람들은 "여행이 재개될 때까지 안전하게 자리에서 기다려달라"라는 안내 방송을 들으며 잠시 가상 우주여행을 멈추었다가 흥이 깨진 채 지구로 귀환해야 한다.

하지만 케이티는 승객들의 탑승을 중단하고, 대기 시간을 늘어나게 하고, 쇼를 방해하는 결정을 내리는 데 조금도 주저하지 않았다. 어떻게 그럴 수 있었을까? 디즈니의 체계에 따라 즉각 결정을 내릴 수 있게 훈련을 받았기 때문이다. 케이티는 캐스트 멤버의 판단 기준이 되는 명확한 규범 즉, 디즈니의 품질기준인 안전, 고객 존중, 외관, 효율성을 철저히 따랐다.

특수한 상황이니만큼 케이티는 충분히 고객의 안전 문제를 현실과 적절히 타협할 수도 있었다. 하지만 케이티는 그동안 다양한 상황에 대비해 훈련을 받아왔고, 품질기준의 우선순위도 철저히 숙지하고 있었다. 덕분에 그녀는 조금도 주저하지 않고 안전을 우선하는 결정을 내릴 수 있었다.

## 디즈니 성공의 열쇠, 품질기준

디즈니의 리더들은 디즈니 월드를 방문한 고객들이 무엇을 원하는지 알아내고자 심혈을 기울여 조사했다. 그 결과물이 이른바 디즈니 성공의 '네 가지 열쇠'라고 불리는 '품질기준'이다. 만약 당신이 고객들에게 왜 디즈니를 선택했는지 묻는다면 '고객 존중'이라고 답한 비율이 압도적으로 높을 것이다. 고객들은 깨끗한 시설만큼이나 캐스트 멤버의 미소와 친근한 모습을 사랑하기 때문이다.

그 외에도 디즈니만의 화려한 쇼, 불꽃놀이, 세세한 배려에 관한 이야기가 자주 나온다. 하지만 안전을 언급하는 사람은 거의 없다. 고객들은 이를 '당연한 것'으로 여기기 때문이다. 그럼에도 디즈니는 '안전'을 중요한 품질기준으로 선택했다. 디즈니 월드에는 매년 엄청난 방문객이 몰려드는 데다 테마파크 운영은 고도로 복잡하기 때문이다. 게다가, 당연한 이야기지만 안전하지 않은 휴가는 절대 즐거울 수 없다!

고민 끝에 디즈니는 고객 존중, 외관, 효율성을 모두 달성하기로 했다. 덕분에 고객들은 네 가지 품질기준만큼은 디즈니를 믿고 안심하게 되었다. 또한 다른 휴가지를 고를 때 디즈니의 기준을 근거로 삼아 판단하는 경우도 늘어났다.

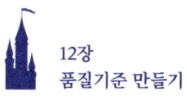

품질기준은 고객뿐만 아니라 리더에게도 유익하다. 디즈니에서는 케이티처럼 일선에서 고객을 응대하는 일선 직원까지도 모든 상황에 즉각 대처하고 판단을 내릴 준비가 되어 있다. 그래서 리더는 걱정 없이 의사결정과정을 부하 직원에게 위임한 뒤 더 효율적이고 신뢰할 수 있는 방향으로 회사를 운영하는 데 역량을 집중할 수 있다.

## 품질기준의 작동 조건

로페즈 가족의 예시와 같은 일이 월트 디즈니에서는 하루가 멀다 하고 벌어진다. 예를 들어 디즈니 캐릭터를 직접 만나 인사를 나누려면 꽤 오랜 시간 동안 줄을 서서 기다려야 한다. 길고 긴 기다림 끝에 마침내 미키마우스를 만나면 디즈니의 사진가가 그 순간을 촬영한다. 고객은 자기가 나온 사진을 온라인에서 15.99달러에 구매할 수 있다. 만약 고객이 직접 가지고 온 카메라로 그 순간을 찍고 싶어 한다면? 그래도 아무 문제 없다. 디즈니 직원들이 고객의 카메라로 사진을 찍어주는 서비스도 제공되기 때문이다.

도대체 왜 비효율적일 정도로 다양한 서비스를 제공할까? 바로 '고객 존중' 기준이 '효율성' 기준보다 우선하기 때문이다. 설령 시간이 지연되고 수익이 감소하더라도 디즈니는 이 원칙을 반드시 지킨다. 고객을 존중하며 최선을 다해 응대하는 것은 디즈니의 변하지 않는 약속이기 때문이다. 덕분에 고객들의 충성도는 높아졌고, 단골이 된 고객들은 매년 휴가철에 디즈니 월드를 다시 찾고 있다.

디즈니의 품질기준을 아는 고객은 거의 없다. 그러나 캐스트 멤버의 진심이 담긴 응대만큼은 특별한 순간으로 영원히 기억한다. 고객들의 감동은 당장의 효율이나 수익과 관계가 없어 보인다. 하지만 이는 디즈니가 장기적으로 투자하여 얻어낸 귀중한 결실로, 결국 더 큰 수익을 불러온다.

품질기준은 디즈니가 여러 요소를 검토하고 엄격하게 선별해서 만들어낸 결과물이다. 디즈니의 모든 직원은 이 기준을 숙지하고 있다. 그래서 특별한 상황이 발생했을 때면 주저 없이 이 기준을 적용한다. 네 가지 기준의 우선순위도 정해져 있다. 가장 먼저는 안전, 다음으로 고객 존중, 그다음 외관, 마지막으로 효율성이다.

다시 로페즈 가족 이야기로 돌아가보자. 케이티는 주어진 상황에서 무엇을 가장 먼저 해야 하는지 곧장 파악했다. 아마 기다리고 있던 고객들은 탑승 시간이 지연되자 당황하고 케이티에게 짜증과 한숨 섞인 원망을 표현했을 것이다. 이미 탑승하고 있던 고객들은 김이 다 빠져버렸을 것이다. 그러나 그 어떤 상황도 할머니가 사고를 당하는 것보다는 나았다. 케이티는 이런 결정을 내리기 전 상사에게 보고할 필요가 없었다. 상부에 대신 물어봐달라고 동료 직원에게 부탁할 필요도 없었다. 고객을 응대할 때 꼭 필요한 네 가지 기준을 업무 교육 첫

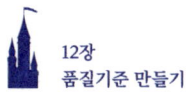
12장
품질기준 만들기

날에 이미 익혀놓았기 때문이다.

조직의 기준에 대해 조금 더 이야기하고 넘어가자. 엄격한 기준을 갖추는 것은 중요하다. 하지만 기준을 뒷받침해주는 방침 역시 명확하고 구체적으로 규정해야 한다는 점을 간과해서는 안 된다. 그래야 다른 조직과 차별화될 수 있다. 그 이유는 세 가지다.

첫째, 기업이 세운 기준을 직원들이 자의적으로 해석할 수도 있다. 만약 그렇다면 기업의 품질기준을 직원들에게 제시하는 것은 무의미해진다. 무엇이 '안전'한 것인지는 개개인이 전부 다르게 판단할 수 있다. 고객을 '존중'하는지의 여부는 어떻게 판단할 것인가? '외관'도 각각 다르게 해석할 수 있지 않은가? 어느 캐스트 멤버에게는 '효율성'을 평가하는 관점이 아예 없을 수도 있다. 그러므로 리더와 조직은 명시한 기준이 무엇을 의미하는지 구체적이고 명확하게 밝혀야 한다.

둘째, 품질기준에 대한 해석이 부서마다 다를 수 있다. 물건을 판매하는 상점에서 '안전'은 직원이 무거운 물건을 들 때 몸에 무리가 가지 않도록 무릎을 제대로 굽히고 안전하게 움직이는 것을 의미한다. 물건을 옮기고 쌓을 때 스프링클러를 건드리지 않도록 조심하는 것일 수도 있다. 음식점에서 '안전'은 자주 손을 씻어서 식품위생 관리를 철저히 하는 것이다. 인사 팀에서 '안전'은 직원의 정보가 유출되지 않도록 보안에 신경 쓰는 것이고, 전산 부서에서 '안전'은 조직의 온라인 시스템이 해킹당하지 않고 원활하게 돌아가도록 관리하는 것이다.

셋째, 오늘날처럼 다양한 배경의 직원이 일하고 있는 환경에서는 구체적인 행동 요령을 충분히 소통해야 한다. 문화가 다르면 서비스도 다르게 해석할 수 있기 때문이다. 앱콧의 부사장으로 있던 시절, 11개국 출신 직원들이 일하는 '월드 쇼케이스'(World Showcase)의 관리 책임자를 맡은 적이 있었다. 그곳에서 일하기 위해서는 각국의 정서를 충분히 고려해야 하는 것은 물론이고 심지어 독특한 문화까지도 잘 알아야 했다. 예를 들어, 일본인 캐스트 멤버들은 상대의 요구에 '아니요'라는 대답을 직설적으로 하지 않았다. 대신 그들은 길고 정성스럽게 대안을 제시했는데, 이는 종종 미국 고객을 당황하게 만들곤 했다. 중국인 캐스트 멤버는 사람 간의 물리적 거리를 허용하는 기준이 달라서인지 공공장소에서 다른 사람들에게 바짝 붙는 경향이 있었다. 한편 멕시코나 이탈리아 등 라틴 문화권 캐스트 멤버들은 매우 직설적이며 신체 접촉을 통해 배려와 애정을 드러냈다. 몇몇 미국인들은 프랑스 출신의 식당 종업원들이 너무 직설적이고 쌀쌀맞으며, 심지어 무례하다고 느끼곤 했다(유별난 요구를 하는 고객에게 프랑스인 종업원은 즉각 '안 됩니다!' 하고 대응한다). 프랑스 출신 직원들이 효율적이고 신중한 태도를 갖추도록 교육받았기 때문에 벌어진 일이었다. 이들은 누군가의 저녁 식사는 절대 방해하지 말아야 하며, 특히 고객이 요청하기 전에는 절대 계산서를 가져가지 말라고 배웠다.

미국인의 입장에서 프랑스 캐스트 멤버들의 행동은 예의 바른 고객 접대와 동떨어져 보일 수 있다. 디즈니는 캐스트 멤

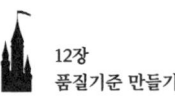
12장
품질기준 만들기

버들의 문화와 출신 국가를 존중했지만, 그들의 몸에 밴 태도는 종종 디즈니의 서비스 정신에 부합하지 않았고, 미국인 고객의 기대와 맞지 않아 오해를 빚는 경우가 많았다. 따라서 우리는 디즈니의 품질기준에 부합하도록 구체적 행동 방침을 정했고, 이를 캐스트 멤버들에게 교육했다.

품질기준의 선택과 실천은 구체적인 방침에 달려 있다. 직원들은 고객의 기대를 정확하게 파악한 후, 품질기준의 우선순위에 맞게 신속한 결정을 내려야 한다. 그러기 위해서는 집중 훈련과 교육, 코칭 등을 통해서 직원들에게 구체적인 행동 방침을 알려주는 것이 필수다.

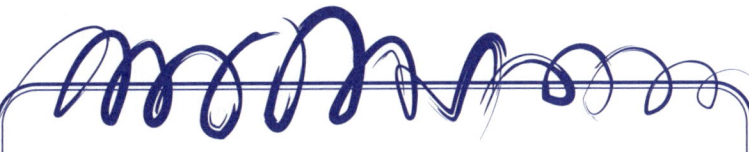

## 핵심 정리

품질기준으로 최고의 서비스를 제공하는 법

1 품질기준은 조직 내 모든 직원이 이해할 수 있어야 하고, 고객의 기대를 정확히 반영해야 한다. 또한 기업이 추구하는 핵심 가치의 중요도에 따라 순서를 확립해야 한다.

2 품질기준을 만든 뒤에는 반드시 구체적인 행동 방침을 정하라. 조직 내 직원들의 역할을 관찰하고, 그에 맞는 행동 방침을 정해야 한다.

3 품질기준은 모든 의사결정과정에 반드시 반영되어야 한다.

4 품질기준과 행동 방침은 모든 성과 인정과 업무 평가 그리고 직원 교육 프로그램에 반영되어야 한다.

## 13장

# 목표가 뚜렷한 훈련

2006년, 나는 6년 동안 맡았던 호텔 업무를 마무리하고 다시 테마파크로 복귀했다. 이번에 맡은 직책은 매직 킹덤 상품부의 지사장이었다. 나는 기존에 해왔던 업무에서 효과를 본 방법만 뽑아서 만든 나만의 매뉴얼에 따라 상품부 각 분야의 교육을 시작했다. 내 개인적인 목표는 두 가지였다. 우선, 상품 매출액의 25퍼센트를 차지하는 기념품 상점 엠포리움(Emporium)에서 현장 업무를 보고 싶었다. 바쁜 시간대에는 계산 업무까지 직접 맡을 생각이었다.

  상품부 직원 교육을 하는 동안에도 따로 소매업을 공부했다. 상품 판매처는 어디인지, 세금 환급과 환전은 어떤 과정으로 이루어지는지, 마감과 결산은 어떻게 하는지 등을 익혔다. 상품 판매점들의 위치를 파악하고 매직 킹덤 내 상점에서 일하는 모든 임직원을 만나 이야기를 나누기도 했다. 그러면서 우리의 강점과 가능성을 파악했다. 상품부 신입 직원의 교육 과정도 평가했다. 일을 익히는 데는 실전 경험만큼 좋은 것이 없었다. 신입 직원을 대상으로 내가 진행한 교육과정에 대해 설문 조사를 진행한 뒤 교육을 마무리했다.

6개월이 순식간에 지나갔다. 우리는 고객 만족 평가 점수 문제로 고심하고 있었다. 나는 고객 설문지를 모두 읽으면서 우리 팀의 부족한 점을 찾았다. 그중 특정 질문과 그에 대한 고객 평가가 내 눈길을 사로잡았다. "고객님이 만난 직원은 친절하고 도움이 되었습니까?" 이 질문에 대한 고객 평가 점수는 내가 생각한 기준치보다 낮았다.

주기적으로 상점에서 직원들을 관찰해보았을 때는 고객 응대 태도가 꽤 좋았다. 모두 환한 표정을 지었고, 특히 어린이 고객에게는 세심하게 관심을 기울이며 다정하게 대했다. 내가 수립한 교육과정도 다시 짚어보았다. 교육을 맡았던 담당자는 모범적인 사람이었다. 그는 항상 손님들에게 친절했고 모든 일을 열심히 했다. 그렇다면 그동안 우리는 도대체 무엇을 놓친 것일까?

답을 찾던 중 통찰력이 뛰어난 상품부의 슈퍼스타 리더, 칼리사와 대화하게 되었다. 칼리사도 분명 이 문제로 고심했을 것이다. 이야기를 나누던 중, 칼리사가 내게 물었다. "댄, 그런데 친절과 도움이 같은 걸까요?" 바로 그 순간, 머리를 한 대 얻어맞은 듯한 기분이 들었다.

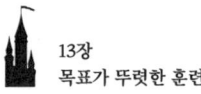

13장
목표가 뚜렷한 훈련

## 고객의 기대에서 출발하라

직원 교육을 설계하다 보면 항상 빠지게 되는 함정이 있다. 우리는 보통 장부 관리, 요리, 놀이기구 관리, 객실 청소 등의 업무에 직접 필요한 내용을 중심으로 프로그램을 짠다. 정작 업무의 결과라 할 수 있는 고객의 만족 여부는 교육과정에 반영하지 않는다. 우리도 마찬가지였다. 고객과 상호작용을 원활하게 하는 것에만 치중한 나머지 정작 고객이 원하는 것을 보지 못했다. 고객은 직원이 상품을 신속하고 정확하게 찾아주길 바랐지만 이를 직원에게 교육하지 않았다. 말하자면 '고객 존중' 교육에 집중하느라 '효율성' 훈련을 간과한 것이다. 직원들은 어떤 상품의 재고가 없다는 사실을 모를 때가 많았고 대체품을 제시하지도 못했다. 그러니 고객이 실망할 수밖에 없었던 것이다.

이 문제를 분석해 보니 점수가 낮게 나온 이유를 좀 더 자세히 알 수 있었다. 고객은 직원들이 '친절하다'라는 점에 동의했다. 하지만 '도움이 되었다'라는 점에는 동의하지 못했고, 낮은 점수를 매겼다. 그동안 실시해온 직원 교육에는 고객의 기대에 부응할 수 있는 역량을 갖추는 데 필요한 핵심 요소가 빠져 있었던 것이다. 이 맹점을 보완하고자 곧바로 상품 판매 직원들에게 아이패드를 제공해서 재고 현황을 즉각 확인하고 고객이 원하는 상품을 쉽게 찾을 수 있도록 했다.

이런 일을 경험하면서 성공적인 직원 훈련 프로그램의 핵심에 대해 깊이 성찰하게 되었다. 직원 교육이 제대로 이루어졌다는 것은, 직원이 '고객의 기대에 기반해' 서비스를 제공할 수 있는 모든 수단을 갖추었다는 의미다. 그리고 고객 만족도 평가에서 현실적이고 종합적인 피드백을 얻기 위해서는 예리하고 정확한 질문들을 준비해야 한다.

## 숲과 나무를 함께 보라

업무의 기술적인 측면에만 지나치게 집중하다 보면 오히려 교육의 목표를 잊는 경우가 있다. 디즈니의 목표는 '마법 같은 순간'을 만드는 것이다.

뛰어난 교육 프로그램을 만드는 효과적인 방법 중 하나는 정보와 조직의 목표 및 품질기준을 함께 이야기해주는 것이다. 예를 들어 식품사업부의 원칙이 식품을 만지기 전에 생일 축하 노래를 부를 때 걸리는 시간만큼 손을 씻는 것이라고 해보자. 만약 내가 이 부서의 교육 담당자라면 내가 가장 먼저 손을 씻고, 교육생들도 똑같이 손을 씻게 할 것이다. 그런 다음 '안전' 기준을 다시 설명한다. 이런 방식은 손 씻기의 중요성을 효과적으로 부각시켜준다.

파리 디즈니랜드에서 메인 스트리트 운행 차량 담당자가 받아야 하는 훈련은 위와 같은 방식의 모범 사례다. 첫날에는 메인 스트리트의 캐스트 멤버가 해야 할 역할과 그 일의 역사에 관해 교육한다. 교육생들은 고객을 어떻게 존중하는지(고객 존중 품질기준), 아이들에게 어떻게 놀이와 마법의 순간을 제공하는지, 메인 스트리트에 어떤 역사가 있으며 차량 운행 팀이 운행하는 희귀하고 오래된 자동차의 특징은 무엇인지(외관 기준의 한 요소로서) 집중적으로 교육받는다. 그러고 나서 두 번째 날이 되면 안전과 효율성 품질기준에 대해 배우며 차량을 운행하고 승하차 과정에 필요한 기술을 습득한다. 요약하자면 첫째 날에는 고객을 즐겁게 한다는 '조직의 목표'만 교육하고, 둘째 날과 셋째 날에는 비로소 캐스트 멤버로서 차량을 작동시키는 법에 관한 정보를 전달한 것이다.

## 아는 길도 물어 가라

당연한 이야기지만, 교육받지 않은 직원을 업무에 투입해서는 안 된다. 서투른 일처리로 조직을 위험에 빠뜨릴 수 있고 본인도 자존감에 치명적인 상처를 입을 수 있기 때문이다. 그러나 교육을 받아도 처음에는 비슷한 상황에 놓인다. 원탁 테이블에 둘러앉아 이들과 회의할 때면 교육에서 배운 내용과 실제 상황이 달라 힘들다는 이야기를 자주 듣게 된다.

이러한 괴리가 발생하는 이유를 두 가지로 추론할 수 있다. 하나는 교육 내용이 너무 구식이고 현실과 무관한 내용일 가능성이다. 직원 지침서가 항상 최신 내용을 반영해서 업데이트 되어 있는 것은 아니기 때문이다. 또 다른 가능성은 교육 담당자가 문서로 정리한 내용이 최선 혹은 가장 효율적인 방법이라고 믿지 않아서 '자신만의 방식'으로 가르치는 것이다. 이 경우에도 끔찍한 결과를 초래하곤 한다.

예를 들어 기동장치의 '잠금' 절차를 생각해보자. 기술 팀은 장비를 수리할 때 반드시 자물쇠로 회로 차단기를 잠가야 한다. 그래야 유지보수 작업을 하는 동안 감전 사고를 막을 수 있기 때문이다. 그런데 이때까지 감전 사고가 단 한 건도 없었고 잠금 절차로 작업 시간만 더 소요된다는 이유로 작업 중이라는 쪽지 정도만 붙여놓고 실제로는 잠그지 않는다면? 신입 직원들도 곧 경험이 풍부한 직원이 하는 대로 차단기를 잠그지 않고 작업하기 시작한다. 그러다가 어느 날, 쪽지가 떨어진다. 그리고 누군가가 반대쪽에 작업 중인 사람이 있다는 사실을 모르고 전원을 켜는 일이 발생하는 것이다.

극단적이지만 이 예시는 안전 대책을 제대로 준수하지 않으면 상황이 어떻게 악화될 수 있는지를 잘 보여준다. 리더는 교육 담당자와 교육을 받는 직원에게 교육 내용이 모든 절차를 수행하는 '유일한 방법'이라는 확신을 주어야 한다. 개선의 여지가 있거나 더 효율적인 방법이 있더라도 반드시 절차를 밟아 승인을 얻고 매뉴얼의 내용을 바꾼 후에 적용해야만 한다. 이때 훈련 과정과 실전 업무 사이에는 철저히 일관성을 유지해야 한다는 것을 명심하라.

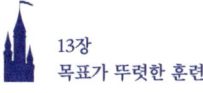
13장
목표가 뚜렷한 훈련

> 훈련받은 직원을 잃는 것보다
> 훈련하지 않은 직원을 그대로 두는 것이 더 나쁘다.
> — 지그 지글러(세계적인 대중 연설가, 작가)

## 평가가 없으면 성장도 없다

교육의 마지막 단계에서는 교육생이 지금껏 배운 내용 전부를 완전히 이해하고 숙지했는지 확인해야 한다. 더 나아가 그들이 다양한 업무에 대처할 수 있는지를 따져봐야 한다. 이 단계에서는 교육 담당자가 아닌, 교육과 무관한 위치에 있는 사람이 평가를 진행하는 것이 원칙이다.

디즈니에서는 이를 '지식 및 수행능력 평가'(KAPAs)라고 불렀다. 예정된 교육을 마치면 교육 담당자는 교육생과 리더들이 함께 앉아 훈련 내용에 관해 논의하는 시간을 갖도록 유도했다. 보통은 리더가 교육생에게 먼저 질문하는 것으로 시작한다. 질문 내용은 주로 다음과 같다.

- 세금 환급금 처리 절차가 어떻게 됩니까?
- 고객이나 동료가 길바닥에 누워 있는 것을 발견한다면 어떻게 할 건가요?
- 놀이기구로 이동 중인 열차에서 이상한 소음이 난다면 어떻게 할 건가요?

- 담당 지역에서 고객에게 하는 인사말은 무엇입니까?
- 길 잃은 아이를 발견하면 어떻게 할 건가요?
- 음식과 음료를 제공할 때 반드시 숙지해야 하는 알레르기 항목을 모두 말해주세요.

보다시피 일부는 구체적인 질문이고 일부는 업무 분야와 상관없이 모든 직원이 알아야 할 포괄적 질문이다. 직원들은 질문에 대한 답을 직접 수행하고, 리더는 부하 직원의 수행능력을 평가한다. 이 과정에서 직원들은 그동안 맡은 업무와 관련된 교육을 제대로 받았다는 것을 입증해야 한다. 예컨대 세금 환급금 처리 절차와 관련해 질문을 받았다면, 그 일을 직접 수행해낼 능력이 있다는 것을 보여주어야 한다. 그동안 리더는 직원이 맡은 업무를 제대로 이해했는지 확인하고자 시간을 내어 직원의 업무 과정을 관찰한다. 필요하다면 리더가 추가로 피드백을 제공해도 좋다.

지식 평가와 수행 평가 결과가 저조하면 교육을 추가로 이수할 수도 있다. 심할 경우에는 업무 분야를 변경하기도 한다. 그러나 이런 예외적인 경우가 아니라면 리더는 역할을 수행할 준비가 된 직원들에게 업무 승인 서명을 해준다. 신입 직원의 경우도 마찬가지로, 교육을 마치면 훈련 과정을 이수했다는 서명을 받는다. 리더의 서명은 교육의 모든 과정을 공식화할 뿐만 아니라 새로운 캐스트 멤버가 자기 역할이 얼마나 중요한 것인지 깨닫게 도와준다.

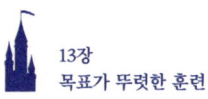

13장
목표가 뚜렷한 훈련

교육을 통해 배운 업무 실행 및 진행 능력에 관해서는 반드시 주기적으로 재평가를 진행해야 한다. 어떤 조직이든 어떤 직원이든 마찬가지다. 지극히 당연한 과정으로 보이겠지만, 실제로는 이를 무시하는 경우가 태반이다. 나는 앞서 들려줬던 차단기 예시처럼, 교육에서 배운 내용과 실무 간의 격차가 점점 커지는 경우를 자주 보았다.

나쁜 습관은 시간이 흐르면서 자연스레 생겨난다. 멀리 갈 것도 없이 사람들이 운전할 때 방향 지시등 켜는 것을 얼마나 쉽게 잊어버리는지 생각해보라. 처음에는 배운대로 방향 지시등을 켜지만, 운전에 익숙해질수록 안일해지고 결국 지시등을 켜지 않게 된다. 비즈니스도 마찬가지다. 경력이 풍부한 직원들이 보이는 나쁜 습관을 신입 직원들도 따라한다.

그러니 직원들이 교육 받은 대로 업무를 수행하는지 점검하고 평가하라. 리더 자질 평가든, 직원 평가든, 암행 평가든 어떤 방식이라도 괜찮다.

## 핵심 정리

구성원의 역량을 200퍼센트 끌어내는 교육 프로그램의 원칙

1 교육은 비용이 아니라 투자다. 세부적인 부분까지 철저하게 이루어져야 한다.

2 교육 프로그램은 해당 업무에 필요한 기술적인 정보뿐만 아니라 회사의 품질기준과 그에 맞는 태도에 기반해서 짜야 한다.

3 표준 업무 지침과 교육 내용에서부터 교육과정과 평가에 이르기까지, 교육의 모든 프로그램을 일관성 있게 설계해야 한다. 기업에서 교육의 절차나 표준을 변경할 경우 조직 내의 모든 과정에 그 내용이 반드시 반영되어야 한다.

# 14장

# 인재 개발

2018년 3월, 당시 나는 디즈니에서 은퇴할 준비를 하고 있었다. 아직 일을 그만두지 않았지만 내 후임으로 이미 여섯 명의 후보자가 있었다. 늘 인재를 개발하고 미래를 준비하는 디즈니의 노력 덕분이었다. 얼마 지나지 않아 회사는 제이슨 커크를 내 후임으로 정했다. 산업 기술자인 제임스는 테마파크 본부장으로 일할 때부터 현장 경험을 풍부하게 쌓아온 사람이었다. 나 역시 그가 내 자리에 오는 것을 적극 찬성했다. 당시 테마파크의 운송 팀 부사장으로 일하고 있던 제임스도 긍정적인 반응을 보였다. 덕분에 인사는 신속하게 이뤄졌고, 업무 인수인계도 순조롭게 마무리되었다. 이처럼 빠르고 효과적으로 인재를 개발하기 위해서는 두 가지가 필요하다. 규율과 진취적인 사고방식이다.

## 인재 개발은 장기전이다

인재 개발은 교육과 다르다. 교육이 조직에 당장 필요한 기술을 직원에게 전수하는 과정이라면, 인재 개발은 장기적인 관점에서 직원의 성장을 지원하는 과정이다.

인재 개발은 정원에 씨앗을 심고 가꾸는 일과 비슷하다. 직원이 씨앗이라면 리더는 그 씨앗에서 싹이 트고 꽃이 활짝 피도록 길러내는 사람이다. 리더는 코칭, 멘토링, 직무 순환 등 다양한 방식으로 직원의 역량을 개발해야 한다. 또한 직원이 성취감을 느끼며 즐거운 마음으로 업무에 임할 수 있도록 견문을 넓히고 경력을 쌓을 기회를 제공해야 한다. 직원의 역량 개발 과정은 궁극적으로 '건강한 조직'이라는 미래를 보장한다. 어떤 상황에도 즉시 투입할 수 있는 믿음직한 인재들을 보유할 수 있기 때문이다. 당신이 긴 시간을 들여서 성장시킨 바로 그 인재들 말이다.

디즈니는 평소에 임원과 간부급 직원의 후임이 될 직원 목록을 확보해둔다. 이는 말처럼 쉽지 않은 작업이다. 빈 자리에 즉시 투입될 수 있는 직원 명단을 꾸준히 업데이트했고, 명단을 보면서 각 후보자가 지금 당장 업무 인수인계를 진행할 수 있는 사람인지도 수시로 파악해야 한다. 동시에 직원들이 새로운 경험을 하고 교육을 받으며 성장하도록 유익한 기회를 제공함으로써 그들을 잠재적인 리더 후보군으로 키워냈다.

## 디즈니의 리더는 이렇게 탄생한다

디즈니는 뛰어난 인재들을 모으기 위해 항상 분투했다. '떠오르는 리더' 명단을 만들고 회사 내의 유망한 리더 후보들을 끊임없이 파악했다. 명단에 포함된 직원에게는 그 사실을 미리 알려주었다. 그뿐만 아니라 유망한 인재들이 지식을 축적하고 견문을 넓힐 수 있도록 지원했다. 몇 달, 혹은 몇 년이 걸리더라도 전 조직을 동원해서 끈기 있게 이런 작업을 해나갔다. 공식적으로 리더 선별 과정에 들어간 후에는 후보자들에게 역할 맞춤형 수업을 제공했다.

성장하고 있는 젊은 리더들을 만날 때마다 내가 해준 조언은 항상 똑같았다. 호기심을 가질 것. 배우고 또 배울 것. 많은 사람을 아는 것만큼이나 많은 사람이 나를 아는 것도 중요하다는 걸 명심하고, 최대한 자신을 노출시킬 것. 끊임없이 사람을 만나고, 모임에 참석하고, 새로운 과제에 자원하며 편안함에서 탈출할 것.

종종 나는 우리 팀에서는 어리숙하고 업무에 서툴렀던 직원이 리더 후보자 명단에 올라와 있는 것을 발견하곤 했다. 직원들이 조직 안에서 눈부시게 성장한 모습을 볼 때마다 나는 더할 나위 없는 보람을 느꼈다. 디즈니에서 내가 가장 중요하게 여겼던 일이 바로 리더 양성이었다. 나는 그것을 내 리더십의 핵심으로 삼았다. 업무 성과가 좋은 직원에게 승진 기회를 주지 않으면 그들은 회사를 떠날 수밖에 없다. 엡콧에서 주차 관리 직원으로 시작해 26년 동안 19개의 직책을 맡아온 나는 그 사실을 잘 알고 있다. 그래서 그동안 받은 혜택에 보답하는 마음으로 인재 개발에 힘썼다.

## 살아남으려면 직원에게 투자하라

디즈니의 모든 조직은 지속적으로 직원의 역량을 개발하고 있다. 리더는 이 일을 효과적으로 수행하기 위한 자신만의 과정을 가지고 있어야 하며, 이는 매년 진행되는 업무 수행 평가의 공식 항목이기도 하다. 리더는 사업 성과나 자질뿐 아니라 역량 개발 부분에서도 평가를 받는 셈이다.

나는 부하 직원들과 연례 업무 평가를 할 때 자기개발 계획을 스스로 세우게 했다. 나는 직원들의 직업적 포부나 학습 욕구, 관심사를 알고 싶었다. 그래야 그들이 커리어를 잘 쌓아 나가도록 도와줄 수 있다고 생각했기 때문이다. 하지만 리더의 역할은 딱 거기까지다. 개인의 역량 개발은 전적으로 당사자에게 달렸다. 물론 모든 사람이 높은 자리까지 오르는 것은 아니다. 하지만 적어도 미래를 고민하고 발전하고자 노력하는 사람에게 기회의 문은 활짝 열려 있어야 한다. 그러므로 리더는 직원들이 어떤 포부를 가졌느냐에 관계없이 더 많이 배우고 발전하게끔 독려해야 한다.

몇몇 기업은 당장 돈이 되지 않는다는 이유로 직원 역량 개발 과정을 경시하고, 심한 경우 아예 폐지하기도 한다. 하지만 이는 황금 알을 낳는 거위의 배를 가르는 일이나 마찬가지다. 유능한 인재들은 자신들의 역량을 개발할 수 없는 회사에서 나와 다른 곳에서 자신의 능력을 펼칠 것이다.

훌륭한 역량 개발 프로그램은 조직에 활기를 불어넣는다. 유망한 인재들이 새로운 직책에 적응하는 시간을 줄여주고, 결과적으로 채용과 직원 교육에 들어가는 비용도 감소한다. 또한 이직률이 떨어지며, 노련하고 유능한 인재들의 생산성은 크게 향상하는 결과를 가져다준다.

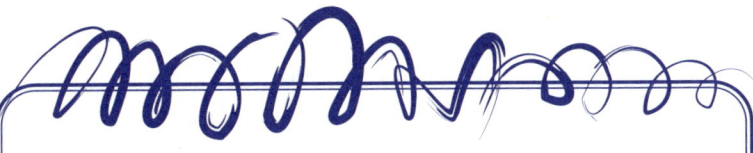

## 핵심 정리

### 조직 전체를 성장시키는 역량 개발 방법

1 조직 구성원 모두가 역량 개발 계획을 세우도록 독려하라. 개인의 수준이나 잠재력은 개의치 말라. 업무 수행 평가에는 반드시 직원 개개인의 역량 개발 평가를 포함하라.

2 부하 직원과 함께 역량 개발 계획을 세우라. 그런 다음 그 과정에 동참하라. 역량을 개발하는 일은 공식적으로 이루어져야 하며 직원 스스로 주도해야 한다.

3 역량 개발 계획에는 조직이 요구하는 역량뿐 아니라 각 직원이 미래에 수행할 역할에 필요한 역량도 반영되어야 한다.

# 15장

# 성장에 초점을 맞춘 평가

평가란 무척 까다로운 일이다. 쉬운 업무를 평가하려니 큰 의미가 없고, 중요한 업무를 평가하려니 너무나 어렵다. 때로는 의도치 않게 평가 내용이 직원의 행동에 영향을 미치기도 한다. 종종 모든 것을 중요하게 여긴 나머지 포괄적으로 평가하려다가 결국 중요한 것이 하나도 없게 되는 결과를 낳기도 한다. 이 장에서는 평가가 훌륭한 성과를 거둔 경우와 처참하게 실패한 경우를 둘 다 살펴보도록 하자.

## 잘못된 평가의 역풍을 조심하라

1990년대 후반, 디즈니는 식음료부의 운영 경비 중에서 불필요한 지출을 적극적으로 줄여나가겠다고 결정했다. 그리고 목표를 달성하기 위한 정책 중 하나로 주방장의 보너스를 매출 원가에 포함시켰다.

이 일은 전 직원의 이목을 끌었다. 하지만 그 결정이 어떤 결과를 불러올지는 아무도 예측하지 못했다. 얼마 지나지 않아 주방장들은 비용을 절감하면 더 많은 보너스를 받을 수 있다는 사실을 깨닫게 되었다. 그래서 가격은 저렴하지만 품질이 낮은 식재료를 사용하고, 메뉴를 줄였으며, 음식에 변화를 주려는 시도조차 하지 않고 기존 조리법을 그대로 답습했다. 주방장들은 당연히 보너스를 더 많이 가져갈 수 있었다. 그러나 고객 만족도는 심각한 타격을 입었다. 특정 분야를 평가하는 데 지나치게 무게를 뒀던 셈이다. 그러다 보니 의도한 것과 달리 음식의 품질이 떨어지고 식음료 분야의 수익도 바닥으로 곤두박질치는 결과를 맞게 된 것이다.

## 진정한 변화는 선행지표*로부터

꽤 많은 기업이 현황이나 성과를 평가할 때 엉뚱한 지표를 강조한다. 월트 디즈니 월드에서 가장 중요한 품질기준인

---

* 경기 변동보다 앞서 움직이는 것을 선행지표라 하고 경제지표 중 특정 추세에 접어든 뒤 변화하는 것을 지행지표라 한다.

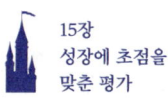
15장
성장에 초점을
맞춘 평가

'안전'을 예로 들어보자. 오늘날 상당수 기업이 미국 노동부 산하 산업안전보건청에서 정한 사고율을 활용하고 있다. 이 지표에서는 노동자의 총 근무시간 중 응급조치가 필요한 사건이 몇 건 일어났는지, 산업재해로 인한 근로 손실 시간은 얼마인지, 출근하지 못한 날은 며칠인지, 근로자는 적절한 보상을 받았는지 등을 고려한다. 그런데 이러한 지표들만으로 디즈니의 경영을 개선할 수 있을까? 물론 경제지표는 경제활동을 알아낼 수 있는 중요한 수치이므로 정확히 파악하고 꼼꼼하게 검토해야 마땅하다. 하지만 눈앞에 보이는 지표들은 이미 과거에 일어난 일을 반영하는 지행지표라서 명백한 한계가 존재한다. 디즈니를 더 안전하게 만들기 위해서는 발생 가능한 모든 행위와 관행을 염두에 두어야 했다. 그래서 우리는 디즈니 문화의 특성을 감안해 평가했고, 안전 기준을 점검할 때는 능동적으로 위험에 대처하는 능력을 파악했다.

우선 경영진과 관리자들이 안전 기준을 어떻게 실천했는지를 살펴보았다. 가령, 매직 킹덤의 부사장인 내가 안전에 관해 언급하지 않는다고 가정해보자. 회의에서 안전에 관한 논의를 전혀 하지 않고, 안전 보행 규칙을 준수하지 않는다. 안전하지 않은 환경에 재빨리 대응하지도 않는다. 이런 상황에서 우리 팀이 안전 기준을 우선순위로 둘 것이라고 기대하는 건 과한 욕심이다.

앞에서도 언급했듯이 우선순위를 전달하는 가장 강력한 방법은 바로 리더가 솔선수범하는 것이다. 나는 업무 성과를 검토하며 대화를 나눌 때마다 각 부서 본부장들에게 담당 분야의 안전 원칙을 물었다. 그들이 명확한 소통 체계를 확립하고 맡은 분야의 주요 위험 지역을 제대로 파악하고 있다면, 나도 그들이 담당하는 영역에서 사고 발생률이 평균보다 낮을 것이라 확신할 수 있었다.

현장 직원들과 매달 대책 회의를 하는 것도 안전을 지키기 위한 주요 수단이었다. 나는 이 회의에서 불거진 주요 현안을 파악해 즉각 필요한 조치를 했다. 그러고 나서 추후에 결과를 직원들과 다시 논의했다.

마지막 측정 기준은 '가까스로 면한 사고'에 관한 보고였다. 실제 일어난 사고가 될지 가까스로 면한 사고가 될지를 결정하는 것은 운과 타이밍이다. 우리는 디즈니의 안전 문화를 강화하기 위해 가까스로 면한 사고가 실제 일어난 상황을 가정했다. 그리고 실제 사고가 났을 때와 똑같이 긴박하게 훈련을 진행했다. 예를 들어 직원이 주방에서 미끄러졌는데 다행히 균형을 잘 잡아 부상을 입지 않았다면, 그 직원에게 '가까스로 면한 사고' 보고서를 제출하게 했다. '거의 넘어질 뻔했을 당시 주변 상황은 어땠는가? 주방 바닥이 젖어서 미끄럽지 않았는가? 바쁜 상황이어서 뛰었는가?' 이런 식으로 작성한 보고서를 매달 각 구역 안전위원회에 제출했다. 그런 다음에는 앞으로 같은 사고가 반복되는 것을 방지하기 위해 환경을 개선했다. 위 사례의 경우 바닥을 수리하거나 주방 안전 점검 목록표에 바닥을 건조하게 유지하라는 항목을 추가하고 전보다

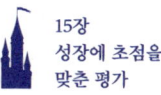

15장
성장에 초점을
맞춘 평가

더 자주 확인하도록 조치했다.

안전관리를 실천한 또 하나의 좋은 사례를 소개한다. 어느 날 디즈니 월드 경영진이 긴급하게 임원 회의를 소집했다. 회의 주최자는 안전 부서의 부사장이었다. 그는 오스트레일리아의 한 테마파크에서 플룸라이드\*를 타던 승객이 사망하는 사고가 발생했다고 말했다. 참석자들은 혼란에 빠졌다. 오스트레일리아에는 디즈니랜드 테마파크가 없었기 때문이다. '왜 다른 테마파크에서 일어난 사고 이야기를 긴급회의까지 열어서 하는 거지?' 그날의 안건은 '이런 유형의 놀이기구가 사고를 유발할 가능성이 있는가?'였다. 뒤이어 사고가 난 플룸라이드 제조업체의 놀이기구가 디즈니 테마파크에도 있는지, 디즈니의 플룸라이드 중에는 전복 사고의 위험이 있는 기구가 있는지에 관한 질문이 이어졌다. 세계 최고의 안전 문화를 지닌 기업다운 모습이었다! 디즈니는 지구 반대편 경쟁사에서 일어난 사고를 보고, 우리 업체가 아니어서 다행이라며 안도하지 않았다. 대신 이런 사고가 우리에게도 일어날 수 있는지를 즉각 파악했다. 그 일을 '가까스로 면한 사고'로 여긴 것이다!

성과를 개선하고 싶다면 지행지표(결과)를 철저히 살피는 것으로 만족해서는 안 된다. 선행지표가 실제 업무에 어떤 영향을 미치는지도 집중적으로 살펴야 한다.

---

\* 물에서 타는 롤러코스터형 놀이기구

## 고객의 요구는 즉시 해결하라

성과를 효과적으로 측정하기 위해서 중요하게 고려해야 할 또 한 가지 기준은 바로 실시간 대응 여부다. 앞에서 언급했듯이 업무 성과의 지행지표에만 정신이 팔려 있다 보면 문제를 바로잡을 기회를 놓칠 수도 있다.

디즈니는 순추천지수\*를 업무에 적극 활용하고 있다. 순추천지수는 서비스의 품질과 운영 방식에 대한 고객의 피드백을 즉각 파악할 수 있는 훌륭한 도구다(구글에서 NPS를 검색하면 원리와 사용법을 알 수 있다). 이 지표는 기업의 현재 상태가 어떠한지 신속하게 피드백을 준다. 또한 서비스가 훌륭한 직원과 형편없는 직원을 파악해서 그들에게 즉각 보상이나 조언을 줄 수 있게 해준다.

실시간 상황 대응은 디즈니에서 가장 중요하게 여긴 방식이었고, 지금도 그렇다. 예를 들어, 월트 디즈니 버스는 리조트 투숙객이 호텔과 테마파크를 오갈 때 사용하는 수단으로, 고객의 경험 중에서 매우 중요한 부분을 차지한다. 버스를 담당하는 운송 팀은 매일 수만 명을 안전하고 효율적으로 이동시키는 중책을 맡았다. 하지만 운송 팀의 서비스는 가끔씩 품질

---

\* Net Promoter Score: NPS는 고객에게 '추천 의향'을 묻는 문항으로 고객 충성도를 측정하는 방법이다.

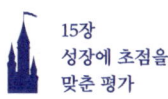
15장
성장에 초점을
맞춘 평가

기준에 미치지 못했다.

과거에는 교통정체나 사고로 버스 운행이 지연되었을 때, 문제가 해결되기까지 하릴없이 기다리는 수밖에 없었다. 그럴 때마다 고객들은 식사, 쇼, 패스트패스 사용, 불꽃놀이, 캐릭터와의 만남 등을 충분히 즐기지 못했다면서 불만을 제기했다. 이에 대해 당시 우리가 해줄 수 있는 것이라고는 환불해주거나, 무료 입장권 또는 재방문 할인권 제공밖에 없었다. 하지만 '마이 매직 플러스'를 출시하고 나서 상황이 바뀌었다. 손목 밴드 하나로 객실 열쇠, 신용카드, 입장 및 관람권, 패스트패스 등 모든 기능을 사용할 수 있는 기술이었다.

오늘날에는 고객 정보가 실시간으로 디즈니에 들어온다. 버스 정류장에 매직 킹덤으로 가려는 고객들이 도착하면, 센서가 고객들의 매직 밴드 무선 주파수를 감지하고 타이머를 설정한다. 그리고 버스에 탑승했을 때 발생하는 매직 밴드 신호가 일정 시간 내에 감지되지 않으면 시스템은 배차 간격이 늦어진다고 판단한다. 이 정보는 매직 킹덤 운송 팀 책임자에게 즉시 전달되고, 책임자는 기다리고 있다가 버스가 도착하면 고객들에게 사과하고 패스트패스를 제공한다. 이런 식으로 지체된 시간을 보상하고 상황을 바로잡는다.

디즈니의 모든 조직에 이런 실시간 대응 시스템이 구축되어 있는 것은 아니다. 하지만 이런 첨단 기술이 아니라도 실시간으로 상황을 파악할 수 있는 간단한 방법이 있다. 디즈니 리조트의 총지배인들은 문제가 생기면 고객이 직접 전화할 수 있도록 호텔 객실에 자신의 개인 연락처가 적힌 편지를 비치해둔다. 투숙객의 연락을 받은 총지배인은 각 리조트 담당 지배인에게 연락하고, 담당 지배인은 총지배인을 대신해 즉시 상황을 바로잡는다. 이후 리조트 측은 다음에는 더 신속하게 해결할 수 있도록 문제의 원인을 근본적으로 분석한다. 다음 쪽의 예시를 참고하라.

---

측정하지 않으면 개선할 수 없다.

---

## 모든 평가는 '품질기준' 위에서

일관성이 있는 조직에는 신뢰와 효율성이 생긴다. 앞에서도 언급했듯 팀 구성원들은 모두 같은 체계 안에서 활동해야 한다. 조직 전체가 공동의 목표와 명확한 품질기준에 따라 업무를 수행해야 한다는 말이다. 이때, 품질기준은 고객의 기대를 반영하고, 직원 교육 프로그램은 품질기준을 토대로 이루어져야 한다. 그러고 나면 다음 단계는 품질기준의 관점에서 업무 성과를 측정하는 것이다.

디즈니에서는 항상 네 가지 품질기준, 즉 안전, 고객 존중, 외관, 효율성을 기준으로 업무 성과를 측정한다. 특히 암행 평가나 NPS 평가는 고객 존중 기준을 잘 지키고 있는지 파악하기 좋은 수단이다.

리조트를 찾아주신 고객님께 감사드립니다!

저는 올스타 스포츠 리조트의 총지배인인 켈리 클라인입니다. 고객님이 이곳에 머무는 동안 마법 같은 경험을 할 수 있도록 디즈니의 모든 팀원과 함께 돕고 있습니다. 월트 디즈니 월드 리조트에서 즐거운 시간 보내시길 바랍니다.

휴가를 즐기는 동안 저희는 고객님께 최선의 서비스를 제공하도록 노력하겠습니다. 혹시라도 불편한 점이 있으면 저희에게 즉시 알려주십시오. 올스타 스포츠 리조트의 가장 중요한 목표는 리조트를 찾아주신 모든 고객님이 즐거운 휴가를 보내는 것입니다. 또한 휴가 중 특별한 경험을 하거나 직원에게 감동받은 적이 있다면 저희에게 들려주십시오. 고객에게 감동을 드리는 직원들이야말로 저희 디즈니의 긍지입니다.

머무는 동안 저희에게 하고 싶은 말씀이 있다면 diz.sv/sportstay 혹은 아래의 QR 코드로 접속하여 의견을 남겨주시기 바랍니다. 디즈니는 감사한 마음으로 귀중한 의견에 귀 기울이고 있습니다.

그럼 고객님의 의견 기다리겠습니다. 아울러 디즈니 올스타 스포츠 리조트에서 마법과도 같은 환상적인 휴가를 보내시길 바랍니다.

따뜻한 마음을 담아, 켈리 클라인 드림

디즈니 올스타 스포츠 리조트 총지배인
켈리 클라인

- 상점에 들어섰을 때 직원들이 친절하게 맞아주었는가?
- 직원들은 고객에게 도움을 줄 준비가 되어 있었는가?
- 직원이 미소를 짓고 있었는가?
- 직원이 눈을 마주치며 응대했는가?

리더로 구성된 평가단은 외관의 품질기준도 평가한다.

- 직원은 명찰을 달고 있는가?
- 직원은 디즈니의 용모 단정 지침을 준수하고 있는가?
- 행사 구역은 쓰레기 없이 청결한가?

시설부는 페인트칠 상태, 콘크리트, 조명 등을 정기적으로 점검하며, 관리부 리더는 항상 욕실 및 다른 구역의 청결 상태를 점검한다. 이 모든 것이 외관의 품질기준에서 중요한 부분이다. 효율성 기준으로 평가할 때는 제품 판매점, 식당, 놀이기구 등의 업무 자료를 디즈니의 품질기준과 비교한다.

얼핏 생각하면 평가 기준을 달성하는 게 쉬워 보인다. 하지만 기대했던 것과 다른 성적표를 받아 든 경우가 허다하다. 그리고 조직이 커질수록 작성해야 할 보고서도 늘어난다. 이때, 평가 항목이 지나치게 늘어나지 않도록 주의하라. 기본적이고 필수적인 지표들을 측정하고 평가하는 것은 중요하다. 하지만 평가를 통해 얻은 데이터를 꾸준히 추적해서 업무를 개선하는 것이 가장 중요하다는 사실을 잊지 말아야 한다. 아

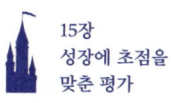

15장
성장에 초점을
맞춘 평가

무도 실천하지 않는 자료 더미에 평가지표가 파묻히는 것보다 몇 개 안 되는 지표라도 꼼꼼히 파악하고 체계적으로 실천하는 편이 훨씬 낫다.

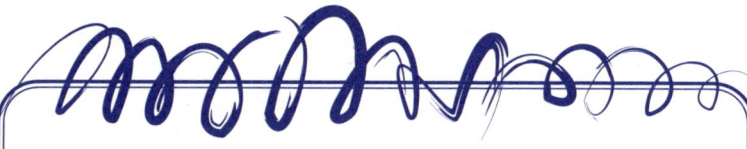

## 핵심 정리

최소 비용으로 최대 효과를 거두는 평가 방법

1 실시간으로 평가하라. 가능하다면 선행지표를 활용하라.

2 모든 것을 평가하려고 하면 오히려 독이 된다. 업무와 직접적으로 관련된 핵심 사항만 평가하라.

3 평가 항목의 수가 적어야 결과를 실천할 수 있다.

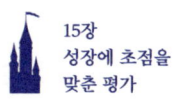

## 16장

# 벽을 허물고 소통하기

소통을 잘하고 싶은가? 딱 한 가지만 잘하면 된다. 바로 다가가기 쉽고 친근한 리더가 되는 것이다. 인간관계의 소중함을 알게 된 뒤로 나는 친근한 리더가 되겠다는 목표를 날마다 되새겼다. 그러면서 누구에게든 겸손하려고 노력했다. 현장 직원이나 초급 관리자들은 상사와 소통하는 것 자체가 부담스러울 수 있다는 사실을 알았기 때문이다.

디즈니의 임원들에게는 개인 음성사서함 번호가 있다. 나는 이 번호를 사내 게시판, 직원 휴게실, 식당 등 매직 킹덤 곳곳에 남겼다. 직원들에게 나는 언제든 편하게 이야기 나눌 수 있는 사람이라는 메시지를 주고 싶었기 때문이다. 그다음에는 명확한 기대치를 설정했다. 직원들의 모든 문제나 아이디어를 듣고 싶은 것은 아니었기에 음성사서함 번호 밑에다 다음 문구를 추가했다.

"안녕하세요. 매직 킹덤 부사장 댄 코커렐입니다. 내게 할 이야기가 있다면 언제든 사서함에 메시지를 남겨주세요. 만약 답장을 받고 싶다면 성함과 전화번호를 알려주세요. 그 전에 한 가지 유의할 점이 있습니다. 만약 새로운 아이디어를 제안하거나 회사에 관해 궁금한 점을 묻고 싶다면 직속 상관과 먼저 의논하는 것을 강력히 추천합니다. 우리 회사의 뛰어난 리더들은 충분히 그 궁금증을 풀어줄 수 있습니다. 그럼에도 저와 직접 이야기하고 싶으신 분들을 위해 이렇게 개인 번호를 남깁니다. 오늘도 매직 킹덤에서 고객들에게 마법의 순간을 제공해주셔서 감사합니다!"

혹시 모를 긴급 상황을 대비해서 음성사서함 안내 문구에 내 개인 전화번호도 포함시켰다. 사람들은 개인 전화번호까지 알려주는 나를 보고 혀를 찼다. 하지만 디즈니처럼 큰 조직에서는 원활하고 신속한 소통이 어려울 수밖에 없다. 나는 내 관할에서 발생한 문제가 내가 알기도 전에 다른 사람이나 매체에 전해지는 걸 원치 않았다. 당신 부서의 문제를 페이스북이나 인스타그램, 일간지, 보건위생국, 텔레비전 뉴스를 통해 듣는다면 어떨까? 생각만 해도 골치가 아플 것이다. 만약 얼굴도 보기 싫은 상사의 귀에 그 소식이 먼저 들어간다면? 상상조차 하기 싫다. 그러니 내가 먼저 파악하는 게 훨씬 나았다.

음성사서함을 통해 받은 메시지의 내용은 무척 다양했다. 업무 개선 방안부터 안전 문제, 감사의 인사, 심지어 "저한

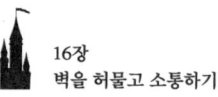

16장
벽을 허물고 소통하기

테 이러시면 안 되죠"라는 원망까지 있었다. 그 외에 관료주의적인 행정에서 비롯된 급여 관련 말썽이나 업무 절차상의 문제점, 다른 직원 혹은 상사와 겪는 인간관계 고충 등을 토로한 경우도 많았다.

그런데 음성사서함을 활용한 소통에는 예기치 못한 두 가지 문제가 있었다. 하나는 이른바 '단골' 문제다. 몇몇 직원은 자신이 겪은 모든 문제를 날마다 음성사서함에 남겼다. 소속 부서에서 다루어야 할 사안이라는 것이 명백한데도 단계를 건너뛰어 부사장인 내게 직접 말했다. 이런 메시지들을 받았을 때는 해당 직원을 직접 만났다. 나는 그에게 문제를 알려주어서 고맙다고 말해준 후 해당 사안을 처리하는 방법을 조언해주었다. 주로 직속 상사나 해당 부서의 책임자와 그 문제를 먼저 의논하라는 내용이었다.

다른 하나는 갈등 상황을 낱낱이 들여다보며 하나하나 간섭하다가 부하의 신뢰를 잃을 수도 있다는 점이었다. 일의 실체는 알지도 못한 채 메시지의 내용만 믿고 해당 부서의 총책임자를 질책하게 될 가능성이 다분했다.

사실 이런 문제는 우리 아이들이 어릴 때 내가 자주 겪었던 일이었다. 줄리안은 걸핏하면 여동생 마고를 괴롭혔다. 짜증이 날 대로 난 마고는 결국 줄리안을 때렸고, 줄리안은 동생이 이유 없이 자신을 때렸다고 우리에게 일렀다. 그러면 전후 사정을 모르는 우리는 손찌검했다는 이유로 마고를 부당하게 혼내곤 했다. 시간이 지난 뒤 나와 아내는 우리의 잘못을 깨달왔다. 갈등에는 실제로 일어난 사실과 그에 대한 아이의 인식이 있고 그 둘은 분명히 다르다. 아이 둘 중 한쪽의 일방적인 잘못으로 벌어지는 갈등은 드물다는 사실도 배웠다.

직원들에게 받았던 메시지도 이와 비슷했다. 어떤 직원은 상사가 특정 직원을 편애하고 자신을 차별한다는 메시지를 남겼다. 리더가 일부러 자기에게만 다른 팀원들에 비해 무거운 책임을 부과한다고 주장하는 이들도 있었다.

나는 내 직속 부하들도 익명 메시지와 관련된 문제에서 자유로울 수 없다는 걸 곧바로 깨달았다. 그래서 이러한 갈등을 사전에 대비하도록 했다. 다음은 내가 부하 직원들에게 전한 메시지를 요약한 것이다.

우리 조직에는 1만 2,000명의 직원이 있습니다. 이렇게 많은 이들과 함께 일하며 어떠한 불화나 갈등, 의견 불일치도 없길 바라는 것은 말 그대로 어불성설입니다.
팀에서 생긴 문제는 가장 먼저 팀원들끼리 대화로 풀고자 노력해야 합니다. 기꺼이 경청하고 행동하기만 한다면, 이는 오히려 신뢰를 구축할 기회가 될 것입니다.
제 음성사서함에 온 메시지들이 모두 옳다고 생각하지는 않습니다. 하지만 적어도 음성사서함에 의견을 남긴다는 것은 그만큼 특정 문제에 관심이 있다는 의미입니다. 그러니 저는 그 말에 귀를 기울일 것입니다. 물론 판단하기에 앞서 이야기의 전체 맥락을 파악할 겁니다. 저는 경영진이며, 모든 직원이 겪는 일에 궁극

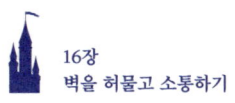
16장
벽을 허물고 소통하기

적으로 책임이 있습니다. 모두의 또 다른 눈과 귀 역할을 하면서 여러분의 성공을 돕기 위해 늘 노력할 것입니다.

직원이 잔뜩 화가 나서 음성사서함에 메시지를 남겨도 나는 섣불리 판단하지 않았다. 대신 판단을 유보하고 그 일과 관련된 리더에게 메시지를 전달해서 실제로 문제가 있었는지, 얼마나 중대한 사항인지를 확인하게 했다. 만약 더 큰 문제의 일부분이라고 판단되면, 리더보다 직급이 높은 책임자에게 집중적으로 조사하도록 했다. 자신의 이름과 연락처를 남긴 직원과는 따로 통화를 하면서 그 사람이 말한 문제에 대해 깊이 논의했다. 직원들과 직접 이야기할 때는 항상 직속 상관과 그 문제를 논의했는지 물었다. 만약 내게 처음 이야기한 것이라면, 문제를 직속 상관 수준에서 해결하게끔 도와주었다.

문제를 제기한 사람에게는 늘 의견을 들려주어 감사하다고 말해주었고, 앞으로도 계속 귀한 의견을 남겨달라고 독려했다. 제기한 문제에 대해 내가 동의하는지의 여부는 중요하지 않다. 마찬가지로 테마파크 직원들과 대화하거나 회의를 할 때도 내가 받은 귀중한 의견들을 언급하며 언제든 의견을 들려달라고 부탁했다.

이처럼 직원들이 경영진에 쉽게 접근할 수 있는 수단을 마련하자 경영진은 수많은 의견을 들을 수 있었고, 테마파크에서 일어나는 다양한 문제를 깊이 들여다보게 되었다. 또한 내가 솔선수범하여 다가가기 쉬운 사람이 되려고 했더니 다른 리더들도 비슷한 방식으로 직원과의 거리감을 좁히기 위해 노력했다. 그중에는 자기방어적 태도에서 벗어나 더 유연한 리더가 된 사람도 있다. 설령 리더들이 직원들의 목소리를 무시하고 문제를 해결하려 노력하지 않아도 크게 상관없었다. 리더의 상급자, 심지어 부사장인 나에게까지 의견을 전달할 길이 활짝 열려 있었기 때문이다.

> 권력은 거리감을 만든다.
> 리더는 멀어진 거리에 다리를 놓아야 한다.
> ― 필 윌슨(버클리 음대 교수)

## 소통은 하루아침에 이루어지지 않는다

디즈니의 여러 부서에서 일하는 동안 아무리 탁월한 아이디어를 내고 정당한 우려를 제기하고, 간절하게 탄원해도 그것이 항상 짜놓은 직급 체계대로 전달되지는 않는다는 것을 깨달았다. 내부에서 다루지 않았거나 리더에게 전해지지 않은 사안이 외부로 새어 나가 만천하에 공개될 수도 있다(페이스북이나 트위터, 지역 신문, 지역 매체 등을 생각해보라). 물론 내부 문제가 커져서 밖에서까지 말이 나오는 경우는 드물다. 하지만 일단 그런 일이 일어나면 브랜드 이미지는 돌이킬 수 없는 타격을 입는다.

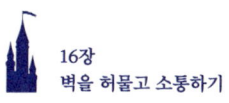
16장
벽을 허물고 소통하기

또한 조직 내의 모든 사람이 목소리를 낼 수 있어야 한다는 점을 배웠다. 환상적인 아이디어가 있거나 무언가를 기가 막히게 개선할 수 있는데, 혹은 잘못을 시원하게 고칠 수 있는데 아무도 들어주지 않는다면 얼마나 낙심하겠는가!

이런 일을 막기 위해서 나는 누구나 쉽게 다가가고 친근하게 대할 수 있는 리더가 되는 것을 목표로 삼았다. 점심 식사를 하는 장소에서 출발해 테마파크를 돌아다니는 동안, 직원들에게 보이는 내 말과 행동이 목표를 잘 반영하고 있는지 점검했다. 모든 수단을 동원해서 "이 자리에 있어 기쁘고, 당신의 생각이 궁금합니다!"라는 신호를 보냈다.

다가가기 쉽고 친근한 리더가 되면 장점과 단점을 같이 얻게 된다. 다행히 단점보다는 장점이 훨씬 많다!

먼저 단점을 살펴보자.

첫 번째로, 거의 모든 때에 '접근성'과 '친근함' 스위치를 켜두어야 한다. 언어적 행동 방식뿐만 아니라 비언어적 행동 방식까지 매력적으로 보여야 한다. 사람들이 깔끔하고 잘 꾸며놓은 집에 들어가보고 싶어 하는 것과 같은 이치다. 게다가 직원은 직책의 차이 때문에 리더와 대화하는 것을 부담스러워할 수밖에 없다. 그러니 '섬기는 리더십'을 보여주고 싶다면 '직원과 직원의 관심사가 리더에게 가장 중요하다'라는 메시지를 끊임없이 전달해야 한다. 물론 이 메시지에 진정성이 담겨 있어야만 좋은 결과를 얻을 수 있다. 직원들의 업무 성과가 향상되고, 리더는 더 좋은 결과를 얻게 될 것이다. 직원과 리더

모두 승자가 되는 셈이다.

접근성과 친근함을 유지하기 위해서는 에너지가 충분해야 하고, 자의식이 강해야 하며, 의도가 명확해야 한다. 기분이 좋지 않거나 짜증이 나도 감정을 있는 그대로 드러내면 안 된다. 만약 당신의 짜증이 직원에게 새어 나간다면, 지금껏 접근성과 친근함으로 쌓은 명성에 금이 가는 것은 물론이고 아예 무너질 수도 있다.

두 번째로, 리더는 무수히 많은 전화 통화, 이메일, 문자 메시지를 감내해야 한다. 종종 문자를 보낸 직원들을 직속 상사와 연결해주는 것만으로 문제가 해결되는 경우도 있다. 그렇다 할지라도 직원이 제기한 문제나 아이디어를 인내심을 가지고 존중하며 경청해야 한다.

세 번째로, 직원들이 자신과 친밀한 리더를 그 조직의 유일한 문제 해결자로 인식할 위험이 존재한다. 직원이 제기한 문제를 직접 해결할 경우, 자칫 중간 관리자를 따돌리는 상황이 될 수 있다. 그러면 직원들 사이의 관계가 불편해질 가능성이 크다. 부하 직원이 자신보다 높은 위치에 있는 리더와 직접 소통할 때 예민해지는 건 당연한 일이다.

이제 장점을 살펴보자. 접근성과 친근함을 갖춘 리더는 정황을 신속하고 정확하게 알 수 있다. 그 결과, 문제에 즉각 대응할 수 있고, 필요한 경우 적실한 해결책을 제시할 수도 있다. 관료주의를 무너뜨리는 가장 강력한 도구인 셈이다. 또한 조직 내 다른 부서의 좋은 본보기가 될 수 있다.

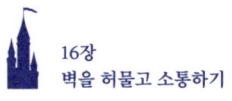

16장
벽을 허물고 소통하기

모든 상황에는 각기 다른 딜레마가 있고 완벽한 정답이란 없다. 어떻게 해야 조직의 체계와 구조에 따라 업무를 하면서도 이에 구애받지 않고 모든 사람과 편하게 소통할 수 있을까? 물론 쉽지 않다. 하지만 이 책에서 제안한 대로 따라가다 보면 지름길을 발견할 수 있을 것이다. 거듭 강조하지만 소통은 직원의 업무와 고객의 경험을 개선하는 최고의 도구다.

## 핵심 정리

직원들이 쉽게 다가올 수 있는 친근한 리더가 되는 법

1 비서에게 엄격한 문지기가 아니라 다정하게 인사하는 사람이 되자고 제안하라.

2 직원들과 산책하며 이야기 나눌 시간을 공식 일정에 넣으라. 직원과 대화할 때는 늘 적극적으로 경청하라.

3 구내식당 등 장소를 정해 직원들과 자주 식사하라.

4 직원들에게 개인 전화번호와 이메일을 알려주고 언제든 필요하면 연락하라고 말하라.

5 중요한 건 소통의 문을 두드린 모든 이에게 감사한 마음을 가지는 것이다. 직접적인 도움을 줄 수 있는지 없는지는 그다음 문제다.

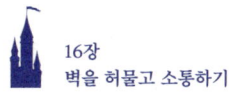

# 17장

# 파트너십과 협업

 2017년 후반, 우연히 아마존 물류센터에 관한 영상 자료를 보게 되었다. 이미 잘 알려졌다시피 아마존의 물류창고는 고도로 효율적인 체계를 갖추고 있다. 매일 쏟아지는 수백만 건의 주문을 다양한 로봇들을 활용해서 신속하게 분류하고 처리한다. 물류창고 바닥에는 작은 QR코드들이 있는데 로봇들은 이를 인식하고 가장 효율적인 동선에 따라 움직인다. 그런 식으로 물건들을 적절히 분류해서 선반에 올려둔다.

 이 동영상을 보다가 갑자기 한 가지 아이디어가 떠올랐다. 매직 킹덤의 부사장인 나는 테마파크 안에서 일어나는 온갖 일들뿐 아니라 '그 아래'에서 일어나는 일의 책임자이기도 했다. 여기서 '그 아래'란 매직 킹덤에 있는 지하터널, 직원끼리는 '유틸리도어'*라고 부르는 곳을 의미한다. 디즈니 직원들은 이 비밀스러운 공간을 다양하게 활용했다. 지하 터널은 고객의 눈에는 보이지 않는 또 하나의 부서나 마찬가지였다. 이 공간은 테마파크 내 식당과 상점을 비롯해 곳곳으로 갈 수 있는 통로였으며, 동시에 직원 전용 식당과 옷장, 라커룸 등이 구비된 쉼터이기도 했다.

유틸리도어는 이동량이 지나치게 많아 항상 난리판이었다. 경영진은 이곳이 붐비는 현상을 개선하기 위해서 늘 고민했다. 게다가 이 지하터널에는 화재에 취약한 화물 운반대들이 잔뜩 쌓여 있어서 한시도 긴장을 늦출 수 없었다. 아마존 동영상이 내 호기심을 자극한 것도 이런 상황 때문이었다. '로봇이 빈 화물 운반대를 터널 입구로 옮겨두기만 한다면 안전 문제도 쉽게 해결할 수 있지 않을까? 어쩌면 유틸리도어를 드나드는 모든 화물 운반대의 완전한 자동 운반 시스템을 만들 수도 있지 않을까!' 구미가 당기는 아이디어였다. 하지만 솔직히 말하자면 그런 시스템을 구축하는 것이 과연 회사에 득이 될 것인지 확신할 수 없었다. 또한 어디서 어떻게 시작해야 할지 감을 잡을 수조차 없었다. 모든 일이 너무 복잡하게만 느껴지던 순간 이런 말이 떠올랐다. "모든 어려움의 한복판에 기회

---

* Utilidor의 본래 뜻은 영구동토 지역으로 물과 전력을 수송하기 위해 설치한 절연 수도관·케이블망을 말한다. 디즈니 매직 킹덤에서는 관람객의 환상을 깨지 않기 위해서 지하에 터널을 만들어두고 공연 준비, 직원 이동, 식음료 준비 등을 이곳에서 실시한다.

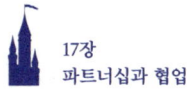

17장
파트너십과 협업

의 섬이 있다." 그래서 난 도움을 구할 사람을 찾기 시작했다.

나는 디즈니에서 다양한 업무를 수행할 때 자주 협업했던 론 밀스를 떠올렸다. 유통서비스 부서 부사장인 그는 나의 가장 완벽한 파트너였다. 론은 내 생각을 듣자마자 잠재성이 큰 아이디어라며 프로젝트 연구에 동의했다. 동시에 프로젝트를 함께할 팀원 한 명도 할당해주었다. 다음으로는 프로세스 변경 부서의 크리스틴 가스만과 이 아이디어에 관해 논의했다. 크리스틴은 4년 전에 디즈니 컨슈머 프로덕트에서 월트 디즈니 월드로 이직했는데 나는 그때부터 줄곧 그녀의 멘토 역할을 하고 있었다. 내 아이디어를 들은 크리스틴은 적극적으로 찬성했고, 바로 그 자리에서 프로젝트에 참여하기로 결정했다. 우리의 계획은 우선 시범 사례를 하나 만들고, 이후 성과를 보며 다른 분야로 점차 확대해나가는 것이었다. 크리스틴은 프로젝트의 비용과 실행 가능성을 평가하기 위해 산업공학 팀을 섭외했다. 그리하여 디즈니 식음료부와 상품부에 더해 기술을 담당할 부서까지 섭외하게 되었다.

안타깝게도 나는 이 프로젝트가 완성되기 전에 은퇴했다. 하지만 이 경험은 파트너십과 협업의 힘이 얼마나 강한지 보여준 사례로, 내 기억 속에 아직까지 생생하게 남아 있다. 프로젝트를 진행하면서 나는 다양한 부서의 구성원에게 도움을 요청했다. 내게 지원을 부탁받은 이들은 모두 다행스럽게도 자기 일처럼 나서서 도와주었고 가용자원을 최대한 제공했으며 유익한 의견을 제시해주었다. 그럴 수 있었던 이유는 단순하다. 바로 도움을 요청하기 전에 친밀한 관계를 '미리' 쌓아두었기 때문이다.

## '그들' 증후군에서 탈출하라

인류가 생겨난 이래로 '우리'와 '그들'은 늘 존재해왔다. 산 너머에 거주하는 부족, 국경 너머에 사는 민족, 길 건너편 경쟁자 등 인간은 나와 상대방을 구분했다. 심지어 요즘은 회사 복도 건너편의 사무실까지도 우리와는 다른 '그들'로 구분한다. '그들' 집단과 우리는 능력도 차이가 나고 존재 이유도 상이하다. 무엇보다도 행동의 동기가 다르다.

수천 년 동안 진화를 거듭하면서 인간은 이러한 차이점을 경계하는 성향을 띠게 되었다. 편하다고 느끼는 사람과 더 많이 교류하면서 생긴 결과다. 서로 다른 두 집단 사이에 신뢰를 쌓는 일은 당연히 어렵다. 관점이나 접근 방식, 관심사가 다르다면 더욱 그렇다.

하지만 나는 '그들'과 함께하는 어려움을 즐긴다. 나는 업무를 진행할 때 항상 파트너십을 맺고 협력할 수 있는 기회를 탐색했다. 앞서 언급했듯이 나는 사람들을 좋아한다. 조직이나 나 자신을 위해 목표를 세워도 함께할 사람이 없다면 성취할 수 없다. 이런 성향의 상당 부분이 내 이기심에서 비롯되었다는 점을 인정한다. 하지만 디즈니에서는 여러 부서끼리 협력하지 않으면 아무것도 성취할 수 없다. 근사한 결과를 내고 싶다면 여러 전문가와 최신 기술 그리고 다양한 부서의 여러 가지 관점을 반드시 수용해야 한다.

그러니 '그들'이라는 범주에서 빠져나오라. 지금부터 '그들' 증후군을 극복하게 해줄 몇 가지 비법을 소개하고자 한다.

가장 먼저 '그들'이 누구인지 파악하라. 그리고 '그들'의 마음을 어떻게 사로잡을지 고민하라. 이것이야말로 '그들' 증후군에서 빠져나와 회사를 더 성공적으로 운영하기 위한 첫걸음이다. 새로운 직책을 맡을 때마다 나는 내가 이끌게 된 조직이 성공하는 데 필요한 모든 부서를 목록으로 만들었다. 그러고 나서 각 부서의 리더들을 한 사람씩 모두 만났다. 그들이 어떤 일을 했는지, 어떤 방식으로 했는지, 어떻게 서로 도움을 주고받으며 협력할 수 있는지를 파악하기 위해서였다. 직접 발로 뛰며 그들과 관계를 쌓아나간 셈이다. 각 부서의 리더들을 점심 식사에 초대하기도 하고, 직접 리더의 사무실로 찾아가 만나기도 했다. 직속 부하 직원들에게 그러했듯 나는 타 부서 사람들과도 개인적으로 친밀한 관계부터 쌓아갔다. 그 과정에서 나는 그들이 무엇 때문에 야근을 하는지, 어떤 어려움을 겪고 있는지 그들에게 직접 들을 수 있었다. 리더들과 나는 그들이 내 부서를 어떻게 도와줄 수 있을지, 내가 어떻게 해야 그들에게 최고의 파트너가 될 수 있을지를 논의했다. 그다음 단계로 분기에 한 번 직접 만나거나 전화 통화를 하며 논의했던 사항들을 점검했다. 이렇듯 돈독하게 인간관계를 쌓으니 몇 가지 유익한 성과를 거두게 되었다.

첫째, 내가 자신들의 업무에 관심이 있다는 사실을 잘 알게 된 이후로, 리더들은 나를 파트너로 여겼다. 그들은 내가 관리하는 테마파크나 호텔 관련 업무를 추진하게 되면 가장 먼저 나에게 전화를 걸었다.

둘째, 인간관계를 쌓는 과정에서 내가 한 번도 접해보지 못한 분야에 대해 배울 수 있었다. 산업공학, 섬유, 수익관리, 법률, 수익경영, 노사관계, IT 등 다양한 것들을 배운 결과, 우리 부서가 그들의 업무에 어떤 영향을 미치는지 구체적으로 알게 되었다. 이렇듯 여러 정황을 이해하게 되자 이를 토대로 더 효과적인 결정을 내릴 수 있었다.

셋째, 새로운 계획이나 실수, 위기가 갑작스레 생겼을 때도 솔직하고 투명하게 상황을 처리할 수 있었다. 우리는 가까운 사람일수록 눈치를 덜 보고 더 솔직하게 생각을 말할 수 있다. 화물 운반대 자동 운반 시스템 구축은 허황되거나 흠이 있는 아이디어일 수도 있었다. 하지만 나에게는 크리스틴이 솔직한 피드백을 주리라는 확신이 있었다. 그래서 망설이지 않고 크리스틴에게 그 이야기를 할 수 있었다. 설령 좋지 않은 아이디어였다 해도 그녀는 솔직한 의견을 가감 없이 제시함으로써 내가 엇나가지 않도록 제동을 걸어주었을 것이다. 그녀는 내게 언제나 건설적인 조언을 해주는, 믿을 만한 사람이기 때문이다. 이렇듯 친밀한 인간관계는 소통과 이해라는 바퀴가 잘 굴러가도록 윤활제 역할을 해주었다. 기업에서 당신의 성

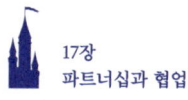
17장
파트너십과 협업

공을 좌우하는 부서나 외부 계약 업체는 어디인가? 그 담당자를 만나고, 알아가고, 감사를 표하라.

나는 다른 부서나 조직과 협력할 때마다 아래와 같은 몇 가지 기본 원칙을 지켰다.

다른 사람과 협업할 때는 늘 열린 마음으로 임해야 한다. 신뢰 관계를 망치기 싫어서, 혹은 새로운 아이디어나 계획의 공로를 혼자 누리고 싶어서 협업을 꺼리는 리더도 있다. 그러나 어차피 혼자 할 수 있는 일은 없다. 번뜩이는 아이디어가 있다면 누군가와 공유하는 것을 두려워하지 말라.

디즈니에서 구성원 사이에 의견 충돌이 있거나 이해관계가 상충할 때마다 우리는 공동의 목표, 즉 모두가 함께 바라는 결과를 상기했다. 견해가 달라 서로 부딪치다 보면 추구하는 공동의 목표에서 멀어질 위험이 크다. 하지만 디즈니에서는 어떤 결정이 고객이나 직원에게 미칠 영향을 가장 먼저 생각했으며 이런 방식은 늘 유익하게 작용했다. 우리들 중 아무도 자기 부서의 정책이나 특성만을 고집하지 않았다. 각자의 위치에서 모두가 행복해질 수 있는 타협점을 찾고자 노력한 덕분이다.

어떤 문제가 생길 때면 나는 문제의 해결책에만 집중했다. 타인을 비난하고 탓하는 어리석은 짓에 시간을 낭비하지 않았다. 그리고 어떤 결과물을 낸 뒤에는 아쉬웠던 점을 복기하며 교훈을 얻는 시간을 마련했다. 배운 것이 있다면 실패는 손실이 아니다.

아무리 어려운 상황 한복판에 있어도 긍정적으로 생각하고 항상 할 수 있다는 태도를 유지하자. 일을 하다 보면 자신만의 험준한 산을 마주하게 된다. 그러니 다른 사람을 의심하지 말라. 타인의 선의를 믿고 모든 이의 기여와 성공을 인정하라.

리더라면 자기가 먼저 솔선수범해야 한다. 팀원들에게 다른 부서와 협업 관계를 맺도록 독려하라. 무엇보다도 절대로 다른 부서의 공로를 폄하하거나 헐뜯지 말라. 모든 부서는 같은 퍼즐의 조각임을 꼭 명심하라.

> 빨리 가고 싶다면 홀로 가라. 멀리 가고 싶다면 같이 가라.
> — 아프리카 속담

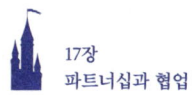
17장
파트너십과 협업

## 핵심 정리

**끈끈한 파트너십과 원활한 협업을 위한 원칙**

1 '그들'을 파악하라. 당신 부서의 성공에 도움이 될 다른 부서를 찾으라. 그 부서와 유대를 쌓는 모든 방법을 파악하라.

2 미리 협력관계를 쌓으라. 분기에 한 번 정도는 전화 통화를 하거나 함께 산책하며 유대감을 유지하라. 특별한 사안이 없다 해도 그런 만남은 늘 새로운 지혜나 기회를 준다. 도움이 필요한 시기를 위해 어느 때든 관계를 따뜻하게 유지하라.

3 파트너에게 목표를 물어보고, 그가 목표를 성취할 수 있도록 당신이 무엇을 도와줄 수 있는지 생각하라.

4 의견이 일치하지 않을 때는 공동의 목표를 떠올려보라.

제4부

'변화'를 리드하다

*change*

2015년, 월트 디즈니 월드는 대대적으로 조직을 개편했다. 수천 명의 리더에게 영향을 미칠 만큼 중요하면서도 결코 쉽지 않은 결정이었다. 그러나 혼란스러운 세상 속에서 조직을 건강하게 유지하려면 반드시 필요한 일이었다. 이러한 변화는 최신 트렌드를 따라갈 수 있는 조직이 되려는 노력의 일환이었다. 우리는 조직원들에게 더 많은 책임감을 부여하고, 리더들에게는 새로운 기회를 더 폭넓게 제공해주고자 했다. 그리고 새로운 구조의 조직에서 임원을 맡겨도 될 만큼 다재다능한 인재들이 쏟아져 나오길 바랐다.

테마파크 부사장들로 구성된 팀은 9개월 동안 조직개편 작업을 진행하며 앞으로 어떤 구조를 세워나갈지 거듭 궁리하고 연구했다. 우리는 책임의 범위, 보고 절차, 직속 부하 직원의 수, 각종 단계, 인건비 절감, 기타 여러 요소를 샅샅이 살폈다. 그리고 그 결론으로 모든 보고 절차와 운영 관리자 직책을 없앴다. 대신 기존에는 자신의 부서에 대해서만 책임이 있던 본부장들에게 상품, 식음료, 청소, 놀이기구 등의 새로운 업무를 부여했다. 그 과정에서 많은 리더가 근무지를 옮기거나 다른 부서로 이동했다.

우리는 어떻게 하면 이런 변화를 조직원들과 효과적으로 소통할 수 있을지 고민하고 또 고민했다. 경영진 팀은 회의실에 모인 본부장 50여 명에게 새로운 구조를 발표한 후, 곧장 개별 면담에 착수했다. 우리는 각 팀의 리더가 직원 한 사람 한 사람에게 직접 개편의 내용을 알리도록 했다. 그리고 현재 부서에 그대로 있기를 원하는 사람과 다른 부서로 옮기고 싶어 하는 사람도 파악하게 했다.

마침내 변화의 날이 찾아왔다. 얄궂게도 그날 아침 나는 맹장염으로 병원에 입원했다. 하지만 문제없었다. 내 상사이자 운영부 부사장인 짐이 나를 대신해서 우리 팀에게 개편 내용을 전달했다. 발표 시기를 지키는 것이 무엇보다 중요했기 때문이다. 직원들이 커피머신 앞에서 서성이며 불안한 대화를 나누거나 사실과 동떨어진 추측을 하지 않게끔 최대한 신속하게 소통해야 했다.

그렇게 하루 만에 고위 경영 구조가 완전히 바뀌었다. 우리는 구성원 모두가 '왜' 이런 변화가 필요한지 충분히 이해하도록 심혈을 기울였다. 나는 그보다도 한 걸음 더 나아갔다. 개편이 이루어진 그다음 주에는 각 본부장이 직원들과 만나는 자리가 있었다. 나는 전부 참석해서 그들이 왜 해당 부서의 본부장으로 적임자인지를 설명했다.

"이제 투모로우랜드 팀의 리더는 뎁입니다. 뎁은 그동안 역동적이고 에너지 넘치는 리더임을 스스로 입증했습니다. 그뿐만 아니라 뛰어난 통찰력과 영향력도 갖추고 있습니다. 뎁은 이제 자신의 풍부한 경험을 토대로 팀을 능숙하게 이끌며 신선한 전략을 제안할 것입니다…."

"엘런, 당신은 투모로우랜드 상품 부서의 새로운 리더입니다. 뎁에게는 투모로우랜드 부서가 새로운 분야입니다. 이 분야의 전문가인 당신이 뎁에게 복잡한 판매 구조를 가르쳐주었으면 좋겠습니다. 뎁이 새 역할이 익숙해질 때까지 잘 도와주기를 바랍니다…."

"리키, 당신은 코스믹 레이스의 리더입니다. 당신이 이때까지 큰 규모의 식음료 부서에서 경험을 풍부하게 쌓았다는 것을 저도 잘 압니다. 월트 디즈니 월드에서 가장 바쁜 카운터 서비스 식당*에서 그동안 쌓아온 실력을 마음껏 발휘해보세요. 난 당신이 우리 회사가 더욱 성장하도록 도울 수 있으리라 확신합니다…."

"멀리사, 투모로우랜드의 미화부 리더는 바로 당신입니다. 당신의 뛰어난 인간관계 능력이 빛을 발할 때입니다. 우리가

* 식탁 없이 카운터에서 음식을 제공하는 식당

당신 부서에서 새로운 기술을 시험하는 동안에도 직원들이 제대로 능력을 발휘할 수 있도록 잘 이끌어주세요…."

그들을 선택할 이유는 충분했다. 기업을 성장시키는 주역이 될 거로 기대했기 때문이다. 나는 이러한 확신을 새 업무를 시작하는 이들에게 최선을 다해 전달했다.

조직개편이 얼마나 광범위한 작업인지를 고려해볼 때, 모든 일은 아주 신속하면서도 순조롭게 진행된 편이었다. 변화에 대해 디즈니 리더들이 너무나 빨리 적응한 덕분에 고객들은 월트 디즈니에서 일어난 일을 눈치조차 채지 못했다. 새로운 구조는 운영체계를 일관성 있게 만들어주었고, 리더들은 경험의 지평선을 더욱더 넓힐 수 있게 되었다. 이 모든 것이 헌신적이고 통찰력 있는 원칙에 기반해서 변화를 주도했기 때문에 가능한 일이었다.

# 18장

# 지속적인 발전

세상에는 월트 디즈니(1901-1966) 같은 유형의 경영자들이 존재한다. 그들은 지속적인 발전이 조직의 DNA를 궁극적으로는 바꾼다는 사실을 그 누구보다 잘 안다. 그동안 월트 디즈니 컴퍼니는 새로운 영역에 끊임없이 도전해왔다. 완전히 낯선 프로젝트라 할지라도 그것이 더 낫고, 더 새로우며, 더 효과적인 접근 방식이라면 주저하지 않고 뛰어들었다.

1932년 테크니컬러 카메라*가 상용화되었을 때 디즈니에서는 이미 흑백 애니메이션 《꽃과 나무》를 진행하고 있었다. 하지만 월트 디즈니는 주저하지 않고 제작을 중단했다. 그런 다음 최신 기술을 이용해 다시 컬러 애니메이션으로 만들었

---

* 테크니컬러사가 발명한 카메라로 총천연색영화를 찍을 수 있게 했다.

다. 심지어 매장의 쓰레기통이 마음에 들지 않는다는 이유로 (당시에는 그물망 쓰레기통이 사용되었는데 냄새도 나고 보기에도 좋지 않았다) 뚜껑을 여닫을 수 있는 새로운 쓰레기통을 고안하기까지 했다. 개선의 여지가 보이는 모든 분야에서 그는 혁신을 시도했다. 디즈니라는 회사는 설립자의 이러한 집념을 고스란히 물려받았고 소중하게 지켜왔다.

디즈니를 더 효율적이고, 더 빠르게 성장하는 기업으로 만드는 것이 내 임무였다. 1999년 초에 나는 엡콧에서 테스트 트랙이라는 새로운 놀이기구를 만들고 운영하는 관리자 역할을 맡게 되었다. 우리는 제너럴모터스가 콘셉트 카를 시험할 때 진행하는 테스트 절차를 활용해서 이 스릴 넘치는 자동차 놀이기구를 평가했다.

새로운 기술을 적용하다 보니 걸핏하면 기구가 고장 나는 등 여러 시행착오를 겪었다. 고객들은 실망했다. 기껏 새로운 놀이기구를 타려고 왔는데 고장으로 타지 못하면 당연히 아쉽지 않겠는가. 그래서 우리는 기구가 정상적으로 작동할 때 어떻게 하면 최대한 많은 탑승객을 태울 수 있을지 고민하기 시작했다. 당시 기구의 정원은 여섯 명이었음에도 고객은 대부분 두세 명 단위로 기구에 탑승했다. 가끔씩 여섯 명이 함께 온 고객이나, 두세 명이지만 다른 사람과 함께 타도 괜찮다는 고객을 만났지만 그렇지 않을 때는 정원이 다 차지 않아 의자 몇 개를 비운 채로 운행했다. 이렇게 하면 운영의 효율성이 떨어질 뿐더러 고객 입장에서는 소중한 시간을 허비하는 셈이 되었다.

기구 정원을 꽉 채워 운행할 방법을 고민하다가 우리는 혼자 타는 승객이 있다는 사실을 깨달았다. 이들을 위한 별도의 줄을 만들면 어떨까? 분명히 긴 시간을 기다릴 바에 혼자서 1인 좌석에 탑승하길 원하는 사람들이 있을 것이다. 그렇게 되면 시간당 탑승객 수도 늘어날 것이다. 우리는 직원들에게 아이디어를 발표했고, 그렇게 생각하게 된 이유도 설명했다. 그리고 직원들에게 새로운 탑승 방식을 교육했다. 결과는 놀라웠다. 얼마 지나지 않아 디즈니 월드 전체가 우리의 아이디어를 활용하기 시작했고, 새롭게 만들어지는 놀이기구에는 항상 1인 탑승객을 위한 줄이 만들어졌다.

지속적으로 발전이 이루어지는 문화는 아이디어를 자유롭게 공유하고 검토하며, 시험할 수 있는 환경에서 생겨난다. 그런 환경을 조성하는 것은 바로 리더의 역량이다.

## 훌륭한 아이디어는 현장에서 나온다

예상치 못하게 획기적인 발전이 일어날 때가 있다. 그런 변화는 대부분은 현장을 담당하는 직원으로부터 시작된다. 매직 킹덤 상품부 본부장으로 일하던 시절, 테마파크 입구에 있는 유모차 대여소를 관리한 적이 있다. 그곳은 대부분의 고객이 입장하는 오전 9시부터 11시 사이에 가장 붐볐다. 우리는 어떻게 하면 유모차를 더 신속하게 대여해줄 수 있을지를 항

상 고민했다. 그러던 어느 날, 현장 직원 한 명이 아이디어를 냈다. 테마파크의 기간 이용권을 유모차에도 도입해보자는 것이었다. 기간 이용권을 선택한 고객은 대여소에서 티켓을 보여주고 정해진 기간 내내 유모차를 사용할 수 있었다. 정말 훌륭한 아이디어였다! 우리는 곧장 이를 실천으로 옮겼고, 아이디어를 제안한 직원의 공로를 치하했다. 나를 포함한 모든 리더가 그 직원에게 감사의 말을 전했다. '팀 대화' 시간에도 나는 이 사례를 주제로 팀원들과 이야기를 나누며 좋은 아이디어는 언제든지 공유해달라고 부탁했다.

직원들의 아이디어를 절대 썩히지 말라. 오늘날 많은 기업은 직원들이 아이디어를 제안할 수 있는 시스템을 운영하고 있다. 이를 의례적인 절차로 여기고 소홀히 넘기면 안 된다. 자신의 아이디어를 설명하고, 설득해서 인정받을 때 직원은 큰 성취감과 보람을 느낀다. 설령 낯설고 실현 가능성이 낮은 아이디어라 해도 최대한 이해하도록 노력하라. 그것이 오랫동안 닫혀 있던 문을 여는 황금 열쇠일 수도 있다.

그렇지만 무턱대고 추진해서는 찬성과 반대의 의견을 충분히 들어보고 객관적으로 판단해야 한다. 팀원들에게 왜 그 아이디어가 좋지 않은지, 왜 효과가 없을 것 같은지, 왜 실패할 것 같은지를 물어보라. 부정적인 의견도 자유롭게 이야기할 수 있어야 아이디어의 허점이나 보완점을 철저히 파악할 수 있다. 이러한 과정으로 치명적인 위험을 피해 잠시 프로젝트를 중지할 수도 있고, 아이디어의 약점을 보완하여 더욱 개선된 방향으로 추진할 수도 있다.

다가가기 쉬운 친근한 리더에게는 직원들이 끊임없이 아이디어를 제시하기 마련이다. 그중에는 지속적인 발전에 도움이 될 만한 것도 있지만 실행하기 힘든 것도 많다. 그러나 아이디어가 어떻든 승낙이나 거절의 이유를 부드럽게 잘 설명하라. 그리고 꼭 감사의 말을 전하라.

## 아이디어를 후원하라

지속적으로 발전하는 조직은 말이 아닌 행동으로 세워진다. 새로운 아이디어가 실현되기 위해서는 이를 뒷받침할 적절한 자원, 시간, 노동력, 자본이 있어야 한다. 매직 킹덤에서 부사장으로 있던 시절, 나는 새로운 아이디어를 즉시 작은 규모로 시험할 수 있도록 발전 기금을 모아두었다. 그리고 그 아이디어가 충분히 승산이 있다고 판단되면 자원을 추가로 지원했다. 부하 직원들도 내가 그들의 결정을 존중하고 신뢰한다는 것을 알았던 터라 새로운 아이디어를 제안하고 시도하는 권한을 적극적으로 활용했다.

물론 디즈니처럼 큰 조직에서 새 계획을 곧장 실행하는 것은 위험이 크다. 그래서 우리는 실행하기 전에 작은 범위에서 영향력을 제한하여 시험해보았다. 이후 결과가 좋을 때만 더 큰 범위로 확대했다.

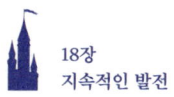

## 성공하려면 모두가 달려들어야 한다

새로운 절차나 아이디어를 평가할 때는 직위 고하를 막론하고 모든 이해관계자가 참여하는 것이 좋다. 그것이 결과를 더 명확하게 예측하고 효율적으로 접근할 수 있는 지름길이다. 이해관계자 모두가 업무 방식을 개선하는 데 참여할 때 비로소 변화는 더 적극적으로 수용되고 더 나은 방향으로 진행된다. 모두가 변화의 과정에서 자신의 의견과 생각을 표현한 덕분이다.

다음으로 원하는 결과와 이해관계자의 의견을 염두에 두고, 지금 추진하는 변화가 정말로 타당한지를 신속하게 살펴보라. 단지 새로운 기술이라는 이유로, 혹은 조직 내에서 자신의 입지를 강화하고 싶다는 이유로 조급하게 변화를 추구해서는 안 된다. 합당하고 목표에 맞는 변화만을 추구해야 한다. 비전이 없다면 진정한 성장도 없다.

## 절차를 의심하라

절차를 의심하는 일이 얼마나 중요한지를 잘 보여주는 일화가 있다. 어느 집 주방에 한 부부가 있다. 남편은 식탁에 앉아 신문을 읽었고 아내는 저녁 식사로 먹을 햄을 손질하는 중이었다. 그런데 아내는 햄을 손질할 때마다 가장자리 부분을 정확히 2.5센티미터씩 잘라냈다. 그 모습을 보고 남편이 말했다. "그렇게 썰면 멀쩡한 부분을 버리게 되잖아. 좋은 햄인데 아깝지 않아?" 아내가 대답했다. "우리 엄마가 늘 이렇게 하시더라고. 그래서 나도 따라 하는 거야." 남편이 이유를 물어도 아내는 모른다고 대답했다. 며칠 뒤 아내는 어머니에게 전화를 걸어 햄 끝부분을 잘라냈던 이유를 물었다. 그러자 이런 대답이 돌아왔다. "네 할머니가 늘 그렇게 하셨거든."

할머니는 몇 년 전에 돌아가셨지만 할아버지는 아직 살아 계셨다. 그래서 아내는 할아버지에게 전화를 걸어 이유를 물었다. "할아버지, 왜 할머니는 햄 끝부분을 2.5센티미터씩 잘라내셨어요?" 그러자 할아버지는 이렇게 대답했다. "그렇게 잘라내야 프라이팬에 크기가 딱 맞거든."

당신의 조직에도 햄 가장자리를 잘라내는 조리법과 같은 업무 절차가 있지 않은가? 전혀 효율적이지 않지만 단지 예전부터 해왔다는 이유만으로 지속하는 절차 말이다. 사실 디즈니에는 그런 절차들이 무수히 많다! 하지만 몇몇 절차는 조직의 DNA에 너무나 깊게 새겨져 있어서 아무도 의문을 제기하지 않는다.

이 문제를 어떻게 해결할 수 있을지 살펴보자. 가장 먼저 할 일은 업무 절차 검토 과정을 만드는 것이다. 현재 명확한 비전과 공동의 목표가 팀 내에서 충분히 공유되고 있는가? 조직 전체에 적용되는 품질기준을 기반으로 의사결정과정이 일

18장
지속적인 발전

관적으로 이루어지고 있는가? 그렇다면 조직의 업무 절차도 비전과 목표를 기준으로 평가되어야 한다.

    예를 들어보자. 업무 절차가 안전, 고객 존중, 외관, 효율성의 검증 과정을 통과하는가? 절차가 직원들이 고객 감동을 실천하는 것을 방해하지는 않는가? 절차가 고객들에게 어떤 영향을 미치는가? 모두가 좋은 질문들이다. 디즈니에서 마이 매직 플러스 제도를 처음 실행했을 때, 몇몇 고객은 손목 밴드를 테마파크 입장권 시스템과 연결하기 위해 16자리 코드를 입력해야 했다. 이 번거로운 절차가 어떻게 마법 같은 경험이란 말인가? 우리는 재빨리 밴드에 스캔 기능을 추가해 절차를 간소화했다. 조직의 비전, 목적, 품질기준을 바탕으로 항상 현 상태에 의문을 제기해야 한다는 점을 늘 명심하라.

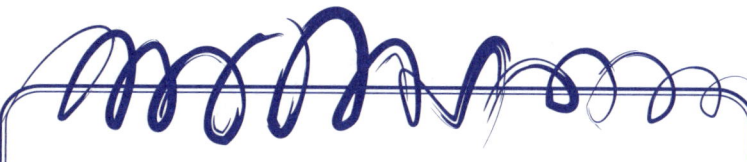

## 핵심 정리

**끊임없이 발전하는 문화를 구축하는 방법**

1 정기적으로 고객의 관점에서 제품이나 서비스를 경험해보라.

2 지속적인 발전을 위해 시간을 들여 고민하고 연구하라. 팀원들과 원형 테이블에 둘러앉아 고객 경험을 개선할 방안을 논의하라. "여러분이 지금 제 자리에 있다면 어떤 부분에 집중하겠습니까?"와 같은 질문은 직원들의 아이디어와 제안을 유도할 수 있다.

3 조직의 서비스와 절차를 개선하고 싶다면 고객의 의견에 귀를 기울이라.

4 개선 방안을 논의할 때는 전문가와 비전문가를 모두 참여시켜 함께 이야기하라. 두 관점 모두 충분한 가치가 있다.

# 19장

# 흔들림 없는 변화

사람들은 왜 변화를 망설이는가? 두렵고, 어렵고, 불편하기 때문이다. 내가 경험한 바로는 그렇다. 그러나 지난 2년 동안 내가 속한 세계는 말 그대로 변화의 연속이었다. 불과 몇 년 전까지만 해도 내 직장은 경제 전문지 『포천』에서 뽑은 500대 기업 중 하나였다. 나는 그곳에서 은퇴했고, 지금은 새로운 사업체를 설립해서 운영하고 있다. 직원 1만 2,000명을 이끄는 경영자에서 1인 기업을 이끄는 '1인'이 된 것이다. 전에는 1년 365일, 하루 24시간 내내 조직의 운영을 책임졌지만, 지금은 특정 시스템에 매이지 않고 자유롭게 일한다. 심지어 전국 방방곡곡을 돌아다니며 일하고 있다! 그러나 그 변화들 속에서 나는 불면의 밤을 숱하게 보냈고 엄청난 불안을 겪기도 했다.

그럼에도 불구하고, 혹은 '그렇기 때문에' 변화는 보람차고 흥미진진하며 짜릿하다. 변화는 내게 수많은 교훈을 제공했다. 변화를 접할 때마다 내가 얼마나 적응을 잘하는 사람인지 깨닫고 즐거워했다. 지금까지 걸어온 길을 돌아볼 때마다 내가 얼마나 멀리 왔는지 확인하고 뿌듯한 마음이 든다. 그리고 앞으로 어떤 미래가 펼쳐질지 궁금하다.

우리는 두 가지 큰 이유로 변화를 거부한다. 하나는 소중한 무언가를 잃을지도 모른다는 두려움이다. 다른 하나는 변화의 끝에 무엇이 기다리고 있을지 모른다는 두려움이다. 이 두 가지 두려움을 반드시 극복해야 한다. 그래야 변화로 나아가기 쉬워진다. 물론 당신은 그렇게 할 수 있다!

> 당신은 그 일을 이기기 위해 하는가,
> 아니면 잃지 않기 위해 하는가?

## 변하지 않는 것을 떠올려보라

인생의 진로를 바꾸기로 마음먹은 후 내가 가장 처음으로 한 일은 변화 속에서도 절대 바꾸지 않을 항목들에 집중하는 것이었다. 나에게는 그것이 건강, 가족, 가치관, 지식, 경험의 다섯 가지였다. 내 삶을 지탱해주는 이 주춧돌로 언제든 돌아갈 수 있다고 생각하니 마음이 거짓말같이 평온해졌다.

단체나 조직에서 변화를 추구할 때도 마찬가지다. 변화의 영향이 고스란히 미치는 사람들에게 '절대 변하지 않을 것'이 무엇인지 명확히 알려주라. 그래야 그들도 안정감을 얻고 의지할 안식처를 찾을 수 있다. 안식처는 가치관일 수도 있고, 문화, 사명, 업무 절차, 공동의 목표 등일 수도 있다. 또한 리더는 항상 편안하면서 든든한 존재여야 한다. 이러한 요소는 변화를 한결 견딜 만하게 만들어주는 장치다.

리더는 구성원들을 아주 세심하게 보살피면서 조직을 이끌어야 한다. 능력과 존재감을 키워야 하며 원활하게 소통하고 허물없이 지내야 한다. 직원들에게 힘이 되어주는 한편, 저마다의 경험, 교훈, 최고의 성과를 공유하도록 적극적으로 직원들을 독려해야 한다. 나 역시 월트 디즈니 월드의 구조를 개편하면서 직원들에게 힘을 불어넣고자 엄청나게 노력했다. 우리가 지금 얼마나 많은 것을 배우고 있는지, 습득한 교훈들이 얼마나 가치 있는 것인지 기회가 될 때마다 강조했다. 그렇게 직원들이 변화를 제대로 따라갈 수 있도록 용기를 주었다. 본부장들에게는 매주 업데이트한 정보를 팀 전체에게 공유하도록 했다. 덕분에 직원들은 공유된 정보를 활용해서 학습곡선을 가파르게 그려나갔다. 그리고 아무리 작은 성취라도 목표에 도달한 사람이 있으면 모두가 진심으로 축하해주었다.

그 외에도 팀원들이 맡은 중요 업무가 순조롭게 진행될 수 있도록 방향을 올바르게 잡아주었다. 그리고 각자가 할 수 있는 한 많은 가치를 창출하도록 동기를 부여했다. 필요하면 언제든 지원 부서의 담당자들에게 도움과 조언을 구해도 된다고 미리 이야기해줌으로써 마음의 부담을 줄였다.

변화의 시기에 리더는 팀을 무조건적으로 지지해야 한다. 성공하는 데 필요한 자원이 팀 내에 충분하다는 것을 직원들에게 알려주어야 한다. 따라서 팀원들 개개인에게 신뢰할 만한 업무 기반, 정신적 지지, 필요한 자원을 제공하는 것이 중요하다. 언제든 도움을 줄 수 있는 전문가를 배치하고, 자신감을 불어넣어 도전하는 태도를 지니게 하라.

## 밝은 내일을 상상하라

당연한 말이지만, 변화의 목적은 더 나은 조직을 만드는 것이다. 이것이 회사의 조직도나 제품, 공정, 전략(혹은 이 모든 것) 등 곳곳에서 두리번거리며 개선점을 찾는 이유다. 이때 팀원들에게 '왜' 변화를 추구하는지를 알리고, 변화가 가져올 더 나은 미래를 강조하라. 성공적인 변화를 이끌어내기 위해서는 직원들의 마음이 열려 있어야 하기 때문이다(2장에서 언급한 성장형 마음가짐과 같은 맥락이다). 이를 위해 당신은 리더로서 더 나은 미래를 선명하게 보여줄 수 있어야 한다.

디즈니를 떠나며 나는 내 삶에서 일어날 모든 긍정적인 변화를 그려보았다. 나는 독립적으로 의사결정을 할 것이고, 내가 원하는 시간에 일할 수 있을 것이다. 또한 다양한 사람들을 만나고 교류하면서 더욱더 사교적인 사람이 될 수 있을 것이다. 아내는 아이들이 다 컸으니 생활 규모를 줄이기만 하면 세계 어디든 갈 수 있다고 이야기했다. 사업이 실패하면 어떤가. 26년간 디즈니에서 경험을 쌓았으니 언제든 다른 조직에 들어가 노하우를 활용할 수 있을 것이다. 무엇보다도 독립적으로 새로운 분야를 배울 수 있다는 게 가장 설렜다. 마케팅, 협상 이론, 회계학(그렇다, 회계도 배워야 했다) 등 새로이 배울 것들이 내 앞에 펼쳐져 있었다. 그 기대와 설렘이 사업을 추진할 가장 강력한 힘과 동기가 되었다.

디즈니의 조직개편 이야기로 돌아가자면, 나는 항상 팀원들이 밝은 미래를 볼 수 있도록 용기를 불어넣었다. 변화의 좋은 점에 집중할 수 있도록 앞으로 배울 수 있는 것들과 새롭게 겪게 될 흥미진진한 경험들을 상상할 수 있게 도왔다. 그러는 한편 '왜' 조직을 개편하게 되었는지를 충분히 설명했다. 팀원들이 변화를 이해하고 흡수하며 포용하는 것을 도와주기 위해서였다. 변화가 필요한 이유를 납득하면 주인의식을 가지게 된다. 그러면 이전보다 훨씬 수월하게 새로운 공정, 전략, 조직의 구조 변화를 실행할 수 있다.

물론 팀의 입장에서는 변화가 달갑지 않을 때도 있다. 도저히 좋게 포장할 수 없는 변화를 추진해야 할 때도 있다. 이럴 때는 솔직해져야 한다. 팀원들은 이미 리더의 속내를 간파하고 있다. 나의 경우, 회계연도가 끝나기 전에 인원 감축을 해야한다는 소식을 생각보다 자주 전해야 했다. 그런 말을 해야 하는 상황에 대해 늘 화가 났다. 그러나 세상에는 협상할 수 없는 일이 있는 법이다. 그럴 때는 그냥 솔직하게 발표하고 이유를 밝히는 것이 가장 낫다.

## '왜' 변화했는지를 진정성 있게 설명하라

변화가 많이 일어나는 시기일수록 조직 구성원들과 진정성 있게 소통해야 한다. 소통은 경영에서 변화를 만드는 데 없어서는 안 될 요소다. 그러나 안타깝게도 많은 경우 소통이 무시되거나 과소평가된다.

앞에서도 언급했듯이 효율적으로 소통하기 위해서는 불안과 추측을 최대한 없애야 한다. 분명하고 솔직하게, 철저히 소통하라. 소통 과정에는 변화에 영향을 받는 모든 이해관계자가 참여하도록 해야 한다.

리더는 시간이 많이 들더라도 변화를 결정한 이유를 직원들에게 설명해야 한다. 사람들의 공감과 이해를 얻으면 변화는 한결 쉬워진다. 또한 언제든 질문에 답할 준비가 되어 있어야 한다. 디즈니에서는 직원들의 질문을 예측해서 '자주 묻는 질문' 목록을 만들었다.

소통에는 일관성이 있어야 한다. 디즈니는 구조를 개편하는 과정에서 전달하는 메시지들의 일관성을 유지하기 위해 핵심 내용들을 문서로 명확하게 정리했다. 그 결과 테마파크의 모든 부서도, 현장의 리더들도 모두 같은 메시지를 받았다. 메시지는 현장의 캐스트 멤버에게까지 전달되었고, 각각의 팀에서는 이에 관한 논의가 진행됐다.

철저하게 준비하고 한발 앞서 소통해야만 직원들이 변화에 순조로이 적응할 수 있다. 훌륭한 소통은 직원들을 존중한다는 징표다. 직원들에게 변화의 이유를 성실히 알려주는 것은 곧 그들이 조직에 대단히 귀중한 존재라는 사실을 인정하는 일이다. 이런 소통 방식은 팀이 공동의 목표를 향해 하나가 되어 달려 나갈 수 있도록 도와준다.

## 떠난 이를 붙잡지 말라

모두가 변화의 열차에 곧바로 올라타는 것은 아니다. 소수의 열렬한 지지자를 제외하면, 대다수 사람들은 처음에 의심을 품고 형세를 관망한다. 이들이 온전히 변화를 받아들이는 데는 시간이 걸린다. 그래도 괜찮다. 리더에게는 몇 달 동안 연구하고 고민한 아이디어와 계획이지만, 직원에게는 그저 처음 듣는 이야기일 뿐이다. 그러니 직원들에게 시간을 주어야 한다. 열차의 조종석에 있는 열렬한 지지자들과 함께 나머지 직원들을 차근차근 설득하면 된다.

하지만 새로운 업무 절차나 새로운 구조에 대해 노골적으로 반대하는 이들도 언제나 존재한다. 반대의 이유는 무수히 많다. 늘 그렇게 해왔는데 아무런 문제도 없었을 수 있고, 본인이 전문성을 잃게 될까 봐 우려할 수도 있다. 심지어 권한을 위협받는다는 이유로 반대할 수도 있다.

리더들은 전체의 20퍼센트도 넘지 않는 이 강경 반대파의 목소리에 과도하게 휘둘릴 때가 많다. 사실 그들의 변화는 오로지 마음먹기에 달린 일이다. 그러니 애써 붙잡지 말라. 반대자들에게 너무 많은 시간과 자원을 낭비하지 않도록 주의하라. 이들이 우물에 독을 타지 않는지 감시하는 정도면 충분하다. 결국 그들은 열차에 타거나 떠나거나 둘 중 하나를 선택할 수밖에 없기 때문이다.

J. F. 캐네디는 "변화는 인생의 법칙"이라고 말했다. 이는 오늘날에도 유효한 교훈이다. 세상의 모든 것은 변화하고 있으며 우리는 그 속도를 허겁지겁 따라가기에도 벅차다. 월트 디즈니의 CEO인 밥 아이거조차도 인생의 삼 할을 걱정하는 데 썼다고 고백했다. 변화는 피할 수 없다. 차라리 수용하고 대비하는 게 훨씬 낫다. 변화에 대한 두려움은 개인의 역량과 능력을 제한한다. 변화를 두려움의 대상이 아니라 자신과 팀의 발전 계기로 여기자.

> 가장 강한 종이 살아남는 것도, 가장 똑똑한 종이 살아남는 것도 아니다. 살아남는 것은 변화에 가장 잘 적응한 종이다.
> — 찰스 다윈

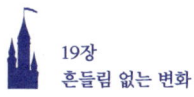
19장
흔들림 없는 변화

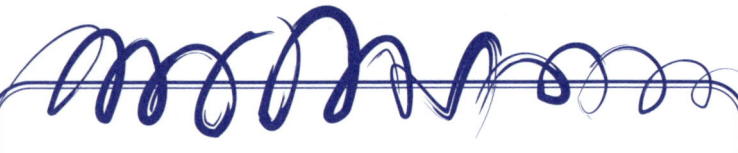

## 핵심 정리

### 흔들리지 않고 변화를 추구하는 법

1 변화가 두려울 때는 앞으로도 변하지 않을 것들에 대해 깊이 성찰하라.

2 낙천주의자가 되라. 스트레스로 가득한 이 시대에도 성장하고 강해질 기회는 있다. 무엇을 배웠는지, 미래에 적용할 수 있는 것은 무엇인지 매주 작성해보라.

3 절대 물러서지 말고 조직 내부에 집중하라. 항상 직원들에게 모습을 보이고, 다가가기 좋은 리더가 되라. 리더가 모든 답을 가지고 있지는 않다. 하지만 그 존재감이 과소평가되어서는 안 된다.

4 변화의 이유를 솔직하게 설명하라. 솔직함이야말로 변화를 의심하고 망설이는 직원들을 설득할 가장 좋은 도구다.

# 20장

# 새 조직의 잠재력 깨우기

2009년 2월의 어느 날, 내 생일이기도 했던 그날의 기억이 아직 생생하다. 나는 흥분과 두려움에 휩싸여 있었다. 그날 나는 매직 킹덤 어트랙션 부서의 본부장에서 엡콧의 부사장으로 승진했기 때문이다.

디즈니에서 19개의 직책을 맡는 동안 나는 자리를 옮겨다니며 꽤 다양한 경험을 했다. 그럼에도 엡콧의 부사장이라는 직책이 갖는 위압감은 엄청났다. 하지만 나에게는 나만의 이직 지침서가 있었다. 다년간의 경험을 바탕으로 만든 이 지침서만 있다면 반복되는 실수 정도는 충분히 방지할 수 있었다. 별로 거창하지는 않지만 이직할 때 생각하고 살펴야 할 것들을 정리한, 나름 유용한 목록이었다. 이 목록은 직책이 바뀔 때마다 나를 다잡아주는 일종의 '감속장치' 역할을 해주었다. 새 직책을 맡을 때면 처음 몇 달간은 책상 위에 이 지침서를 두고 매일 읽었다. 덕분에 낯선 환경이나 스트레스, 혹은 타인에게 좋은 인상을 남기려는 노력 속에 도사리고 있는 함정을 피할 수 있었다.

새 팀원이 올 때마다 이 '지혜의 열매'를 공유하며 나도 전에는 당신과 같은 신입이었다는 사실을 알려주었다. 나는 그들이 앞으로 어떤 상황을 직면하게 될지 너무나도 잘 알고 있었다. 그들이 새로운 환경에서 저지르는 실수들은 대부분 내가 몸소 겪었던 것들이었다. 다행히 나는 시행착오를 거듭하면서 어떻게 그 실수를 피하는지 배웠다.

이제부터 피해야 할 위험 요소 6가지를 소개한다.

## 위험 요소 1: 무리하게 증명하기

이제 막 승진한 리더는 자신이 그 자리에 합당한 인물이라는 점을 입증하려고 노력하기 마련이다. 때로는 욕심을 과하게 부리다가 역효과가 나기도 한다. 이는 많은 사람이 흔히 저지르는 실수다. 무리한 노력은 종종 충동적인 결정이나 일관성 없는 변화로 이어진다. 리더들은 조급한 나머지 새로운 팀과 관계가 어긋날 만한 미치는 결정을 내리기도 한다.

나는 그런 리더들에게 항상 이렇게 말한다. "이미 당신은 그 자리에 앉을 자격이 충분합니다. 우리가 당신을 승진시킨 이유는 당신이 적임자이고 그 일을 잘 해내리라는 확신이 있어서입니다." 그리고 당신이 어떻게 그 자리까지 갈 수 있었는지 직원들도 잘 알고 있으니 변화를 조급하게 서두르지 않아도 괜찮다고 다독인다. 이직한 지 얼마 되지 않았을 때는 직원들이 역량을 마음껏 발휘할 수 있는 환경을 조성하는 데 집중하는 것이 좋다. 생산성을 높이는 아이디어는 이 시기의 최우선 과제가 아니다. 여러 기회들을 잘 활용하여 좋은 첫인상을 남기는 것이 훨씬 중요하다고 나는 신임 리더들에게 조언하곤 했다. 그리고 조직 내 캐스트 멤버 한 명 한 명을 직접 만나 진정성 있는 관계를 만들어가라고 제안했다. 기꺼이 배우고 경청하려는 자세로 쌓은 유대감은 반드시 큰 성과로 돌아온다.

### 위험 요소 2: 조화를 깨뜨리는 태도

신속하게 성과를 내면 자신감을 얻는 것은 물론이고, 상사에게 자신의 능력을 증명할 수 있다. 그러나 성급하게 성과를 내려다가 사람들에게 신뢰를 잃게 되지 않도록 항상 경계해야 한다. 어떤 성과를 본격적으로 추구하기 앞서 당신의 노력이 주위 구성원들에게 어떻게 보일지 항상 염두에 두라. 당신이 생각하는 부서의 비전과 상사가 생각하는 부서의 비전은 완전히 다를 수도 있다. 그러므로 이직한 지 얼마 되지 않았을

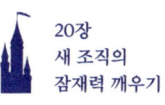

때는 시간을 충분히 들여 새로운 부서의 관계자들과 대화하고, 최대한 많은 관점을 귀담아들으라. 팀을 위한 결정이든 더 큰 조직을 위한 결정이든, 다른 조직들과 조화를 이루지 않는다면 나쁜 결정일 수밖에 없다.

## 위험 요소 3: 모르는 걸 아는 척하기

때때로 자존심은 배움의 가장 큰 적이다. 새로운 업무를 맡아도 그중에서 자기가 익숙한 부분에만 끌릴 것이다. 그게 훨씬 편하기 때문이다. 하지만 모르는 분야에 기꺼이 뛰어들어야 한다. 끊임없이 탐구하고 배워야 한다. 초심자의 질문은 모든 사람들에게 환영받는다. 1년만 일해도 그런 환대는 기대할 수 없다. 당신은 원하는 만큼 질문을 던져도 되는 특권을 가진 셈이다.

1992년에 프랑스에서 지낼 때 나는 이 특권을 마음껏 활용했다. 파리에 막 도착했을 무렵 나의 프랑스어 수준은 처참했다. 하지만 과감하게 대화를 시도했다. 엉성하고 우스워 보였겠지만 프랑스어가 모국어도 아닌데 뭐 어떤가. 물론 1년 뒤에는 그런 핑계가 통하지 않게 되었다. 중요한 원칙은 모른다는 사실을 겸손하게 인정하며 질문을 던지는 것이다. 초심자는 도움과 배려를 받을 수 있는 특권이 있다. 이를 활용하지 않는 것은 잘못이다.

과거의 경험에 지나치게 의존해서도 안 된다. 물론 쉽지는 않다. 전문성이라는 토대는 우리가 삶과 일을 꾸려나가는 일상의 기반이기 때문이다. 하지만 무언가를 배우려고 노력하는 초심자가 될 때, 우리는 비로소 시야가 트이고 전에는 생각지 못한 낯선 측면을 발견할 수 있다. 이것이야말로 갇혀 있던 틀에서 벗어나 막대한 수익을 획득하는 길이다.

## 위험 요소 4: 소수의 의견만 경청하기

원래 친했던 사람이나 목소리 큰 사람에게만 관심을 쏟아서는 안 된다. 몇몇 집단이나 자기주장을 강하게 내놓는 사람들의 말만 듣다 보면 나도 모르게 편향된 의견을 가질 수도 있다. 그러니 "우는 아이에게만 젖을 주지 말아야" 한다는 것을 항상 가슴에 새겨두자. 모두의 목소리를 헤아리고, 모두에게 자기의 생각을 말할 기회를 주고, 모두의 관점에서 생각하고자 노력하는 사려 깊은 리더가 되어야 한다.

## 위험 요소 5: 모든 문제를 해결해야 한다는 마음가짐

이 태도를 살펴보기 전에 한 가지 짚고 넘어갈 개념이 있다. 바로 문제와 딜레마의 차이다. 문제는 해결책이 있다.

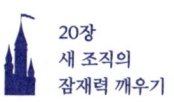

1+1이라는 문제의 답은? 바로 2다. 모든 일이 이처럼 쉬우면 얼마나 좋을까! 하지만 중요한 문제는 대부분 딜레마가 따른다. 여기에는 해결책이 없다. 오직 관리만 할 수 있을 뿐이다.

나는 어느 순간 내가 문제라고 생각했던 수많은 사안이 사실은 딜레마였다는 것을 깨달았다. 그러자 내 어깨를 짓누르던 무거운 압박감은 눈 녹듯 사라졌다. 우리가 마주하는 거의 모든 상황에는 완벽한 답이나 해결책이 없다. 그러니 새 직책을 맡았다고 해서 모든 문제를 해결해야 한다는 환상에 매달리지 말자.

## 위험 요소 6: 사람이 아닌 절차에 집중하는 태도

절차는 중요하다. 하지만 장기적으로 봤을 때 우리를 성공의 문턱에 데려다주는 주체는 바로 사람이다. 나는 새 직책을 맡을 때마다 처음 두어 달은 사람을 만나는 데 집중했다. 가능한 한 많은 사람을 만나며 유대감을 쌓고 많은 것을 물어보았다. 그렇게 회사를 알아가다 보면 어느 순간 기존의 절차를 바꾸고 싶다는 유혹에 시달리곤 했다.

왜 그랬을까? 업무 절차를 바꾸는 것이 사람을 바꾸는 것보다는 훨씬 쉽기 때문이다. 그래서 나는 수첩을 가지고 다니며 관찰한 것들과 아이디어들을 꾸준히 기록했다. 그러나 회사에 대해 더 이해하면 할수록 메모해놓은 아이디어들의 수는 줄어들었다. 시간이 흐른 후 다시 보니 별로 효과적일 것 같지 않아 지워버렸기 때문이다. 반대로 쌓아놓은 인간관계들은 시간이 흐를수록 더 큰 보상을 가져다주었다. 그러므로 관계를 쌓고, 유대감과 신뢰를 구축하는 것이 더 중요하다.

이런 경험을 거치고 난 후, 누군가 먼저 묻지 않는 이상 군이 처음부터 내 의견을 제시하지 않는다. 보통 팀원들은 새로운 리더에게 첫인상을 판단하고 평가해주기를 기대하지만, 충분한 정보가 없는 상태에서 평가하거나 의견을 내면 오히려 문제가 될 가능성이 높다. 새로운 직책에서 새로운 업무를 시작할 때에는 업무 절차를 안팎으로 충분히 이해하기 전까지 의견 표명을 자제하는 것이 좋다. 이 한 가지만 실천해도 당신은 앞에서 언급한 함정들을 모두 피하고, 새로운 흐름을 개척한 리더로 기록될 수 있을 것이다.

## 답은 현장에서 찾으라

"테스트 트랙에 오신 것을 환영합니다. 일행이 몇 분이신가요?" 같은 말을 반복한 지 꼬박 두 시간째였다. 그러면서 나는 생각했다. '그래, 모든 고객을 정성껏 응대해야지.'

"안녕하세요, 댄. 혼자 타러 왔는데요!" 나는 생각했다. '그래, 효율성이 필요해.'

"시범 탑승을 하실 준비가 되셨나요? 꽉 잡으세요!" 나는

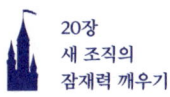

20장
새 조직의
잠재력 깨우기

생각했다. '그래, 일상에 재미를 제공해야지.'

"안전벨트를 착용해주시겠습니까?" 나는 생각했다. '그래, 안전이 최우선이지.' 그러고 나서 밤늦게 퇴근하면 저녁 식사도 거른 채 그대로 침대까지 직행했다. 날마다 그렇게 기진맥진한 채로 잠들었다.

디즈니에서 새로운 역할을 맡는다는 것은 단지 업무를 보고 듣는 수준에 그치는 것이 아니다. 현장에서 직접 일하는 것이다. 그것도 아주 많이. 새 업무를 막 시작했던 시기에 현장에서 보냈던 시간들은 더할 나위 없이 값진 경험이었다. 테마파크용 의상을 입고 실제 현장에서 일했던 시간은 다른 방법으로는 결코 얻지 못했을 관점을 제공해주었다. 현장에서 꽤 괜찮은 호응을 얻었던 건 덤이다.

누구나 리더가 바쁘다는 것을 안다. 그러므로 리더가 현장에서 직접 직원들과 무언가를 함께 할 때 리더에 대한 신뢰도는 급상승한다. 직원들은 테마파크용 의상을 입고 일하는 내게 종종 물었다. "왜 그 옷을 입고 우리랑 같이 일하세요?" 사실 직원들이 이를 이해하지 못한다는 것 자체가 문제였다. 그들은 자신이 매일매일 디즈니에 마법을 불러일으킨다는 사실을 몰랐던 걸까? 자신이 하는 일이야말로 디즈니가 성공할 수 있었던 핵심 요인이라는 사실을 깨닫지 못했을까? 직원들은 자신의 가치를 아직도 알아채지 못한 것일까?

현장 실무가 주는 또 다른 장점은 여러 장소에서 많은 직원과 만날 수 있다는 점이다. 사실대로 말하자면, 일을 맡은 첫

한 달 동안 나는 시간이 날 때마다 서류 업무를 해줄 사람을 다른 곳에서 데려오거나, 일 처리가 빠른 직속 부하 직원에게 서류 업무를 맡겼다. 그러고선 매일 자유롭게 현장을 돌아다니며 일선 직원들과 함께 먹고, 함께 호흡했다.

현장의 직원들과 시간을 보내고 여러 상황을 직접 경험하며 터득한 지혜는 헤아릴 수 없이 소중하다. 고위직 간부가 주위에 있으면 직원들이 말과 행동을 조심할 것이라고 생각할지도 모르겠다. 하지만 며칠만 지나도 그들은 놀랍게도 직원 복장을 하고 현장을 돌아다니는 나를 본부장 혹은 부사장이 아닌, 그저 새 직원 댄으로 여겼다. 그 경험을 통해 나는 어떤 성향을 지녀야 존경받는 리더가 될 수 있는지를 깨우쳤다. 어떤 업무 절차가 비효율적인지도 알게 되었고, 도구와 장비, 보급품 중 어느 것이 모자란지도 알게 되었다. 고객이 좋아하는 것과 불평하는 내용이 무엇인지도 알 수 있었다. 이렇게 현장에서 깨달은 지혜를 나열하자면 끝이 없다. 직원 복장을 하고 지냈던 몇 주 동안, 나는 수년에 걸쳐 배우는 조직의 업무와 문화를 모두 습득할 수 있었다. 그저 매일 현장에 나가 실제 업무가 어떻게 돌아가는지 관심 있게 지켜보았을 뿐인데 말이다. 당신도 직원들이 입는 옷을 입고 현장에서 직원들과 함께하며 눈과 귀를 활짝 열어보라. 현장은 성공적인 변화로 가는 길을 알려주는 귀중한 정보의 보고다.

지금껏 성공을 거둔 수많은 대기업들이 역량 개발, 이탈 방지, 지속적 발전, 팀 교류 및 융합 등 여러 가지 수단으로 직

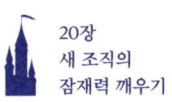
20장
새 조직의
잠재력 깨우기

원들이 다양한 역할을 수행해볼 수 있게끔 독려한다. 디즈니도 마찬가지다. 디즈니 경영진은 여러 부서를 옮겨 다니며 새롭고 다양한 직책을 맡았다. 그 과정을 통해 인재들이 다양한 경험을 하는 것이 얼마나 중요한지 깨달았고, 순환 업무의 장점과 단점을 알게 되었다. 당연히 리더에게 낯선 업무를 맡겨 훈련시키는 동안 기업의 생산성은 감소한다. 그러나 이는 장기적인 성장을 위해 치러야 할 희생이다. 다양한 업무 경험은 궁극적으로 직원에게 자기의 본모습과 잠재력을 일깨워줄 것이다.

## 핵심 정리

낯선 조직에서 성공적인 변화를 꽃피우는 방법

1 영향력을 드러내기 위해 무리하지 말라. 복잡한 절차를 기초부터 차근차근 배워나가라.

2 부서와 조직의 비전은 같은 곳을 향해야 한다.

3 아는 분야에만 매달리지 말라. 낯선 분야의 기초부터 배우라.

4 절차보다 사람에 먼저 집중하라.

5 시간을 들여 현장에서 직원들을 만나라.

## 21장

# 창조와 혁신

창조과 혁신을 빼고는 디즈니를 논하기 어렵다. 업계에서 최고를 유지하기 위해서 디즈니는 엄청난 시간과 자원을 쏟아붓는다. 디즈니의 모든 CEO는 100여 년 전의 창업자 월트 디즈니를 넘어서기 위해 사활을 걸고 노력해왔다. 디즈니의 현재 수장 밥 아이거는 픽사, 루카스필름, 마블을 인수한다는 과감한 선택을 내렸고, 덕분에 현재 디즈니에는 새로운 콘텐츠가 끊이질 않고 있다. 이 값비싼 베팅은 디즈니에게 막대한 수익을 안겨주었으며, 앞으로도 더 많은 콘텐츠와 수익을 가져다줄 것으로 기대된다.

    디즈니는 어떻게 이런 선택을 할 수 있었을까? 고객이 돌아오기만을 바라는 것만큼 진부하고 낡은 전략은 없다. 현상 유지는 전략이 아니다. 디즈니는 새로운 콘텐츠뿐만 아니라 새로운 고객, 새로운 리조트, 새로운 경험을 끊임없이 추구한다. 운영 방식을 계속 혁신하며 나날이 복잡해져가는 환경에 적응한다. 이는 디즈니뿐 아니라 빠르게 변화하는 세계에서 살아남으려는 기업에게 필수적인 일이다.

지금부터 오늘날의 디즈니를 이룬 창조와 혁신의 통찰 몇 가지를 소개하고자 한다.

## 아이디어를 찾아 떠나는 여행

비행기를 타고 미지의 세계로 간다고 상상해보자. 날씨는 화창하고 풍광은 아름답다. 당신은 비행기표를 예약하고 여행을 떠날 채비를 한다. 시간이 되어 이륙한 비행기는 구름을 뚫고 하늘로 솟구친다. 목적지가 가까워지면 조종사는 랜딩기어를 내리고 착륙을 준비한다. 그리고 당신도 내릴 준비를 한다. 비행기가 활주로에 착륙하면 마침내 문이 열리고, 눈앞에 환상적인 풍경이 펼쳐진다.

창조적이고 혁신적인 아이디어의 개념화, 발전, 구현 과정을 완벽하게 설명하는 데는 여행 과정만 한 예시가 없다.

첫째, 비행기표를 예약하고 여행 준비를 하는 단계다. 바꿔 말하면 창조성을 위해 시간을 투자하는 과정이다. 시간을 내어 새로운 아이디어를 내고 메모해두라. 다른 부서, 다른 관점, 다른 환경, 다른 업계 사람들의 말에도 귀를 기울이라. 세계에서 가장 창의적인 집단이라 할 수 있는 디즈니는 검증된 사람뿐 아니라 모든 종류의 사람을 환영한다. 그렇게 하지 않을 이유가 없다. 엄청난 성공을 거둔 프랑스 화장품 기업 꼬달리도 피부과 전문의와 와인 양조업자의 합작품이다.

적절한 업무 공간 또한 창조성을 기르는 데 꼭 필요하다. 많은 이들이 업무 환경에서 멀리 떨어져 있을 때 가장 창조적으로 사고한다. 그러니 당신과 팀을 위한 창조의 공간을 업무 장소 외에 따로 마련하라. 그리고 아이디어를 낼 수 있는 기회를 제공하라. 디즈니는 '여러분이 말하면 우리가 듣습니다'라는 프로그램을 운영했다. 이 프로그램을 통해 캐스트 멤버들의 훌륭한 아이디어를 기꺼이 수용하고 지원할 준비가 되어 있다는 것을 보여주었다. 캐스트 멤버들이 제안한 아이디어는 다양했다. 버스 운행 시간표에 관련된 것부터 직원 식당에서 적용해볼 만한 일까지 폭넓은 분야에서 기발한 아이디어들이 쏟아져 나왔다. 경영진은 사내 모든 게시판에서 이 아이디어들을 소개하고 실제 구현된 아이디어들은 방송을 통해 알렸는데, 소개할 것들이 너무나 많아서 애를 먹었다!

둘째, 이륙하기 단계다. 즉 여정에서 "무엇을 할 수 있다면?"이라고 여러 가지 가정을 해보는 시간이다. 이 단계에서는 나쁜 아이디어나 비현실적인 아이디어가 없다. 판단도 거부도 없다. 오직 아이디어를 확장하는 과정만 있을 뿐이다. 어떠한 제안이라도 "아니요. 하지만"이라는 대답이 아니라 "알겠습니다. 그러면"이라는 대답을 들어야 한다. 이 시간은 이유, 이성적 생각, 실용적 관점을 설명하는 시간이 아니다. 그저 창조성이 넘치고 상상력이 마음껏 흐르게 내버려두자. 설익은 아이디어라도 그게 나중에 어떻게 될지는 아무도 모른다. 그러니 이 단계에서는 직원들의 아이디어에 대해 반드시 이렇게 대답해야 한다. "그 아이디어에 관해 조금 더 알려주세요." 가장 중요한 것은 "할 수 있다면?"의 물음이 어디로 이어지는지 관찰하는 것이다. "만약 모든 승용차를 택시로 사용할 수 있다면?"이라는 질문은 자동차 공유 기업인 우버와 리프트의 탄생으로 이어졌다. "모든 집을 호텔처럼 쓸 수 있다면?"이라는 생각이 에어비앤비를 만들었다. 디즈니는 "고객들이 놀이기구를 줄 서서 기다리지 않고 미리 예약할 수 있다면?"이라는 궁금증에서 시작해 패스트패스를 만들 수 있었다. "플로리다에 진짜 사파리를 만들 수 있다면?"이라는 아이디어는 디즈니 애니멀 킹덤의 킬리만자로 사파리로 이어졌다.

이 전례 없는 성공들은 모두 처음에 미친 소리라고 취급당했던 아이디어에서 시작됐다. 만약 기존의 관점으로만 판단했다면 너무 어렵고, 복잡하며, 실현 불가능하다는 이유로 시작조차 하지 않았을 것이 분명하다.

셋째, 착륙을 준비한 뒤 목적지에 내리는 단계다. 이는 상상력과 창조성이 어느 정도 형태를 갖춘 다음 혁신이 되어가는 시기다. 아이디어가 무럭무럭 자라서 충분히 숙성되었으니, 이제 어떻게 적용하고, 실행할 것인지를 검토해야 한다. 이 단계에서는 많은 질문을 해야 한다. "우리에게 자원은 충분한가?

인력은 있는가? 기술은? 시간은? 자금은? 지식은? 재능은? 우리앞에 놓인 걸림돌은 무엇인가?" 등이다. 그중에서 내가 가장 좋아하는 질문은 "이 아이디어가 실현되지 않는다면 그 이유는 무엇일까?"이다. 여기에 솔직하게 대답할 수만 있다면 잠재적 걸림돌과 위험을 미리 파악할 수 있다. 더 나아가 그 요소들이 큰 문제가 되기 전에 일찍이 해결할 수도 있다. 이 단계에서도 아이디어를 성급하게 폐기해서는 안 된다. 하지만 이에 못지 않게 비현실적인 아이디어를 걸러줄 비판적 사고도 중요해진다.

이제 목적지에 도착했다. 열린 문으로는 전에 없던 절차, 프로젝트, 제품, 전략이 당신을 기다리고 있다. 당신의 회사는 한 단계 더 발전한 것이다.

> 미래는 분명해지기 전에 가능성을 미리 보는 자의 것이다.
> — 존 스컬리(펩시콜라와 애플의 전 CEO)

## 혁신은 작은 것에서 시작된다

디즈니에서 일하면서 창조적이고 혁신적인 아이디어가 파리, 홍콩, 상하이 등 새로운 도시로, 더 나아가 크루즈 라인이나 타임쉐어 등 새로운 분야로까지 뻗어나가는 것을 직접 목격할 수 있었다. 이뿐만 아니라 새롭고 신선한 아이디어에 따라 테마파크 사업에 첨단 기술이 도입되고, 마침내 디즈니 마이 매직 플러스라는 서비스가 탄생하는 과정도 지켜보았다.

나는 이런 것들을 이른바 '크고 대담하며 도전적인 아이디어'라고 부른다. 이 아이디어들을 실현하려는 데는 조직의 막대한 시간과 자원이 들어간다. 하지만 단순히 규모가 큰 혁신을 이루는 것만이 중요하다고 생각한다면 큰 오산이다. 모든 조직이 창조적이고 혁신적이여야 한다. 이것만으로도 많은 문제가 해결된다. 아이디어의 범위는 상관없다.

간단한 사례를 살펴보자. 오전 9시, 매직 킹덤이 개장했다. 정문으로 밀려 들어온 가족 고객들은 그날의 첫 놀이기구를 향해 달려갔다. 스타벅스 메인스트리트 지점은 하루를 시작하기 전에 커피 한 잔을 마시려는 성인 고객들로 붐볐다. 이른 아침인데도 대기 줄이 꽤 길어서 커피를 받는 데 시간이 적잖이 걸릴 듯했다. 아이들은 좋아하는 놀이기구를 타고 싶어 안달이 나 어쩔 줄 몰라 하는 상태였다. 이때 어떻게 하면 고객들이 커피를 편하게 마실 수 있을까? 라떼나 마키아또가 아니라 평범한 아메리카노 한 잔을 원하는 고객을 위해 전용 대기줄을 만들면 어떨까? 그랬을 때 커피를 사서 들고 나가기까지 60초면 충분하다. 식음료 팀은 스타벅스 매장 앞에 작은 판매대를 만들고 간이 카드 단말기를 설치해서 문제를 해결했다. 이른 아침의 커피 전쟁에 마침표를 찍은 것은 바로 이 지극히 단순한 아이디어 하나였다. 커피 판매량은 급증했고, 성인 고객들은 원하는 카페인을 얻었으며, 아이들은 첫 놀이기

21장
창조와 혁신

구로 즐겁게 달려갔다.

이 아이디어는 새로운 놀이기구도, 최첨단 기술도 아니었다. 하지만 창의성만큼은 뒤지지 않았고, 덕분에 문제는 깔끔하게 해결됐다. 이런 기회가 세상에 얼마나 많을지 생각해보라! 분명 상상 그 이상일 것이다. 아이디어 하나만으로 해결할 수 있는 문제는 곳곳에 널려 있다. 이런 상황들은 그렇게 극적이지도 않고, 수백만 달러의 해결책이 요구되는 것도 아니다. 하지만 해결의 열쇠를 찾기 위해서는 반드시 틀에서 벗어나 사고해야만 한다. 보통 단순하면서도 창조적인 제안은 보통 조직의 내부 사정을 잘 아는 일선 직원들에게서 나온다. 이 내용을 뒤이어 살펴보자.

## 창조성은 독점할 수 없다

한때 디즈니의 모든 일이 WDI(월트 디즈니 이매지니어링)의 창조성 점검 과정을 거쳐야 했던 시기가 있었다. 새로운 상점, 놀이기구, 공원, 리조트를 만들거나 호텔 객실 혹은 레스토랑을 개선할 때도, 캐스트 멤버 복장을 바꿀 때도, 심지어 페인트 칠을 새로 할 때조차도 WDI 팀의 눈으로 창조적인지를 점검한 후에 일을 진행했다.

그래서 내가 디즈니에서 일하던 동안 경영진은 계획의 실행만을 맡았다. 회사의 창의적인 활동은 WDI 팀이 독점적으로 통제했다. 다행히도 나중에는 상황이 긍정적인 방향으로 개선되었다. 현재는 아이디어 설계 팀과 실행 팀이 협업하는 방식으로 회사의 창조성에 관한 업무를 담당하고 있다.

창조성과 혁신은 특정 자격을 갖춘 특정 집단의 전유물이 아니다. 사람들에게 최고라고 손꼽히는 발명품들 중 상당수는 가장 예상치 못한 사람의 손에서 나왔다. 디즈니도 마찬가지다. 직원들에게는 놀라울 정도로 창의적인 아이디어들이 넘친다. 고객을 즐겁게 해주려고 빗자루와 물로 미키마우스 얼굴을 그리기 시작한 관리 직원도 있고, 젊은 고객들에게 깜짝 선물을 주려고 수건을 동물 모양으로 접어 침대에 두었던 객실 청소 담당 직원도 있다. 초콜릿으로 만든 신데렐라 구두나 스타워즈 컵케이크같이 다양한 주제를 지닌 음식들도 마찬가지다. 이 모든 아이디어들이 모두 현장에서 일하는 직원들이 최소 비용으로 구현한 것이다. 매일 그 문제를 현장에서 마주하는 사람이야말로 가장 창조적인 대안을 낼 수 있는 사람이라고 장담할 수 있다.

## 헛심 쓰지 않는 법

언젠가 경영진이 디즈니 월드에 '말하는' 미키가 있으면 좋겠다는 아이디어를 낸 적이 있다. 그 아이디어를 구현하는 프로젝트는 WDI와 엔터테인먼트 부서가 협업하여 진행했다.

결실을 보기까지 상당한 자원이 투입되었다. 우리는 디즈니 월드 곳곳에다가 이 말하는 미키를 설치하기 전에 매직 킹덤에서 시범 삼아 운영해보기로 했다. '기능이 향상된' 미키는 제대로 잘 작동했다. 하지만 정작 고객들에게 큰 감흥을 주지는 못했다. 미키가 말을 할 때나 그렇지 않을 때나 고객들의 평가는 별반 다르지 않았다. 대다수 고객들은 미키가 원래부터 말을 할 줄 안다고 믿고 있었기 때문이다.

이 사례에서 두 가지 교훈을 얻을 수 있다. 첫째, 지금 고민하는 그 문제가 고객을 위한 것이 아닐 수도 있다는 점이다. 그러므로 새로운 계획을 구현하기 전에는 항상 고객이 무엇을 원하는지 면밀하게 고찰해야 한다. 둘째, 문제를 해결하려 할 때는 핵심적인 문제가 무엇인지 늘 파악해야 한다. 만약 "우리가 해결하고자 하는 문제는 무엇인가?"를 자문했더라면, 말하는 미키가 전혀 중요하지 않다는 것을 곧바로 깨달을 수 있었을 것이다. 부디 창조성과 혁신에 대한 갈증으로 자제력을 잃고 흥분하지 말라.

## 핵심 정리

### 조직에 창조성과 혁신이 움트게 하는 방법

1 업무 공간이 아닌 편안한 장소에서 브레인스토밍을 하라.

2 창의적인 해결책을 찾고 싶을 때는 "할 수 있다면?"이라고 가정해보라(사무실을 없앨 수 있다면? 일주일에 한 번만 회의할 수 있다면? 고객이 가격을 직접 정할 수 있다면?).

3 아이디어가 떠오를 때마다 즉시 적어두라. 그리고 회의를 마친 뒤 각 아이디어를 다음 단계로 진행시킬지 결정하라.

4 브레인스토밍에는 한계가 없어야 한다. 어떠한 판단이나 제한도 없이 마음껏 아이디어를 펼치라.

5 브레인스토밍의 '착륙' 단계에서는 아이디어의 실현 가능성, 필요 자원, 필요성을 고려하여 진행 여부를 결정하라.

| 나가며 |

최근 일본 여행에서 교토의 료안지\*를 방문했다. 나는 그곳에서 전통 정원인 석정(石庭)을 감상하며 시간을 보냈다. 그러다 문득 그 정원의 모습이야말로 리더십에 관해 내가 줄곧 중요하다고 생각해온 핵심 내용을 완벽하게 집약하고 있다는 것을 깨달았다. 이에 대해 잠시 이야기하고자 한다.

약 240제곱미터 크기의 정원 흰 모래 위에는 돌이 열다섯 개 놓여 있다. 돌들은 두세 개씩 혹은 다섯 개씩 섬세하게 배치되어 있다. 형태와 크기, 색이 모두 다른 돌들을 전략적으로 배치되어 최고의 모습을 연출하고 있었다. 나는 이것이 이상적인 팀의 모습이라고 생각한다. 리더는 자신의 역량을 보완해줄 다양한 재능의 인재로 둘러싸여야 한다. 각각의 인재는 저마다의 능력을 빛낼 수 있고, 기술과 잠재력을 마음껏 활용할 수 있는 환경에 있어야 한다. 그래야만 개인적으로도, 하나의 팀으로서도 한 걸음씩 나아갈 수 있다.

료안지의 석정은 놀라울 정도로 단순하다. 단정한 선과 완벽하게 정돈된 모래밭, 수수한 풍경은 명상을 하기에 더없이 이상적인 환경이다. 이렇게 모든 것이 명료하고 단순할 때

---

\*    일본 교토에 위치한 선종 사원

비로소 마음이 한층 차분하고 평온해진다. 그 명료함 속에서 잠재력은 해방된다. 리더도 마찬가지다. 명확하게 목표를 보여줄 때 자신은 물론이고 팀을 더 효율적으로 이끌 수 있게 된다. 더 나아가 조직에 더 큰 영향력을 가지게 되고, 변화를 통해 효과적으로 조직을 이끌 수 있다. 그러므로 리더로서 당신의 성공은 자신과 주위의 모두에게 뚜렷한 목표를 설정해줄 수 있는지에 달렸다고 해도 과언이 아니다.

마지막으로, 이 석정은 어느 각도에서든 열다섯 개의 돌을 한꺼번에 볼 수는 없도록 배치되었다. 제아무리 노력해도 한 위치에서 볼 수 있는 건 최대 열네 개까지일 뿐이다. 왜 정원을 이렇게 만들었는지는 정확히 아는 사람은 아무도 없으며 오랜 세월 무성한 추측과 해석만이 있었을 뿐이다. 개인적으로는 이 배치에 숨겨진 메시지가 있다고 생각한다. 바로 '맹점'에 관한 것이다.

인생은 우리가 알지 못하는 것들로 가득하다. 인식하지 못하는 것, 예측하거나 대비할 수 없는 것, 단순히 무시하게 되는 것 등은 모두 '맹점'이다. 맹점은 우리를 나약하게 만드는 동시에 오류를 쉽게 범하게끔 한다. 그리고 비합리적으로 판단하고 가정하도록 만든다.

석정의 돌을 다른 사람과 함께 바라볼 때만 열다섯 개 전부를 볼 수 있듯 맹점은 도움을 받아야만 막을 수 있다. 누군가와 협력할 때 비로소 혼자였다면 예측하지 못하고 부딪혔을 맹점들도 극복할 수 있다.

나가며

그래서 관계가 중요하다. 리더와 팀의 관계는 회사의 업무 환경에 고스란히 반영된다. 그리고 더 나아가 조직문화의 기반이 된다. 좋은 관계는 헌신과 노력으로 향하는 길을 닦는다. 좋은 관계가 있는 곳에 곧 신뢰가 있다. 또한 신뢰가 있는 곳에 권한이 주어지고, 권한에는 주인의식이 생겨난다. 주인의식은 일에 대한 강력한 동기로 이어진다. 동기를 지닌 직원은 위험을 기꺼이 감수하며, 문제를 해결하고자 노력하고, 강한 회복력을 가지고 있다. 이런 관계가 존재하는 조직은 궁극적으로 성공할 수밖에 없다. 장담컨대, 이것이 바로 조직문화의 위대한 힘이다.

| 감사의 글 |

어머니는 사회생활뿐 아니라 개인적인 일까지 언제나 따스히 공감해주시고 지혜로이 조언해주셨습니다. 아버지의 조언과 지혜는 저를 한 번도 꿈꿔보지 못한 멋진 삶으로 이끌었습니다. 두 분께 거듭 감사드립니다.

사랑하는 줄리안, 마고, 트리스탄. 아빠와 엄마는 너희에게 어떤 유산을 남겨주어야 할지 고민하고 있어. 너희의 할머니, 할아버지는 나와 발레리를 위해 기나긴 여정을 지나왔단다. 이제는 아빠와 엄마가 너희를 위해 그 여정을 거치고 있어. 우리는 너희가 어른이 되어 겪을 수많은 모험을 최선을 다해 도와줄 거야. 이 글을 쓰는 지금, 우리는 너희가 무척 자랑스러워. 그리고 너희가 앞으로 성장하는 모습을 볼 생각에 가슴이 벅차오른단다. 우린 항상 너희 곁에 있을 거야.

사랑하는 나의 아내 발레리, 이 설레는 여정을 응원하고 함께해주어서 고마워요. 뛰어난 편집자인 당신이 없었다면 이 여정은 아무 의미가 없었을 거예요.

끝으로 닉, 사라, 제니퍼를 비롯 모건 제임스 출판사 팀원 여러분께 감사드립니다. 당신들은 이 책이 완성되도록 필요한 조각들을 모았을 뿐만 아니라 생명력을 불어넣어주었어요. 여러분의 경이로운 마법에 진심으로 감사드립니다.

**옮긴이 박여진**

주중에는 주로 번역을 하고 주말에는 여행을 다닌다. 파주 번역가 작업실 '번역인'에서 번역 활동을 하고 있다. 저서는 『토닥토닥, 숲길』, 『슬슬 거닐다』가 있고, 번역서는 『픽사 스토리텔링』, 『1일 1쓰레기 1제로』, 『내가 알고 있는 걸 당신도 알게 된다면』, 『더 터치』, 『의미 수업』, 『빌 브라이슨의 발칙한 영국 산책 2』, 『인생 전환 프로젝트』, 『익스트림 팀』 외 수십 권이 있다.

# 디즈니 리더십 수업

**1판 1쇄 발행** 2023년 3월 29일

**발행인** 박명곤 **CEO** 박지성 **CFO** 김영은
**기획편집** 채대광, 김준원, 박일귀, 이승미, 이은빈, 이지은, 성도원
**디자인** 구경표, 임지선
**마케팅** 임우열, 김은지, 이호, 최고은
**펴낸곳** (주)현대지성
**출판등록** 제406-2014-000124호
**전화** 070-7791-2136 **팩스** 0303-3444-2136
**주소** 서울시 강서구 마곡중앙6로 40, 장흥빌딩 10층
**홈페이지** www.hdjisung.com **이메일** main@hdjisung.com
**제작처** 영신사

ⓒ 현대지성 2023

※ 이 책은 저작권법에 따라 보호받는 저작물이므로 무단 전재와 복제를 금합니다.
※ 잘못 만들어진 책은 구입하신 서점에서 교환해드립니다.

> "Inspiring Contents"
> 현대지성은 여러분의 의견 하나하나를 소중히 받고 있습니다.
> 원고 투고, 오탈자 제보, 제휴 제안은 main@hdjisung.com으로 보내 주세요.